"十三五"国家重点出版物出版规划项目

中国经济治略丛书

国家社会科学基金项目成果（项目编号：13CJY118）
西南民族大学中央高校基本科研业务费专项资金项目成果（项目编号：2020STD02）

转移支付、财政激励 与县级基本公共服务均等化研究

Research on Transfer Payment,Fiscal Incentives and Equalization of Basic Public Services at County Level

肖育才　著

中国财经出版传媒集团

经济科学出版社
Economic Science Press

图书在版编目（CIP）数据

转移支付、财政激励与县级基本公共服务均等化研究/
肖育才著 . —北京：经济科学出版社，2021.6
（中国经济治略丛书）
ISBN 978 - 7 - 5218 - 2578 - 7

Ⅰ. ①转…　Ⅱ. ①肖…　Ⅲ. ①县级财政 - 财政转移
支付 - 关系 - 公共服务 - 研究 - 中国　Ⅳ. ①F812. 8
②D669. 3

中国版本图书馆 CIP 数据核字（2021）第 097956 号

责任编辑：周秀霞
责任校对：王苗苗
责任印制：范　艳　张佳裕

转移支付、财政激励与县级基本公共服务均等化研究

肖育才　著

经济科学出版社出版、发行　新华书店经销
社址：北京市海淀区阜成路甲 28 号　邮编：100142
总编部电话：010 - 88191217　发行部电话：010 - 88191522
网址：www. esp. com. cn
电子邮箱：esp@ esp. com. cn
天猫网店：经济科学出版社旗舰店
网址：http：//jjkxcbs. tmall. com
北京季蜂印刷有限公司印装
710 ×1000　16 开　14. 75 印张　250000 字
2021 年 8 月第 1 版　2021 年 8 月第 1 次印刷
ISBN 978 - 7 - 5218 - 2578 - 7　定价：59. 00 元
（图书出现印装问题，本社负责调换。电话：010 - 88191510）
（版权所有　侵权必究　打击盗版　举报热线：010 - 88191661
QQ：2242791300　营销中心电话：010 - 88191537
电子邮箱：dbts@ esp. com. cn）

前　言

　　改革开放四十多年来，中国经济一直持续快速增长，2018年中国 GDP 达到 90 多万亿元，中国经济蛋糕不断做大，堪称世界经济增长的"奇迹"。但在中国经济增长的"奇迹"背后，中国民生领域长期以来投入不足，"看病难、上学难、出行难"等问题一直困扰着中国老百姓，基本公共服务供给的缺失也是中国社会经济发展的现实写照。国内外学者对中国经济增长的原因进行了研究，认为中国经济持续增长的主要原因是由于中国式分权改革所致，中国分权改革使得计划经济逐渐向市场经济转型，通过向地方政府分权极大调动了地方政府发展经济的积极性。分权赋予地方政府更多的财政自由裁量权，地方政府在财政支出上有较大的决策权，但政府官员面临政治晋升压力，在以经济增长作为地方政府官员主要的政绩考核指标驱动下，促使地方政府为了发展经济而展开标尺竞争，地方政府为了发展经济而将大量的财政资源投入到经济建设领域，地方政府财政支出存在严重的偏向性，即存在"重建设、轻人力资本投资和公共服务"的倾向。这就是中国经济持续增长背后经济建设领域投入高涨而基本公共服务领域投入缺乏热情的重要制度性原因。可见，中国的分权化改革带来了快速经济增长但并没有同时在社会福利改善方面起得很好的绩效，从世界各国分权改革实践经验来看，分权改革并不必然带来经济增长或者社会福利的改善，究其原因，分权的绩效主要受到地方政府行为的影响，因为在分权体制下地方政府有更多的财政自由裁量权，同时地方政府有着自身的偏好，再加上分权体制下的财政和政治等因素的影响，分权体制下不同国家地方政府行为差异较大，进而导致分权绩效的差异。

当前中国的财政体制是 1994 年分税制改革确立的财政分权体制，由于历史原因以及中国的现实，中国现行财政分权是一种表现为财政收入集权而财政支出分权的体制，并且只是规范了中央和省级政府的财政关系，省以下财政关系并没有明确规范。在省级政府比照中央与省的财政体制来设定省以下财政体制的现实下，中国地方政府特别是县级政府普遍出现了财权和事权的不匹配，并且地区间财政能力存在较大差异，从而使得基本公共服务难以实现均等化。财政分权体制下转移支付则成为平衡地区间财力的重要制度工具，也是促进基本公共服务均等化的重要手段，但是就分税制改革后建立的转移支付制度运行效应来看，并没有很好地促进基本公共服务均等化的实现，特别是以县级为代表的基层政府的基本公共服务状况较为堪忧。

进入 20 世纪以来，党和政府开始越来越关注中国社会经济发展中的民生问题，特别是关系着普通老百姓利益的基本公共服务供给，并将基本公共服务均等化作为中央的重要政策目标。随着党的十八大和十九大提出"推进国家治理现代化"的基本理念，中国从原来的国家管理逐渐转型到国家治理，基本公共服务等领域的公共事业发展是国家治理能力的现实体现，财政作为国家治理的基础和重要支柱，通过建立现代财政制度来保障国家治理能力，促进基本公共服务均等化具有不可替代的作用。基本公共服务是与老百姓基本权利直接相关的公共产品，由于中国大多数人口生活在县级区域，并且城市居民大多拥有更加完善的基本公共服务保障制度，中国基本公共服务均等化的实现在一定程度上取决于县级基本公共服务的有效供给，如何保障县级政府基本公共服务供给能力是关键。

实现基本公共服务均等化的前提是地方政府应该拥有基本公共服务供给的财力和供给的意愿，由于中国分税制改革建立的财政分权体制是一种财权上移和事权下移的不对称分权体制，事权和财权的不匹配导致了地方政府特别是基层的县级政府普遍存在财政困难，严重影响了县级政府的运转和基本公共服务的有效供给。为了实现政府间财政纵向和横向的均衡，促进基本公共服务均等化，分税制改革以后，中央和各省级政府纷纷建立了转移支付制度，转移支付成为中国财政分权体制下各级政府间财力再分配的工具和平衡机制，对于地方政府运转和基本公共服务的有效供给具有重要的作用。对于县级政府来说，转移支付是其重要的收入来源，有学者研究经济落后的西部地区县级政府对转移支付的依赖程度达到 70%，有的民族地区达到 90%，转移支付对于保障县级政府基本公共服务供给能力具有重要意义。但我们发现，中国转移支付规模的不断增加，并没有有效促进基本公共服务均等化，反而在一定程度上加重了地方政府间财力的不均等和基本公共服务供给的区域差异。中国现行转移支付制度对地方财力均等化和基本公共服务均等化有什么样的现实作用，转移支付对地方政府行为有什么样的影响，现行转移支付存在哪些不足等问题是需要认真研究的现实问题。

鉴于此，本书希望对上述问题进行系统深入研究，从理论、现实角度分析问题，并提出解决问题的方案。基于县级政府在基本公共服务均等化中的重要作用和转移支付对县级财政的重要性，我们将以县级基本公共服务均等化问题作为研究对象，探索中国式分权体制下转移支付制度对地方政府行为特别是基本公共服务供给的影响机理，并实证研究转移支付对县级基本公共服务供给的现实影响，探索转移支付如何激励地方政府有效实现基本公共服务均等化。一方面，本书基于财政分权理论、分权国家实践经验和中国的改革实践，系统分析中国式分权背景下，地方政府目标对地方政府支出偏好的现实影响，并揭示作为财政分权体制重要组成部分的转移支付制度对地方政府激励约束机制，探寻中国式分权—转移支付—地方政府行为—基本公共服务均等化之间的互动机制，并试图对构建兼顾均等与财政激励双重目标的转移支付制度进行规范性研究，具有重要的理论价值。另一方面，本书的相关研究，对于中国建立现代财政制度、服务型政府建设以及提升国家和地方政府的治理能力都具有重要的现实意义。

本书在研究过程中主要涉及三个核心问题，即"影响机理——转移支付对基本公共服务均等化影响的内在机理""影响程度和途径——转移支付对基本公共服务供给的现实影响""对策建议——如何通过转移支付制度的优化来促进基本公共服务均等化"三个主要方面。围绕这三个主要问题，本书的研究内容分为以下7个部分：第1章为导论，主要包括本书选题的缘由、研究的意义、文献述评、研究思路、研究框架与研究内容、研究方法和技术路线、本书的创新之处和不足等方面的阐述；第2章为转移支付与基本公共服务均等化基本理论阐述，主要是对转移支付和基本公共服务均等化的基础理论阐述和相关问题的理论分析；第3章为中国式分权、转移支付与基本公共服务均等化关系的理论分析，主要包括财政分权对地方政府行为的激励效应分析、中国财政转移支付对地方政府支出的激励效应分析、转移支付对基本公共服务均等化的激励效应分析；第4章为财税体制改革与中国县级财政转移支付制度，主要包括中国财税体制改革对转移支付制度变迁的影响、财税体制改革与县级财政制度关系、财税体制改革与县级财政转移支付制度关系的理论分析；第5章为转移支付对县级财政均等化效应分析，主要以四川省为例，具体分析县级财政转移支付的均等化效应；第6章为转移支付与县级基本公共服务均等化关系研究，基于四川省县级数据实证分析转移支付对县级基本公共服务均等化的影响；第7章为构建兼顾均等与财政激励的转移支付制度，主要包括构建兼顾均等和财政激励转移支付制度的优化路径、一般性转移支付制度设计、专项转移支付制度设计和省以下转移支付制度设计。

通过本书的研究，从理论上理顺了财政分权—转移支付—地方政府行为—基本公共服务均等化关系的影响机理，并对中国县级转移支付进行现状分析的基础上，实证检验了县级转移支付的均等化效应和对基本公共服务均等化的影响，并对如何构建兼顾均等和激励的转移支付制度进行了具体制度设计。本课题研究的创新之处：一是构建了财政分权—转移支付—财政激励—基本公共服务均等化之间互动机制的基本逻辑框架，这是本书在理论研究中的一个创新之处；二是在中国财税体制改革的现实背景下，对中国县级转移支付以及对县级财政影响的现实和实证分析，这可能是本书研究思路上的一个创新之处；三是对构建兼顾均等与财政激励的转移支付制度系统的分析和探讨，在一定程度上对中国转移支付制度改革和重构提出了路径和具体措施。

当然，由于受到研究能力、数据资料可获得性以及研究问题的复杂性等因素影响，本书存在以下方面的不足：一是鉴于财政分权、转移支付、地方政府行为和基本公共服务均等化之间存在多层次的复杂关系，本书在理论研究中更多的是以理论阐述、制度分析为主，尽管构建了互动关系的基本框架，但遗憾的是没有运用理论模型将其规范化。二是由于本书以县级层面数据为主，但县级数据量大且获得性较差，大量调研的时间和经济成本过高，数据主要来源于《全国地市县财政统计资料》，并且以四川省县级数据为例进行的实证研究，导致了实证研究中国数据较为陈旧并且区域较为单一，可能会使得实证研究结论具有一定的局限性。三是本书关于转移支付制度改革和重构的研究，更多的是提出了中国转移支付制度优化的基本路径、着力点、设计思路，只是一个框架性的研究，并没有对具体的制度设计进行深入细化的研究，主要是宏观和中观层面，没有涉及微观层面的细节性的技术设计。

鉴于本书研究的不足和中国转移支付制度和基本公共服务均等化的现实问题，本书的研究只是一个初步研究，在本书研究过程中，我们也发现了未来研究的方向。基于本书研究并结合党和政府对中国当前财政体制改革的要求，未来作者会将研究延伸到两个方面：一是关于中国财政转移支付制度有效性评估和制度创新研究，十八届三中全会以来把财政定位为国家治理的基础和重要支柱，转移支付制度作为财政分权体制下政府间财政关系的重要平衡机制，直接关系到国家和地方政府的治理能力，准确把脉中国转移支付制度的有效性具有重要的现实意义，需要对中国转移制度运行绩效进行系统的评估，通过评估发现问题并进行相应的制度创新。二是中国基本公共服务均等化实现程度的实证评价与高质量发展的路径研究，党的十九大报告提出，从 2020 年到 2035 年基本实现基本公共服务均等化的目标，并将"建立基本公共服务均等化评价指标体系"作为重要改革举措之一，在《关于推动高质量发展的意见》中也提出要构建"基本公共服务满意度指标"和"基本公共服务均等化实现程度评价指标"。通过构建中国基本公共服务均等化指标体系并实证评价其实现程度，对中国基本公共服务均等化质量进行有效诊断，发现问题并分析原因，探寻基本公共服务均等化高质量发展的实施路径和具体政策措施，有利于促进中国基本公共服务均等化的高质量发展，保障 2035 年基本公共服务均等化的实现。

综上所述，本书是对中国式分权—转移支付—地方政府行为—基本公共服务均等化的一个探索性研究，在理论和实证研究中都存在一些不足，有待进一步全面化和精细化，这些不足也为作者未来研究提供了方向。笔者衷心希望能够得到学界的各位专家、学者的批评指正！

CONTENTS 目录

第1章

导　　论

1.1　研究背景

改革开放四十多年以来，中国经济一直持续快速增长，2018 年中国 GDP 达到 90 多万亿元，中国经济蛋糕不断做大，堪称世界经济增长的"奇迹"。但在中国经济增长的"奇迹"背后，中国民生领域长期以来投入不足，"看病难、上学难、出行难"等问题一直困扰着中国老百姓，基本公共服务供给的缺失也是中国社会经济发展的现实写照。国内外学者对中国经济增长的原因进行研究，认为中国经济持续增长的主要原因是由于中国式分权改革所致，中国分权改革使得计划经济逐渐向市场经济转型，通过向地方政府分权极大调动了地方政府发展经济的积极性。中国式分权是财政分权和政治集权的结合，分权赋予地方政府更多的财政自由裁量权，地方政府在财政支出上有较大的决策权，但由于政治集权下政府官员面临政治晋升压力，在以经济增长作为地方政府官员主要的政绩考核指标驱动下，促使地方政府为了发展经济而展开标尺竞争，地方政府为了发展经济而将大量的财政资源投入到经济建设领域，地方政府财政支出存在严重的偏向性，即存在"重建设、轻人力资本投资和公共服务"的倾向[①]。这就是中国经济持续增长背后经济建设领域投入高涨而基本公共服务领域投入缺乏热情的重要制度性原因。

进入 20 世纪以来，党和政府开始越来越关注中国社会经济发展中的

---

① 傅勇、张晏：《中国式分权与财政支出结构偏向：为增长而竞争的代价》，载《管理世界》2007 年第 3 期。

民生问题，特别是关系着普通老百姓利益的基本公共服务供给，并将基本公共服务均等化作为中央的重要政策目标。随着党的十八大和十九大提出"推进国家治理现代化"的基本理念，中国从原来的国家管理逐渐转型到国家治理，基本公共服务等领域的公共事业发展是国家治理能力的现实体现，财政作为国家治理的基础和重要支柱，通过建立现代财政制度来保障国家治理能力，促进基本公共服务均等化具有不可替代的作用。基本公共服务是与老百姓基本权利直接相关的公共产品，由于中国大多数人口生活在县级区域，并且城市居民大多拥有更加完善的基本公共服务保障制度，中国基本公共服务均等化的实现在一定程度上取决于县级基本公共服务的有效供给，如何保障县级政府基本公共服务供给能力是关键。

实现基本公共服务均等化的前提是地方政府应该拥有基本公共服务供给的财力和供给的意愿，由于中国分税制改革建立的财政分权体制是一种财权上移和事权下移的不对称分权体制，事权和财权的不匹配导致了地方政府特别是基层的县级政府普遍存在财政困难，严重影响了县级政府的运转和基本公共服务的有效供给。为了实现政府间财政纵向和横向的均衡，促进基本公共服务均等化，分税制改革以后，中央和各省级政府纷纷建立了转移支付制度，转移支付成为中国财政分权体制下各级政府间财力再分配的工具和平衡机制，对于地方政府运转和基本公共服务的有效供给具有重要的作用。对于县级政府来说，转移支付是其重要的收入来源，有学者研究经济落后的西部地区县级政府对转移支付的依赖程度达到70%，有的民族地区达到90%，转移支付对于保障县级政府基本公共服务供给能力具有重要意义。但我们发现中国转移支付规模的不断增加并没有有效促进基本公共服务均等化，反而在一定程度上加重了地方政府间财力的不均等和基本公共服务供给的区域差异。中国现行转移支付制度对地方财力均等化和基本公共服务均等化有什么样现实作用，转移支付对地方政府行为有什么样的影响，现行转移支付存在哪些不足等问题是需要认真研究的现实问题。

鉴于此，本书希望对上述问题进行系统深入研究，从理论、现实角度分析问题，并提出解决问题的方案。基于县级政府在基本公共服务均等化中的重要作用和转移支付对县级财政重要性，我们将以县级基本公共服务均等化问题作为研究对象，探索中国式分权体制下转移支付制度对地方政府行为特别是基本公共服务供给的影响机理，并实证研究转移支付对县级基本公共服务供给的现实影响，探索转移支付如何激励地方政府有效实现基本公共服务均等化。这就是本书题选题的缘由和背景。

1.2　研 究 意 义

　　首先，中国改革开放以来的财政分权体制激励了地方政府发展经济的积极性，但地方政府热衷于经济建设而忽视民生领域的行为，使得中国经济持续快速增长的同时基本公共服务供给严重不足，基本公共服务非均等化成为影响中国社会经济持续健康发展的主要障碍。基于财政分权理论、分权国家实践经验和中国的改革实践，系统地分析中国式分权背景下地方政府目标对地方政府支出偏好的现实影响，并揭示作为财政分权体制重要组成部分的转移支付制度对地方政府激励约束机制，探寻中国式分权—转移支付—地方政府行为—基本公共服务均等化之间的互动机制，并试图对构建兼顾均等与财政激励双重目标的转移支付制度进行规范性研究，具有重要的理论价值。

　　其次，随着中国政府理念由国家管理向国家治理的转变，实现基本公共服务均等化是国家治理理念的现实体现，而中国县级政府在基本公共服务供给中具有重要作用，保障县级政府基本公共服务供给的财政能力是关键。本书以县级基本公共服务均等化为研究对象，探索县级转移支付制度演变及其对县级政府财政行为的影响机制，并通过实证分析发现现实的影响效应，并对如何完善中国转移支付制度和省以下转移支付制度构建进行探索。本书的相关研究，对于中国建立现代财政制度、服务型政府建设以及提升国家和地方政府的治理能力都具有重要的现实意义。

1.3　文 献 综 述

　　公共服务均等化是社会的基本价值取向和政府的重要政策目标，公共服务均等化的实现不但需要地方政府有实现公共服务均等化的财政能力，也需要地方政府有提供公共服务的意愿。当前世界各国普遍都是多层级政府，财政分权体制及经济发展的不均衡，导致了政府财政出现纵向和横向的不平衡，为了实现公共服务均等化，需要通过转移支付制度来平衡各级地方政府财力，保障公共服务供给均等化的实现。因此，在财政分权体制下，转移支付如何在平衡政府财力的同时有效激励地方政府提供公共服务具有重要的现实意义，国内外学者对转移支付与公共服务供给的相关问题进行了广泛深入的研究。基于相关理论发展的演进和当前现实热点研究，通过对财政分权、转移支付与基本公共服务供给的研究现状进行系统的梳理，从前人的研究中汲取所需理论、方法和研究路径，同时发现现有研究的不足，为本书研究提供研究基础和寻找切入点，对于本书研究具有重要意义。为了更清晰地对本书研究文献进行梳理，对国内外相关文献进行综述时，选取了如下三个方面进行文献归集：一是公共服务均等化的思想渊源与理论基础的研究；二是财政分权、转移支付与基本公共服务均等化研究；三是转移支付制度设计研究。

1.3.1　公共服务均等化的理论研究

1.3.1.1　公共服务均等化的思想渊源

现代民主社会强调了主权在民，每个公民都应该享有最基本的权利，政府应该为每个公民提供均等化的公共服务，政治哲学中公平正义理论是公共服务均等化的重要思想来源。柏拉图是最早提出公平正义思想的哲学家，但他的公平正义只是一种理想王国里的理念，而亚里士多德则赋予了公平正义更实质性的内容，他提出了"按比例平等"的原则，并认为需要通过政治制度安排才能实现真正的公平正义。随后的政治和哲学学者，在对公平正义研究中更加注重其与现实的结合，使公平正义思想有了现实的特征，但最初的公平正义思想主要在政治哲学领域。

公共服务均等化是民主社会的基本价值取向，它不仅仅是政治哲学问题，更涉及经济领域的收入分配等问题，经济学者对公平与正义思想的研究则从公平分配开始，最早从经济学角度对公平正义思想进行研究的是以边沁、庇古为代表的功利主义学者，他们的研究使得公平正义思想更深刻地影响着人们的经济活动。1920年，庇古出版了《福利经济学》一书，他基于边际效用理论阐述了福利的内涵，并且对公平收入分配进行了系统研究，将公平引入经济学研究中来，他提出了两个基本命题"国民收入总量越大，社会福利就越大"和"国民收入分配越均等化，社会福利就越大"，他认为在增加国民收入的同时还应该消除国民收入分配的不均[①]。如果从福利经济学角度来理解公共服务均等化，公共服务供给要源于国民收入，国民收入的增加可以提升公共服务供给规模，而公共服务均等化有利于实现国民收入分配的均等化，进而增进社会福利。传统福利经济学认

---

① 庇古：《福利经济学》，商务印书馆2006年版。

为个人福利可以加总为社会福利，但帕累托则认为不可加总，他提出了帕累托最优概念，并以此来解释社会福利问题。在福利经济学中，社会福利最大化是帕累托最优状态，但社会没有达到社会福利最大化时，可以通过不断的帕累托改进，即可以在不损害任何人福利的情况下让某些人的福利提高，进而实现社会福利最大化。如果社会将更多的资源配置于公共服务，能够在不损害任何人从公共服务中受益的情况下而使更多的人受益，则符合帕累托改进。但帕累托最优也存在两个方面的缺陷：一是当某些人福利状况改善而另一些人福利恶化时，社会福利是否增进无法判断；二是即使达到帕累托最优也无法判断社会分配是否公平。

鉴于帕累托最优理论在福利经济学表述中存在的缺陷，以卡尔多为代表的福利经济学者提出了"补偿原则"，并将其作为检验社会福利最大化的标准。他认为在市场经济中，价格的变动很可能会使一部分人受损一部分人受益，只要受益总量超过了受损总量，就可以通过设计一种机制来补偿受损的一方，从而使所有人的福利都得到不同程度的改善，整个社会福利就会增加。卡尔多主要注重变革后的补偿问题，希克斯认为变革的发生是需要条件的，其中变革前的补偿就是非常重要的条件，他对卡尔多补偿进行了补充。补偿原则是在帕累托最优原则强调效率基础上引入了公平原则，并为基本公共服务的合理分配提供了理论依据。公共服务受益范围涉及全体国民，具有公平性、普惠性和补偿性，政府应该通过公共服务均等化作为补偿的重心，而基本公共服务均等化也将成为社会经济发展和改革中的"稳定器"。1947 年，伯格森和萨缪尔森等经济学家认为补偿原则并不一定科学，只有在受益人感受到以后才能判断补偿是否恰当，同时他们对社会福利函数进行了开创性的研究。社会福利函数强调收入分配的合理性，该理论认为在收入分配既定的情况下，决定个人福利最大化的重要条件是个人对产品的自由选择组合，只有保证个人的自由选择并且进行合理的收入分配，才能达到社会福利最大化[1]。相对于之前福利经济学的思想，社会福利函数强调了收入分配的合理化而非均等化，由于不同人的偏好存在差异，收入的均等化不一定就能增进所有人的福利，政府在提供公共服务时，应该考虑不同人对公共服务需求的差异，实现公共服务供给的相对均等化而不是简单的平均分配，让我们对公共服务均等化有了更进一步的认知。

功利主义者基于社会总效用作为公平正义的主要评价标准，可能会导

---

[1]　任强：《公共服务均等化问题研究》，经济科学出版社 2009 年版。

致牺牲少数人利益来达到多数人利益的严重不正义问题①，这种公平正义的理论受到了政治哲学家罗尔斯关于公平正义理论的挑战。罗尔斯在其《正义论》（1971）中提出了两大公平正义原则：一是平等自由原则，强调了尊重个人的权利与自由；二是差别原则，强调了机会的公平，认为应该满足"公平的机会平等"。随后，诺奇克、德沃金、阿玛蒂亚·森等人对罗尔斯的公平正义理论进行了批判、发展与完善，诺奇克更为强调公平正义思想中的个人自由权利至上，并强烈反对罗尔斯的"差别原则"；德沃金提出了"平等待遇"和"资源平等说"，他在资源分配中更多地考虑了个人的资源禀赋和志向的选择。阿玛蒂亚·森则提出了"能力平等说"，他认为"能力"反映着个人所拥有的有效自由程度，是一种实质的自由，政府应通过提供教育、医疗、就业、社会保障等多种途径来扩大和提高个人的能力，这将有利于促进经济效率的提高以及人们福利的改善②。阿玛蒂亚·森将政治哲学的"公平正义"广泛应用于经济、社会等领域，特别是对人类能力有重要影响的公共服务领域，诸如教育、医疗、就业等。

可见，公共服务均等化思想源远流长，政治哲学中从柏拉图到亚里士多德再到罗尔斯的公平正义理论，经济学理论中从功利主义学派到福利经济学、凯恩斯经济学、新剑桥学派、公共选择学派、制度经济学派等多学科的理论主张中都包含着"公共服务均等化"的思想和理论基础，但是这些思想和理论都较为模糊，并没有形成确定的概念和理论体系。随着社会经济发展，公共产品和服务在人民生活的作用越来越重要，关于公共产品及其相关理论的发展，为公共服务均等化提供了较为坚实的理论基础。

1.3.1.2　公共服务均等化的理论基础

公共产品理论是现代西方财政学和公共经济学的核心理论，公共服务均等化研究离不开公共产品理论，关于公共产品及其供给的相关理论是公共服务均等化的理论基础。公共产品最早可以追溯到霍布斯的社会契约论中的论述，大卫·休谟则在其《人性论》（1739）中以"公地悲剧"的例子阐述了在追求公共利益中个人的私利性行为，并提出了政府维护公共利益的必要性，其思想也包含了个人在追求公共利益中的"搭便车"思想③。亚当·斯密在其《国富论》中将政府职能界定为提供国防、司法和

---

① 陈戈止：《公平、公正和效率的联想》，载《天府新论》2003 年第 1 期。
② ［印度］阿玛蒂亚·森：《论经济不平等：不平等之再考察》，王利文，于占杰译，社会科学文献出版社 2006 年版。
③ 大卫·休谟：《人性论》，关文运译，商务印书馆 1983 年版。

公共工程三个方面，他认为这些公共产品在没有政府的情况下难以提供，应该由政府来参与提供。尽管亚当·斯密崇尚自由主义，认为政府职能越小越好，但他还是认为公共产品的存在会使得市场失灵，并认为公共产品应该由政府来提供。这些都是早期对公共产品的阐述，是公共产品理论形成的思想源泉，也是公共服务均等化的理论基础。

在早期关于公共产品论述的影响下，公共产品理论不断的演进和发展，其内涵和外延逐渐完善和丰富。19 世纪 80 年代左右，以萨克斯、马尔科为代表的奥意学派基于边际效用理论，建立了公共产品和税收之间的等价交换模型，从经济学理论上证明了政府在公共产品供给上的有效性，奥意学派的研究使得公共产品的理论研究取得了较大进步。但由于奥意学派仅仅从纯经济学角度来研究公共产品供给，忽视了政治程序对公共产品供给的影响，也没有给出公共产品有效供给的条件，公共产品的理论研究还有待完善。以威克塞尔和林达尔为代表的瑞典学派对公共产品的研究使得公共产品理论取得重大进展，威克塞尔关于公共产品的研究给出了公共产品供给的效率条件，并将政治决策引入公共产品供给中，同时研究了在公共产品供给中的公平问题和"搭便车"问题。林达尔对威克塞尔的研究进行了发展，建立了公共产品供给的效率模型，他将个人承担的税收看作个人免费享受公共产品的价格，在政治上平等的个人在公共产品供给和成本分摊上最终可以达到一个均衡[①]，后来学者把该模型称为"威克塞尔—林达尔"模型。这两个学派在公共产品的研究中不仅仅关注有效供给的效率条件，同时对政治程序在公共产品供给中的作用给予了充分关注，为后续研究特别是公共选择理论的产生奠定了基础。

古典经济学家以及瑞典学派和奥意学派学者对公共产品的理论研究大大推动了公共产品理论的发展，但他们的研究并没有形成系统的公共产品理论体系，现代经济学对公共产品深入的理论研究，进一步发展和完善了公共产品理论，并且构建了公共产品的完整理论体系，其中代表性的学者为萨缪尔森、蒂布特、马斯格雷夫、布坎南等。萨缪尔森发表了《公共支出纯理论》和《公共支出理论图解》两篇文章，对公共产品进行了规范的理论研究，其研究对公共产品理论发展起到了基础性作用并带动了该领域研究的热潮[②]。萨缪尔森在《公共支出纯理论》一文中，采用"公共产

---

① ［瑞典］林达尔：《货币和资本理论的研究》，商务印书馆 2000 年版。
② Samuelson, Paul A, The Pure Theory of Public Expenditures. Review of Economics and Statistics, No. 4, April 1954, pp. 387 – 389.

品—私人产品"二分法，严格区分了两类产品的特征，并利用数学工具对公共产品的非竞争性进行了严格的表述，其对公共产品的定义也被学术界广泛认同。在《公共支出理论图解》一文中，运用序数效用理论、无差异曲线、一般均衡分析、帕累托效率等经济学基本理论对公共产品的最优供给进行了一般均衡分析，并得出了公共产品最优供给的均衡条件①。萨缪尔森对公共产品理论研究的贡献在于定义了纯公共产品并且对纯公共产品的最优供给进行了一般均衡分析，但不足之处在于其研究中忽视了个人对公共产品的偏好差异和偏好表达机制，其理论研究中没有引入政治程序对公共产品的影响。

马斯格雷夫是现代财政理论的集大成者，他对公共产品的研究对公共产品理论的发展起着重要的作用。马斯格雷夫在萨缪尔森对公共产品非竞争性特征进行表述的基础上，对公共产品的非排他性特征进行了描述，并提出了产品的三分法，他将产品分为私人产品、公共产品和有益品。马斯格雷夫构建了一个以税收——公共支出为基础的公共产品供给的非市场交换模型，在该模型中将政治程序引入公共产品供给中来，认为个人对公共产品的偏好表达需要通过政治程序②。马斯格雷夫将个人对公共产品偏好的表达以政治程序作为途径，其对公共产品的研究涉及了公共选择问题，随后公共选择学派的兴起逐渐完善如何通过政治程序实现公共产品的有效供给的研究，并形成了一系列相关理论，如布莱克的"中位投票者定理"、阿罗的"不可能定理"、唐斯对民主制下政治市场的研究，布坎南和塔洛克的"社会抉择理论"、塔洛克和尼斯卡尼的寻租理论等，使得公共产品理论得到进一步的发展。

公共选择学派对公共产品供给的研究发现，政府提供公共产品也可能存在失灵，通过政治程序不一定就能使得公共产品有效供给，导致了学术界关于公共产品供给方式研究成为热点，其中有学者对寻求通过市场方式来提供公共产品进行了有益的研究，为公共产品的研究打开了新的视角，其中有代表性的学者有蒂布特、科斯和奥斯特罗姆。蒂布特关于公共产品的供给提出了"用脚投票"理论，他在《地方公共支出纯理论》一文中指出，居民可以通过用脚投票的方式在不同地区间流动，来选择他们所偏好的"公共服务—税收"组合的地区生活，这就能够使得地区之间在公共

---

① Samuelson, Paul A, Diagrammatic Exposition of a Theory of Public Expenditure. Review of Economics and Statistics, Vol. 37, 1955.

② Musgrave, R. A. The Thoery of Public Finance. New York：McGraw – Hill, 1959.

产品供给上形成竞争，从而提高公共产品的供给效率①。但现实中，由于蒂布特模型有严格的假设条件，可行性并不高，但他为我们在公共产品供给中引入竞争机制提供了新的视角。科斯基于"交易费用"理论和外部性理论，他认为在产权界定清楚的情况下，可以通过市场自由交易来提供公共产品，在某种程度上比政府提供效率更高。以文森特·奥斯特罗姆为代表的新公共管理者认为应该将公共产品的供应与生产严格区分开，政府要负责公共产品供给但不一定要生产公共产品，政府生产公共产品往往会形成垄断，她主张公共服务供给中引入市场竞争，公共治理的"多中心"模式②。此后的新公共服务理论更加强调民主权和服务理念，主张通过政府、私人和非营利机构的合作治理为公民提供更好的公共服务，如汉斯曼（Hansmann，1980）和魏斯希罗德（Weisbrod，1986）认为公共产品的生产由非营利性的第三部门完成，可以实现公平与效率的最优结合，代纳尔夫妇（Denhart，2000）则指出政府应为公民公平参与公共产品供给提供必要的渠道，并促进政府、公民、社会和市场多维互动公共产品供给的新局面。

公共产品理论体系的成熟发展为公共服务均等化提供了理论基础，但公共产品理论聚焦于公共产品的界定和供给中的效率条件及供给方式的研究，公共服务均等化则不仅涉及公共服务供给效率问题，还涉及公共服务供给中的均等化问题。如前所述，国外学者关于公共服务均等化的研究主要源于政治哲学中的公平正义思想，经济学中关于公共服务均等化的研究则主要源于福利经济学提出的国民收入均等化思想，布坎南（Buchanan，1950）提出的财政均等思想则对公共服务均等化的研究起到了基础性影响。在世界各国普遍实行多层级政府治理的模式下，为了提高公共服务供给的效率和实现公共服务供给的公平，绝大多数发达国家和部分发展中国家纷纷进行了财政分权改革，财政分权改革实践带动了财政分权理论的发展，并对公共服务均等化的研究产生了重要影响。财政分权理论在演进过程中，经历了两个阶段，即第一代财政分权和第二代财政分权。

第一代财政分权理论又称为财政联邦主义，主要研究政府职能在不同层级政府之间的合理划分，该理论强调了地方政府供给公共产品的效率。哈耶克（Hayck，1945）最早强调了地方政府在公共服务供给上比中央政

---

① Tiebout, Charles, A Pure Theory of Local Expenditure. Journal of Political Economy, Vol. 64, 1956, pp. 416 – 424.

② 奥斯特罗姆著：《公共事务的治理之道——集体行动制度的演进》，余逊达等译，上海三联书店 2000 年版。

府更具信息优势①，斯蒂格勒（Stigler，1957）则进一步认为不同地区居民应该有权决定本地区的公共服务供给，地方政府能够让不同地区居民表达自身对公共服务供给的偏好，地方政府的信息优势将更有利于公共资源的有效配置，提高公共服务的供给效率②。前期的研究奠定了财政分权利理论发展的基础，马斯格雷夫、奥茨等学者对财政分权理论进行了修正和发展，马斯格雷夫（Musgrave，1959）提出了政府的三大财政职能并据此分析地方政府存在的必要性以及如何在政府间划分收支③。随后，奥茨（Oates，1972）的财政分权定理、布坎南提出了"俱乐部"理论、特里西（Tresch，1981）的"偏好误识"理论等从不同角度阐述了财政分权的必要性。

　　第一代财政分权理论认为财政分权有利于地方政府利用信息优势提高公共资源配置效率，并且分权促进了地方政府竞争，可以引导地方政府将公共资源用于当地居民所偏好的公共服务供给上，从而实现公共服务供给的效率和均等化水平。由于第一代分权理论假定"政府是公共利益的守护者"，认为地方政府官员会以当地居民偏好来提供公共服务，从而忽视了对地方政府行为的研究，特别是忽视了财政分权中对地方政府行为的激励问题研究④。20 世纪 80 年代以来，世界各国在财政分权改革中发现对地方政府行为的有效激励导致了不同的改革效果，财政分权中的财政激励问题越来越受到关注，从而推动了财政分权理论的进一步发展，形成了第二代财政分权理论，即"市场维护性财政联邦主义"。

　　第二代财政分权理论最早由布伦南和布坎南（Brennan & Buchanan，1980）提出，后来经由钱颖一和温加斯（Qian & Weingast，1997）、温加斯（Weingast，1995）和麦金农（McKinnon，1997）等进一步发展，它将激励相容理论、委托代理理论等引入分析框架中，将微观经济学中的最新理论在公共财政学中应用。布伦南（1980）基于公共选择理论，改变了第一代财政分权理论中对政府官员的假设前提，以"经济人"作为假设前提来分析地方政府行为，认为地方政府是追求自身利益最大化的，其对公共

---

　　① Hayek，Friedrich A，The Use of Knowledge in Society. American Economic Review，Vol. 35，1945.

　　② G. J. Stiglers. G. The Tenable Range of Functions of Local Govrment. Washing，D. C，1957，pp. 213 - 219.

　　③ Musgrave，R. A.，The Thoery of Public Finance. New York：McGraw - Hill，1959.

　　④ 杨灿明、赵福军：《财政分权理论及其发展述评》，载《中南财经政法大学学报》2004 年第 4 期。

资源的使用偏好并不一定和当地居民的偏好一致[1]。随后，温加斯（1995）、钱颖一和温加斯（1997）试图阐述政府的内在运行机制，基于政府官员追求自身政治和经济利益最大化的假设，他们认为如果对地方政府官员缺乏有效的激励约束，就可能出现寻租腐败等问题，并不一定有利于公共服务供给效率的提升和公共服务均等化，而分权有助于形成一种称之为"市场保护型"的财政联邦制[2]。他们还指出了"市场维护性财政联邦主义"需要三个方面的前提条件，即地方政府对经济有基本的规制责任、体系中设立没有贸易障碍的共同市场、地方政府面临"硬预算约束"[3]。麦金农（Mckinnon，1997）、钱颖一和罗兰（Qian & Roland，1998）的研究认为财政分权鼓励地方政府之间的竞争，强化了对地方政府的激励，有利于实现对地方政府预算硬约束，预算的硬约束激励地方政府改善财政状况并且提高公共服务的供给效率[4]。

在第二代财政分理论影响下，有学者开始研究财政分权体制下地方政府的激励问题，其中特别是分权体制下转移支付制度对地方政府支出行为的影响以及地方政府支出偏好对公共服务均等化的影响等方面的研究。基和马钱德（Keen & Marchand，1997）[5]、钱颖一和罗兰（1998）[6]研究指出，财政分权促进了地方政府竞争，可能导致地方政府支出结构的偏向，使得经济性公共产品供给规模增加，而改善居民福利的基本公共服务供给不足。布科韦茨基（Bucovetsky）通过研究进一步指出，经济性公共产品特别是基础设施建设能够带动经济增长并吸纳要素流入，在地方政府非合作竞争的情况下，地方政府支出必然出现经济性偏向并且忽视民生类公共服务的投入，导致了经济性公共产品的投资过度[7]。另外，有国外学者就不同国家财政分权、地方政府行为及地方公共服务供给进行了实证研究。法盖特（Faguet，2004）运用玻利维亚财政分权前后的相关数据进行实证

[1] Brennan, G., Buchannan J, The Power to Tax: Analytical Foundations of a Fiscal Consitution. Cambridge: Cambridge U. Press, 1980.

[2] Qian, Weingast. B, Federalism as a Commitment to Preserving Market Incentives. Journal of Economic Perspectives, No. 11, November 1997.

[3] B. Weingast, The Economic Role of Political Institutions: Market - Preserving Federalismand Economic Development. Journal of Law Economics and Organization, No. 1, Vol. 11, January 1995.

[4] Qian, Y., and Gerald Roland, Federalism and the Soft Budget Constraint. The American Economic Review, No. 5, Vol. 88, May 1998, pp. 1143 - 1162.

[5] M. Keen and M. Marchand, Fiscal Competition and the Pattern of Public Spending. Journal of Public Economics, Vol. 66, 1997.

[6] Qian, G. Roland. Federalism and the soft Budget Constraint [J]. American Economic Review, Vol. 77, 1998.

[7] Bucovetsky, S, Public Input Competition. Journal of Public Economics, Vol. 89, 1995.

分析，发现在玻利维亚财政分权有利于地方政府更好地为居民提供所需要的公共服务①；朱拉斯卡亚（Zhurarskaya，2000）对俄罗斯财政分权的实证研究，却发现由于俄罗斯财政分权对地方政府的财政激励不够，导致了其财政分权严重地损害了地方公共服务的供给效率②。可见，不同国家财政分权的实证研究表明，财政分权对地方的财政激励并不一定会提高地方政府供给公共服务的效率，对于这种情况，沙安文（Shah，2004）指出，财政分权能否提高地方政府提供公共产品的效率关键在于实行财政分权的同时，政府自身的制度建设是否完善③；津井（Tsui，2008）也进一步指出，要使政府公共支出偏向于民众，需要有特定的制度激励地方政府官员向本地居民负责④。

1.3.1.3　基本公共服务均等化的理论研究

政治哲学和经济学中关于公平正义以及均等化思想是公共服务均等化研究的思想源泉，公共产品理论和财政分权理论则是公共服务均等化研究的理论基础，但是随着社会经济的发展，现代社会更强调了人的基本权利均等化，基本公共服务均等化是实现基本权利均等化的重要途径，关于基本公共服务均等化的相关问题研究就显得尤为重要。基本公共服务这一概念主要是国内学者和政府部门提出来的，国内学者对基本公共服务均等化的研究始于公共服务均等化的研究，项中新（2000）是国内较早研究公共服务均等化的学者，他对区域间公共服务均等化问题进行了研究，并探讨了公共服务均等化的实现路径，但并没有界定公共服务均等化的内涵⑤。江明融（2006）⑥、安体富（2007）⑦ 等学者对公共服务均等化的内涵进行了界定，他们认为公共服务均等化就是要求政府应该为不同社会阶层提供一视同仁的公共服务，但公共服务均等化不仅在于收益应该分享，还应该包括其供给成本的分摊和政府间公共服务供给的财力配置应该均衡。

---

① Faguet, J. P., Dose Decentralization Increase Government Responsiveness to Local Needs? Evidence from Bo-livia. Journal of Public Economics, Vol. 88, 2004, pp. 867 – 893.

② Zhurarskaya, E. V., Incentives to Provide Local Public Goods: Fiscal Federalism, Russian Style. Journal of Public Economics, Vol. 76, 2000, pp. 337 – 368.

③ Shah, A., Fiscal Decentralization in Developing and Transition Economies: Progress, Problems and the Promise. World Bank Policy Research Working Paper, No. 3282, 2004.

④ Tsui, K. Y., Wang, Y. Q., Decentralization with Political Trump: Vertical Control, Local Accountability and Regional Disparities in China. China Economic Review, Vol. 16, 2008, pp. 403 – 418.

⑤ 项中新：《公共服务均等化：基础、理念与制度安排》，中国经济出版社 2000 年版。

⑥ 江明融：《公共服务均等化论略》，载《中南财经政法大学学报》2006 年第 3 期。

⑦ 安体富、任强：《公共服务均等化：理论、问题与对策》，载《财贸经济》2007 年第 8 期。

基本公共服务均等化的研究需要明确基本公共服务均等化内涵、判断标准、均等化指标构建、非均等化现状及成因分析以及实现基本公共服务均等化的政策等问题，国内学者对此进行了较为深入的研究。

首先，关于基本公共服务范围的界定是理论上需要明确的一个首要问题，国内学者对此的认知存在一定差异，主要有三类观点：一是相对较窄的范围界定，如包兴荣（2006）、宋迎法（2007）等仅将涉及公民基本权利的社会性公共服务界定基本公共服务；二是相对较宽的范围界定，如常修泽、陈海威等将保障国民基本人权的公共服务界定为基本公共服务，基本人权包括基本生存权、发展权等；三是最宽泛的界定，以陈昌盛为代表的部分学者将经济性服务、行政管理以及司法等公共产品也纳入基本公共服务。综合起来看，国内学者认为基本公共服务应该满足三个基本点：保障人的基本生存权、保障人的基本能力和发展、满足基本健康的需求。

其次，在明确基本公共服务均等化的内涵以及确定其均等化标准，国内学者对此做了深入探讨。唐钧（2006）认为基本公共服务均等化是政府应尽可能使国民在生存权、健康权、居住权、受教育权、工作权等领域获得同等的权利[1]；常修泽（2007）、刘尚希（2007）认为均等化在于机会均等，本质是通过一个层面的结果均等来实现机会的均等，但均等化在范围上要适中，标准上要适度[2]。贾康（2007）认为基本公共服务均等化主要体现在区域之间、城乡之间和个体之间应该享受均等化的基本公共服务，基本公共服务均等化的实现应该分层次和分阶段，并且是一个动态过程，并且他认为目前中国基本公共服务均等化的重点在于实现地区之间的基本公共服务均等化。基本公共服务均等化的内涵只是对均等化的一个抽象阐述，基本公共服务均等化的标准则是其内涵的具体体现，但由于中国是一个地域广阔、民族众多的国家，并且区域之间和城乡之间发展极不均衡，基本公共服务均等化难以建立一个统一和明确的标准，国内学者对此的研究视角和结论也不尽相同。吕炜、王伟同（2008）从公共需求和政府能力的角度来分析基本公共服务均等化的标准，他们认为应测定并比较各地区对基本公共服务的实际需求和政府提供基本公共服务能力的差异，来合理设定均等化标准[3]。王国华、温来成（2008）则认为应该选择若干具体的基本公共服务项目，

①　唐钧：《"公共服务均等化"保障 6 种基本权利》，载《时事报告》2006 年第 6 期。
②　常修泽：《中国现阶段基本公共服务均等化研究》，载《中共天津市委党校学报》2007 年第 2 期。
③　吕炜、王伟同：《我国基本公共服务均等化问题研究：基于公共需求和政府能力视角的分析》，载《财政研究》2008 年第 5 期。

从数量和质量两个层面提出其明确的标准，并且在城乡之间统一实施①。王玮（2009）基于国际实践经验，认为基本公共服务的标准主要有最低均等标准、基本均等标准和完全均等标准三种，不同类型的基本公共服务应该选择不同的均等化标准，并且其实施范围和力度也有差异②。

再次，基本公共服务均等化范围和标准的确定只是理论层面，现实中我国基本公共服务均等化的程度如何，受到较多学者的关注，国内学者基于不同的指标和评估方法对我国基本公共服务均等化现状也进行了实证研究。对我国基本公共服务均等化评估需要先设定测度指标，但基本公共服务种类众多，并且在指标设定时还涉及投入、产出、效果等多方面因素，单一指标无法对所有基本公共服务均等化进行评估，而需要设定一套指标体系，国内学者对此也进行了深入研究。陈昌盛（2007）等对八大类基本公共服务从投入、产出和效果三个方面进行了指标体系设定，他们的指标系统包含了8大项165小项的绩效评价指标，是目前国内最为全面的指标体系。安体富、任强（2008）设定了7类16个单指标，对我国省级间基本公共服务供给的差异进行了评价③；汤学兵（2009）设定了7类35项指标，基于多指标的动态综合评价法对我国省级间基本公共服务均等化水平进行了指数测度评价④。也有学者从其他视角进行研究，朱柏铭（2008）基于性价比角度对基础教育、公共安全、环境卫生等基本公共服务构建了评议指标，并对基本公共服务均等化进行了评议⑤；周庆元、骆建建（2011）从基本公共服务投入与产出均等化效率最优出发，构建了基于DEA理论指标体系⑥。基于现有指标体系和评价方法，国内学者对我国基本公共服务均等化水平进行了实证研究，郭庆旺、贾俊雪（2008）采用均值、基尼系数和泰尔指数三种指标对主要的基本公共服务均等化水平进行了测度，并对其动态演进进行评估⑦。徐莉莉（2012）基于2000～2009年

① 王国华、温来成：《基本公共服务标准化：政府统筹城乡发展的一种可行性选择》，载《财贸经济》2008年第3期。
② 王玮：《公共服务均等化：基本理念与模式选择》，载《中南财政政法大学学报》2009年第1期。
③ 安体富、任强：《中国公共服务均等化水平指标体系的构建——基于地区差别视角的量化分析》，载《财贸经济》2008年第6期。
④ 汤学兵：《论中国区际间基本公共服务均等化的路径选择和保障机制》，载《财贸经济》2009年第7期。
⑤ 朱柏铭：《从性价比角度看"基本公共服务均等化"》，载《财贸经济》2008年第10期。
⑥ 周庆元、骆建建：《基于DEA理论的基本公共服务均等化指标体系构建及效率评价》，载《中南林业科技大学学报（社会科学版）》2011年第6期。
⑦ 郭庆旺、贾俊雪：《中央财政转移支付与地方公共服务提供》，载《世界经济》2008年第9期。

省级的教育经费、卫生经费、社会保障和科技经费的人均财政支出数据，计算出变异系数、加权变异系数、威廉森系数和最大与最小系数，对我国基本公共服务非均等化程度进行测度①。另外，张恒龙（2004）、陈昌盛（2005）、王雍君（2006）、安体富（2007）等利用变异系数、泰尔指数和基尼系数来衡量地区间不同时期、不同项目的基本公共服务均等化水平。

实证研究表明我国基本公共服务在区域之间和城乡之间都存在非均等化，针对基本公共服务非均等化的原因，国内学者从不同视角进行了较为系统的分析，主要包括政治决策与政治激励、财政体制与财政能力等层面。江明融（2006）从基本公共服务供给决策机制分析了我国基本公共服务非均等化的制度因素，他认为自上而下的决策机制导致了城市偏向性的基本公共服务供给制度②；韩淑梅（2008）、吴志鹏（2009）以户籍制度为基础进行分析，他们认为户籍制度的限制导致了城乡二元的基本公共服务供给制度，必然导致了城乡基本公共服务非均等化。吕炜、王伟同（2008）从政府偏好和政府效率角度分析了基本公共服务非均等化原因，实证研究发现政府偏好差异导致了政府在基本公共服务供给上存在较大差距，政府在公共服务供给上的失责程度越高，基本公共服务非均等化程度越大③。张军、傅勇（2007）基于财政分权对地方政府在公共产品供给上的政治激励角度来分析，他们的实证研究表明在政治集权下，以经济增长作为主要考核指标的政治激励使地方政府将会更加偏好经济性公共产品供给，导致了基本公共服务供给不足④。但从财政体制和财政能力层面分析我国基本公共服务非均等的原因的学者较多，如安体富（2007）认为由于财权事权不匹配导致了基层政府财政能力弱化，是我国基本公共服务非均等化的主要原因⑤。张恒龙（2004）、王雍君（2006）、田发（2010）、王伟同（2012）等通过实证研究了我国财政均等化效应发现我国地方政府财政能力差异较大，财政转移支付制度均等化效应有限的现实下，地方政府间财政能力差异成为影响基本公共服务均等化的重要原因。

最后，根据我国基本公共服务非均等化的主要原因，国内学者对如何实

① 徐莉莉：《我国基本公共服务支出省际差异的测定与评价》，载《统计与决策》2012年第4期。
② 江明融：《公共服务均等化论略》，载《中南财经政法大学学报》2006年第3期。
③ 吕炜、王伟同：《发展失衡、公共服务与政府责任——基于政府偏好和政府效率视角的分析》，载《中国社会科学》2008年第4期。
④ 傅勇、张晏：《中国式分权与财政支出结构偏向：为增长而竞争的代价》，载《管理世界》2007年第3期。
⑤ 安体富、任强：《公共服务均等化：理论、问题与对策》，载《财贸经济》2007年第8期。

现基本公共服务均等化提出了相应的政策建议，主要从财政制度的完善和基本公共服务供给制度创新两个层面。贾康和阎坤（2005）、谷成（2007）、迟福林（2008）等主张通过转变政府职能和完善财政制度促进基本公共服务均等化，他们认为在明确政府职能基础上，在各级政府间合理划分事权，并依据事权合理划分财权，建立完善地方税体系和均衡性转移支付制度，实现地区间财政能力均等化，促进基本公共服务均等化的实现①。王谦（2006）、李一花（2008）、王玮（2009）等学者认为应该改变城乡二元的基本公共服务供给体制，将市场机制引入公共服务领域，建立公共服务供给的多元模式，创新基本公共服务供给制度，实现基本公共服务有效供给和均等化②。

1.3.2　转移支付与基本公共服务均等化研究

1.3.2.1　转移支付均等化效应研究

转移支付是中央政府的重要政策工具，通过转移支付弥补政府间财力缺口并实现政府间的财政能力均等化，均衡地方财力是转移支付制度的主要目标，国内学者对转移支付的均等化效应进行了大量的实证研究，但研究结果大多表明我国目前转移支付制度均等化效应不佳，从而不利于基本公共服务均等化。早期的转移支付制度主要是分税制改革初期的过渡期转移支付制度，部分学者对早期转移支付制度的均等化效应进行了研究，朱玲（1997）从效率和公平角度分析了过渡期转移支付制度的均等化效果，通过研究认为我国转移支付在缩小地区差距上的作用只是局部和间接的，实际上转移支付与全面缩小地区差距之间并不存在必然的因果关系③。曾军平（2000）对转移支付均等化效应从纵向平衡、横向平衡和综合平衡三个方面做了实证分析，他认为转移支付在横向和纵向财政均衡方面的效果非常有限④。刘溶沧、焦国华（2002）以转移支付前后的人均财政收支相对差异系数对我国转移支付的平衡效应进行了衡量，发现过渡期转移支付制度没有起到平衡地区间财政能力差异的作用⑤。马拴友、于红霞

---

① 谷成：《财政均等化：理论分析与政策引申》，载《经济理论与经济管理》2007 年第 10 期。
② 王玮：《我国公共服务均等化的路径选择》，载《财贸研究》2009 年第 1 期。
③ 朱玲：《转移支付的效率与公平》，载《管理世界》1997 年第 3 期。
④ 曾军平：《政府间转移支付制度的财政平衡效应研究》，载《经济研究》2000 年第 6 期。
⑤ 刘溶沧、焦国华：《地区间财政能力差异与转移支付制度创新》，载《财贸经济》2002 年第 6 期。

（2003）通过对转移支付与地区经济收敛的实证研究，发现转移支付起到协调区域经济发展的作用，并没有缩小地区间财政能力差异①。葛乃旭（2005）则运用财政能力系数和基尼系数对转移支付均等化效应进行分析，研究发现我国转移支付具有一定的均等化效应，但这类转移支付规模太小不足以均衡地区间财力②。王雍君（2006）研究发现，我国转移支付规模快速增长的同时地区间财政差距却在扩大，说明我国转移支付均等化效果不佳③。张恒龙、陈宪（2006）利用人均财政收入和支出的方差系数对我国转移支付总规模和单项转移支付的均等化效果进行了实证研究，发现我国地区间存在严重的财政不均等，但转移支付的均等化作用非常有限④。可见，过渡期转移支付制度存在诸多问题，导致了转移支付并没有有效发挥均等化的作用，亟待改革和完善。

随着财政体制的不断改革完善，转移支付制度规模在不断增长的同时结构也在不断调整，其中税收返还比重越来越低，而均衡性转移支付规模越来越大，调整后的转移支付制度的均等化效应也会发生较大变化，国内学者也进行了相应的实证研究。李齐云、刘小勇（2009）利用基尼系数、集中指数和贡献率等指标对转移支付规模对地区间财力差异以及各分项转移支付对地区间总财力差异变化的影响进行实证研究，结果表明总体来说转移支付的确有缩小地区间总财力差异的作用，尤其是财力性转移支付有利于缩小地区间财力差异，但所占比重有待提高⑤。田发（2010）利用人均财政收支的变异系数对转移支付规模和分项转移支付的横向财力均等化效应进行了实证分析，同样发现转移支付规模增长有利于横向财力均等化，而且一般性转移支付在均衡地区间财力方面作用显著，只是其比重过小制约了均等化作用的空间⑥。关于转移支付的均等化效应研究中使用基尼系数分解方法较为普遍，如王鹏等（2012）⑦、陈建东等（2014）⑧ 等的

①　马拴友、于红霞：《转移支付与地区经济收敛》，载《经济研究》2003 年第 3 期。
②　葛乃旭：《重建我国政府间转移支付制度的构想》，载《财贸经济》2005 年第 1 期。
③　王雍君：《中国的财政均等化与转移支付体制改革》，载《中央财经大学学报》2006 年第 3 期。
④　张恒龙、陈宪：《我国财政均等化现状研究：1994－2004》，载《中央财经大学学报》2006 年第 12 期。
⑤　李齐云、刘小勇：《分税制、转移支付与地区财政差距研究》，载《财贸经济》2009 年第 12 期。
⑥　田发：《财政转移支付的横向财力均等化效应》，载《当代财经》2010 年第 4 期。
⑦　王鹏、杜婕、陈思、朱云飞：《以基尼系数为视角的财政转移支付均等化效果研究——基于吉林省的实证分析》，载《财政研究》2012 年第 6 期。
⑧　陈建东、蒲冰怡、程树磊：《财政转移支付均等化效应分析——基于基尼系数分解的视角》，载《财政研究》2014 年第 10 期。

研究，也有学者利用基尼系数分解法能够对不同类型转移支付均等化效应进行有效研究，如贾晓俊、岳希明（2015）利用基尼系数分解方法对不同类型的转移支付均等化效应进行了详尽的计算，结果显示一般性和专项转移支付均具有财力均等化效应，其中均衡性转移支付制度均等化效应最强①。吴强、李楠（2016）利用基尼系数的研究结果却发现一般性转移支付均等化效果明显，专项转移支付扩大了区际间财力差异②。另外，也有学者研究了转移支付在民族地区和欠发达地区的均等化效应，如董艳梅（2013）利用变异系数分析了转移支付对欠发达地区的均等化效应，结果显示转移支付对欠发达地区没有起到财力均等化作用，反而拉大了财力差距，她指出这种结果产生的主要原因在于欠发达地区过度依赖专项转移支付③。张冬梅等（2018）研究了中央转移支付对民族地区财政均等化效应，研究发现中央对民族地区转移支付规模不断增加且结构更加合理，对民族地区的财政平衡效果显著增加，并且税收返还对民族地区财政失衡效果显著缩小④。

大多数学者以省级数据为基础对转移支付均等化效应进行实证研究，只能反映转移支付在省际间的均等化效果，转移支付在省内县际间的均等化效果有待进一步考察，部分学者对转移支付的县级财力均等化的效应进行了实证研究。尹恒是国内较早基于县级数据研究转移支付均等化效应的学者，尹恒、康琳琳、王丽娟（2007）利用基尼系数对转移支付的县级财力均等化效应进行了实证研究，结果表明转移支付不但没有均衡县级财力，还在一定程度上拉大了财力差异，并认为分税制改革以来近一半的县级财力差异是由于转移支付所造成的⑤，这一结论与转移支付对省级均等化效应结果有较大差异。尹恒、朱虹（2009）又利用 2000 ~ 2005 年的县级数据对转移支付的均等化效应进行了评估，却发现现行转移支付的结构和分配方法上逐渐向财力缺口较大的地区倾斜，特别是 2003 年以后的转移支付均等化效果有所改善，并且表现出实现基本公共服务均

---

①　贾晓俊、岳希明：《我国不同形式转移支付财力均等化效应研究》，载《经济理论与经济管理》2015 年第 1 期。
②　吴强、李楠：《我国财政转移支付及税收返还变动对区际间财力均等化影响的实证研究》，载《财政研究》2016 年第 3 期。
③　董艳梅：《中央转移支付对欠发达地区的财力均等化效应研究》，载《经济理论与经济管理》2013 年第 10 期。
④　张冬梅、李茂生、吴凡：《中央对民族地区转移支付和税收返还的效果评价与调整建议》，载《西南民族大学学报（人文社会科学版）》2018 年第 8 期。
⑤　尹恒、康琳琳、王丽娟：《政府间转移支付的财力均等化效应——基于中国县级数据的研究》，载《管理世界》2007 年第 1 期。

等化的倾向①。随后，关于转移支付省内县际财力均等化效应的研究受到关注，如周美多和颜学勇（2010②，2011③）、张光（2013）④、任超然和曾益（2016）⑤ 利用变异系数、基尼系数等指标对转移支付的省内县际财力均等化效应进行了实证研究，研究结论认为转移支付对省内县级财力起到了均等化作用，但不同省份之间均等化效果存在差异，均等化效果主要受到省内分权程度和转移支付结构等因素影响。近期，关于转移支付的县级财力均等化效应的研究更加深入，如李一花（2015）⑥、包曙光（2016）⑦、马海涛和任致伟（2017）⑧、王瑞民和陶然（2017）⑨ 等的研究，分别利用基尼系数、变异系数和按收入来源进行分解的基尼系数法对转移支付的县级财力均等化效应进行了深入的实证研究，研究结果显示，由于我国的转移支付规模不断增加且转移支付制度结构不断优化，转移支付的县级财力均等化效应逐渐显现，特别是均衡性转移支付规模的增加加强了均等化的效果，未来在增加转移支付规模的同时应该进一步加大均衡性转移支付规模，不断提升转移支付的均等化效应。王华春、王圆圆（2018）则就转移支付对民族地区县级财力均等化效应进行了研究，利用变异指数对各项转移支付的财力均等化效应进行了实证分析，结果表明转移支付有利于民族地区县级财力均等化，其中专项转移支付均等化效应最强，但一般性转移支付在缩小民族地区县级财力差异方面的作用不明显，税收返还不利于民族地区县级财力均等化⑩。

---

① 尹恒、朱虹：《中国县级地区财力缺口与转移支付的均等性》，载《管理世界》2009 年第 4 期。
② 周美多、颜学勇：《省内转移支付均等化效应研究——政府间财政分配行为的视角》，载《公共行政评论》2010 年第 6 期。
③ 周美多、颜学勇：《省内转移支付的财力均等化效应——基于 1999～2004 年县级数据的实证研究》，载《电子科技大学学报（社科版）》2011 年第 1 期。
④ 张光：《转移支付对省内县际财政均等化的影响》，载《地方财政研究》2013 年第 1 期。
⑤ 任超然、曾益：《转移支付纵向分配结构的财力均等化效应研究——基于省内县际差异的视角》，载《中央财经大学学报》2016 年第 8 期。
⑥ 李一花：《县级财政转移支付制度的均等化效果分析》，载《当代经济研究》2015 年第 2 期。
⑦ 包曙光：《转移支付财力均等化效应研究——基于中国县级数据的实证分析》，载《经济问题探索》2016 年第 7 期。
⑧ 马海涛、任致伟：《转移支付对县级财力均等化的作用》，载《财政研究》2017 年第 5 期。
⑨ 王瑞民、陶然：《中国财政转移支付的均等化效应——基于县级数据的评估》，载《世界经济》2017 年第 12 期。
⑩ 王华春、王圆圆：《转移支付对民族地区县级财力均等化影响研究》，载《新疆财经大学学报》2018 年第 2 期。

1.3.2.2　财政分权、转移支付与地方政府支出偏好研究

分税制改革以来，我国的转移支付制度不断完善，其中财力性转移支付制度的比重不断增加，转移支付的均等化效应也越来越明显，应该有利于基本公共服务均等化的实现，但现实是，中国基本公共服务供给还存在严重不足，基本公共服务均等化难以实现。国内学者对此进行了相应研究，研究结论认为中国式分权体制对地方政府支出行为产生了政治和财政的双重激励，地方政府在政治锦标赛竞争中，地方政府财政支出存在经济性偏向，即重经济性公共产品供给而轻公共服务的供给，地方政府的支出偏向不利于基本公共服务均等化的实现。因此，财政分权、转移支付与地方政府支出偏好的研究，对于理解中国基本公共服务均等化具有重要的意义，国内学者对此的研究主要有两个方面：一是中国式分权对地方政府行为的激励；二是转移支付对地方政府财政支出的影响。

财政分权使得地方政府具有较大的财政自主权，地方政府官员面临政治上的晋升压力，在以经济增长作为政绩考核核心指标的导向影响下，中国式分权给地方政府政治和财政的双重激励，这种激励使得中国经济出现持续快速增长，但同时也扭曲了地方政府的支出行为，导致了基本公共服务供给的不足。陈抗等（2002）利用博弈模型理论分析了中央政府的分权与集权选择，并实证分析了地方政府在"援助之手"和"攫取之手"两种行为之间的变化，研究发现中央政府可以通过改变对地方政府的激励机制来影响地方政府的行为，并影响地方政府在经济增长与公共品供给上的行为[①]。如乔宝云、范剑勇、冯兴元（2005）利用省级面板数据研究了财政分权对中国小学义务教育供给的影响，研究发现财政分权并没有激励地方政府对小学义务教育的供给，原因在于财政分权激励地方政府竞争并且挤占非经济性公共产品的财政支出[②]。平新乔、白洁（2006）利用省级数据实证研究财政分权对地方政府行为的财政激励如何影响地方政府在公共品供给上对当地居民真实需求的敏感度，并且区分了预算内和预算外支出，研究发现预算内和预算外支出结果上存在差异，其中预算内支出主要

---

　　① 陈、Arye L. Hillman、顾清扬：《财政集权与地方政府行为变化——从援助之手到攫取之手》，载《经济学季刊》2002 年第 10 期。
　　② 乔宝云、范剑勇、冯兴元：《中国的财政分权与小学义务教育》，载《中国社会科学》2005 年第 6 期。

用于教育等基本公共服务供给，预算外支出更多地满足地方政府在基础设施等经济建设领域的资金需求①。张军等（2007）利用省级面板数据来揭示中国基础设施投资的决定因素时，研究认为除了经济发展水平、金融改革等因素影响中国地方政府在基础设施上的投资外，地方政府为了经济增长，在"招商引资"上的竞争是中国基础设施投资的重要决定因素，他们认为财政分权对地方政府在基础设施等经济性公共产品供给上有着激励作用，同时也表明地方政府有着生产性支出偏向②。傅勇、张晏（2007）基于财政分权和政府竞争指标对地方政府支出偏好进行了实证研究，结论表明中国的财政分权和政治集权下的政治晋升竞争使地方政府财政支出结构存在"重基本建设、轻人力资本投资和公共服务"的明显扭曲③。方红生、张军（2009）利用省级面板数据对中国地方政府的周期性财政政策反应函数进行了实证研究，研究结果表明，无论是在经济繁荣还是衰退时期，中国地方政府一直实行"扩张偏向的财政政策"，这种扩张偏向刺激了地方经济增长，但对公共产品供给激励不足④。龚锋、卢洪友（2009）构建了7类公共支出供需匹配指数，基于省级面板数据实证检验了财政分权程度与公共需求匹配指数的相互关系，研究发现财政分权程度与基本公共服务供给不足指数正相关，与基本建设和行政管理支出过度供给指数正相关，说明给中国目前财政分权正向激励的制度基础缺乏⑤。管永彬（2012）利用省级面板数据实证研究了财政分权对地方政府供给偏好的影响，研究发现中国式分权对地方政府在政治和财政上的激励存在扭曲，导致了地方政府财政支出偏离了当地居民对公共服务的偏好，并且地方政府的支出偏向存在明显的区域差异⑥。马万里、李齐云（2017）对财政分权下地方政府从"援助之手"到"攫取之手"行为差异的内在原因进行了深入分析，研究认为中国式分权对地方政府行为的激励是该差异的内在诱因，而软化的制度约束导致了对地方政府行

---

① 平新乔、白洁：《中国财政分权与地方公共品的供给》，载《财贸经济》2006 年第 2 期。
② 张军、高远、傅勇、张弘：《中国为什么拥有了良好的基础设施？》，载《经济研究》2007 年第 3 期。
③ 傅勇、张晏：《中国式分权与财政支出结构偏向：为增长而竞争的代价》，载《管理世界》2007 年第 3 期。
④ 方红生、张军：《中国地方政府竞争、预算软约束与扩张偏向的财政行为》，载《经济研究》2009 年第 12 期。
⑤ 龚锋、卢洪友：《公共支出结构、偏好匹配与财政分权》，载《管理世界》2009 年第 1 期。
⑥ 管永彬：《财政分权、双重激励与地方政府供给偏好的异质性》，载《重庆师范大学学报（哲学社会科学版）》2012 年第 1 期。

为监督问责机制的缺失是该差异的外因①。储德银、邵娇（2018）基于财政分权下财政纵向失衡角度分析地方政府公共支出偏向问题，通过理论分析诠释财政纵向失衡对公共支出结构偏向的作用机制，并利用动态面板数据模型进行实证检验，研究发现财政分权下财政纵向失衡显著影响了地方政府支出行为选择，并且财政纵向失衡越严重公共支出偏向问题也更加严重②。

转移支付是财政分权体制下的重要政策工具，上级政府对下级政府转移支付是平衡地方财力的重要手段，转移支付作为地方政府的收入来源，可能在一定程度上弱化地方政府财政努力，而地方财政努力不足又会在一定程度上削弱转移支付制度的效果。一方面，地方政府为了获得更多转移支付收入，可能会降低征税的努力程度；另一方面，转移支付导致地方政府有扩大支出的冲动，并且将更多的资金投入到经济性公共产品上，这些都不利于基本公共服务均等化的实现。乔宝云、范剑勇、彭骥鸣（2006）构建了转移支付与地方财政努力的理论模型，并利用省级数据对两者之间的关系进行了实证研究，研究发现中国的转移支付制度并没有激励地方财政努力，反而抑制了地方财政努力，并且富裕和贫穷地区的财政努力是存在差异的③。张恒龙、陈宪（2007）利用省级数据实证分析了各类转移支付与省级政府财政努力之间的关系，研究发现不同类型转移支付对地方政府财政努力影响存在一定差异，但总体上来说转移支付不利于提升地方财政努力④。李永友、沈玉平（2009）构建了地方财政收支决策对转移支付的反应函数，并通过实证分析发现财政收支决策对转移支付的反应都较为敏感，但地方财政收支决策对专项转移支付和非特定用途转移支付反应敏感度存在显著差异，并且这种反应的显著程度还受到地区竞争程度和开放程度的影⑤。付文林（2010）通过全国以及东中西三大区域四个主要税种税负水平与净补助率的相关系数进行比较，研究发现转移支付提高了欠发

① 马万里、李齐云：《从"援助之手"到"攫取之手"：地方政府行为差异的政治经济学分析》，载《财政研究》2017 年第 1 期。
② 储德银、邵娇：《财政纵向失衡与公共支出结构偏向：理论机制诠释与中国经验证据》，载《财政研究》2018 年第 4 期。
③ 乔宝云、范剑勇、彭骥鸣：《政府间转移支付与地方财政努力》，载《管理世界》2006 年第 3 期。
④ 张恒龙、陈宪：《政府间转移支付对地方财政努力与财政均等的影响》，载《经济科学》2007 年第 3 期。
⑤ 李永友、沈玉平：《转移支付与地方财政收支决策——基于省级面板数据的实证研究》，载《管理世界》2009 年第 11 期。

达地区人均财力，同时也降低了这些地区征税的积极性[①]。李建军、肖育才（2012）构建了转移支付与地方税收征管效率模型，通过对地方政府税收征管效率测算进行实证研究，发现转移支付对地方税收征管效率有显著的负效应，地方税收征管行为出现"粘蝇纸"效应[②]。胡祖铨、黄夏岚、刘怡（2013）通过构建转移支付—地方税收努力模型，利用省级面板数据实证分析了不同类型转移支付对地方政府征税努力的影响，结果显示中央对地方转移支付增加了地方政府的依赖性，显著扭曲了地方征税努力，但其中税收返还和均衡性转移支付抑制了地方征税努力，需要配套的转移支付则增进了地方征税努力[③]。吕冰洋、张凯强（2018）在研究转移支付与地方税收努力中加入财政支出偏向的影响，研究发现当政府对生产性支出重视程度高时，一般性转移支付降低了地方税收努力，生产性专项转移支付增强了地方税收努力，当政府对民生性支出重视程度高时，则结论相反，这一研究为我们理解转移支付对地方政府行为的影响提供了新的视角[④]。还有一些国内学者，如张筱风（2003）、李齐云（2003）、张伦伦（2006）等，从不同的角度采用不同的研究方法就转移支付与地方财政努力之间的关系进行实证研究，大多数研究结论认为转移支付在一定程度上抑制了地方财政努力，转移支付在中国存在"粘蝇纸"效应。

　　转移支付不断影响地方政府在财政收入上的努力程度，还会进一步影响地方政府的财政支出偏好，关于转移支付对地方财政支出偏好影响也受到部分学者的关注。付文林、沈坤荣（2012）通过构建存在转移支付的财政支出决策模型，并利用省级面板数据进行实证分析，研究发现转移支付对地方财政支出不但存在"粘蝇纸"效应，还在一定程度上激励地方政府通过改变财政支出结构而偏离转移支付的基本公共服务均等化目标，欠发达地区这种偏向更强[⑤]。唐沿源（2015）实证研究了转移支付对地方财政支出的激励效应，研究发现均等性转移支付减弱了由于地方政府间竞争对生产性公共支出过高配置的偏好，而且转移支付均等性越强这种激励效应越大[⑥]。

　　① 付文林：《均等化转移支付与地方财政行为激励初探》，载《财贸经济》2010 年第 11 期。
　　② 李建军、肖育才：《税收征管存在"粘蝇纸"效应吗》，载《南开经济研究》2012 年第 2 期。
　　③ 胡祖铨、黄夏岚、刘怡：《中央对地方转移支付与地方征税努力——来自中国财政实践的证据》，载《经济学季刊》2013 年第 2 期。
　　④ 吕冰洋、张凯强：《转移支付和税收努力：财政支出偏向的影响》，载《世界经济》2018 年第 7 期。
　　⑤ 付文林、沈坤荣：《均等化转移支付与地方支出结构》，载《经济研究》2012 年第 5 期。
　　⑥ 唐沿源：《转移支付与地方财政支出竞争——激励效应及中国经验的检验》，载《云南财经大学学报》2015 年第 3 期。

　　国内学者基于省级数据对转移支付与地方财政支出偏好关系进行实证研究，研究结论都表明转移支付在一定程度上引起地方财政支出结构生产性偏向，但如果采用县级数据进行分析是否能得出一致结论，也需要进行实证检验，国内部分学者对此也做了相关研究。袁飞等（2008）利用县级面板数据对转移支付与财政供养人口规模膨胀的因果关系进行实证分析，结果表明两者之间存在正相关性，说明转移支付的增加被财政供养人口的增加所侵蚀，并没有带来基本公共服务供给的改善①。曾明、张光、江依妮（2008）利用广东省的县级数据实证研究转移支付与县级政府财政支出的关系，研究发现转移支付显著地刺激了广东省县级政府对教育和行政管理费支出的投入，但对教育支出的刺激效应更大，说明广东省县级政府在获得转移支付后优先满足基本公共服务供给的财政投入②。尹恒、朱虹（2011）基于县级政府目标与县级政府支出偏好关系构建了一个政治经济模型，并利用全国县级数据进行了实证研究，发现中国县级政府在经济增长作为政绩考核核心指标影响下，追求的是经济增长率目标而非满足居民需求的基本公共服务供给，导致了县级政府财政支出存在生产性偏向③。另外，由于省直管县改革对县级政府产生重要影响，部分学者基于省直管县改革背景研究了转移支付与县级政府支出偏好的关系，王德祥、李建军（2008）构建了一个地方公共品最优供给模型，并基于湖北省县级面板数据实证分析了省直管县改革对地方公共品供给的影响，研究认为省直管县改革简化了财政层级并使得省以下地方政府间财政关系更加规范，从而促进了县级公共品供给的改善④。刘佳、吴建南、吴佳顺（2012）基于河北省县级面板数据对省直管县改革对县级公共物品供给影响进行了实证分析，研究发现省直管县改革导致县级政府显著增加了生产性公共品的供给水平，同时显著降低了非经济性公共产品的供给水平，表明我国县级政府存在明显的生产性支出偏好⑤。根据国内学者关于转移支付与县级政府支出偏好的关系研究表明，得出的结论与用省级数据研究得出的结论并不完

---

　　①　袁飞、陶然、徐志刚、刘明兴：《财政集权过程中的转移支付和财政供养人口规模膨胀》，载《经济研究》2008 年第 5 期。
　　②　曾明、张光、江依妮：《转移支付对县级公共支出的影响——以广东省为例》，载《教育与经济》2008 年第 2 期。
　　③　尹恒、朱虹：《县级财政生产性支出偏向研究》，载《中国社会科学》2011 年第 1 期。
　　④　王德祥、李建军：《人口规模、"省直管县"对地方公共品供给的影响——来自湖北省市、县两级数据的经验证据》，载《统计研究》2008 年第 12 期。
　　⑤　刘佳、吴建南、吴佳顺：《省直管县改革对县域公共物品供给的影响——基于河北省 136 县（市）面板数据的实证分析》，载《经济社会体制比较》2012 年第 1 期。

全一致，可能是县级政府存在更大的差异性，并且县级政府所选择的区域性差异也使研究结论不一致，并且省直管县的改革也带来一定的影响。

1.3.2.3　转移支付与基本公共服务均等化研究

财政分权理论认为分权可以促进地方公共产品的有效供给，财政分权鼓励地方政府间财政竞争并促使地方政府增加对辖区内居民的回应性，但现实中由于政府间财政能力差异和地方财政支出偏好扭曲等因素影响，财政分权也可能会导致地方政府公共服务供给水平低下和地区间基本公共服务供给的失衡，这就需要建立均衡地方财力和激励地方政府支出偏好的转移支付制度加以克服。可见，转移支付制度的主要目标是实现基本公共服务均等化，中国转移支付制度不断演变，财力均等化效应逐渐显现，但中国基本公共服务供给仍然存在严重的不均等，表明转移支付并没有有效实现基本公共服务均等化，国内学者就转移支付对基本公共服务均等化的绩效和影响因素进行了相应研究，大多数学者研究认为我国转移支付的基本公共服务均等化效应不足。王磊（2006）利用时间序列数据和截面数据实证分析了不同类型转移支付对基本公共服务供给的影响，研究发现转移支付总体上并没有起到促进基本公共服务均等化的作用，其中税收返还拉大了基本公共服务非均等程度，一般性转移支付对基本公共服务均等化的作用也非常小，并且在有些省份还拉大了基本公共服务供给的地区差距[①]。解垩（2007）利用省级面板数据对转移支付与公共品均等化进行实证研究，研究结果同样表明税收返还扩大了公共品供给差距，财力性和专项转移支付在缩小公共品供给差距上的作用非常小[②]。郭庆旺、贾俊雪（2008）实证研究了中央转移支付对地方公共服务均等化影响，并分析了其中的原因，研究结论认为中央转移支付资金由于在分配中没有兼顾公平与效率，并未能促进地方实现公共服务的均等化，说明中央转移支付对地方公共服务供给存在财政激励不足[③]。朱润喜、王群群（2017）基于省级数据实证分析了非正式式财权和转移支付对地方公共服务均等化联动影响的门槛效应，研究发现地方政府非正式财权的动态变化下，转移支付对地方

①　王磊：《我国政府间转移支付制度对公共服务均等化的影响》，载《经济体制改革》2006年第1期。
②　解垩：《转移支付与公共品均等化分析》，载《统计研究》2007年第6期。
③　郭庆旺、贾俊雪：《中央财政转移支付与地方公共服务提供》，载《世界经济》2008年第9期。

公共服务均等化存在显著的门槛效应①。李永友、张子楠（2017）基于中国省级面板数据实证研究了转移支付对地方社会性公共品供给的影响，研究结果显示转移支付并没有有效激励地方社会性公共品的供给，并且还强化了地区间竞争对地方政府支出的约束力②。胡斌、毛艳华（2018）基于CGSS2013 中居民样本嵌套于 76 个城市的截面数据，实证研究了转移支付规模和结构对基本公共服务均等化的影响，结果表明转移支付规模的扩大显著增加了基本公共服务均等化的概率，但不同类型转移支付对基本公共服务均等化影响存在显著差异，一般性转移支付显著促进了基本公共服务均等化，而税收返还和专项转移支付对基本公共服务均等化实现是无效的，地方政府官员的政治晋升压力是转移支付是否能促进基本公共服务均等化的重要边界条件③。郑垚、孙玉栋（2018）利用省级数据并建立门槛面板模型实证研究了转移支付、地方财政自给能力对基本公共服务供给的影响，研究发现转移支付能够有效扩大基本公共服务供给规模，并且随着地方财政自给率的提升，其效果显著提高，但转移支付并不能改变地方政府生产性财政支出的偏好④。缪小林、王婷、高跃光（2017）通过构建地方政府城乡公共服务支出决策对转移支付的反映函数，实证检验了转移支付对城乡公共服务差距的影响，研究发现无论是一般性转移支付还是专项转移支付均显著地抑制了城乡公共服务差距的缩小⑤。

上述实证研究主要基于省级数据，但中国基本公共服务供给主要在县级政府，中国基本公共服务均等化的实现主要在县级政府层面，有学者就转移支付与县级基本公共服务均等化的关系进行了实证研究。伏润民、常斌、缪小林（2008）采用 DEA 二次相对效益模型对云南省的省对县一般性转移支付对县级政府基本公共服务均等化绩效进行了效率评价，结果显示云南省县级基本公共服务资金配置效率的均等化水平较低，转移支付对县级基本公共服务均等化的绩效不佳，他们认为应该在转移支付资金分配

---

① 朱润喜、王群群：《地方政府非正式财权、转移支付与公共服务均等化——基于中国省级面板门槛效应分析》，载《经济问题》2017 年第 5 期。

② 李永友、张子楠：《转移支付提高了社会性公共品供给激励吗?》，载《经济研究》2017 年第 1 期。

③ 胡斌、毛艳华：《转移支付改革对基本公共服务均等化的影响》，载《经济学家》2018 年第 3 期。

④ 郑垚、孙玉栋：《转移支付、地方财政自给能力与基本公共服务供给——基于省级面板数据的门槛效应》，载《经济问题探索》2018 年第 8 期。

⑤ 缪小林、王婷、高跃光：《转移支付对城乡公共服务差距的影响——不同经济赶超省份的分组比较》，载《经济研究》2017 年第 2 期。

中对基本公共服务配置效率赋予更大的权重①。成刚、萧今（2011）利用江西省县级面板数据实证分析了转移支付对基础教育供给的影响，研究发现省以下财政分权体制中省对县的转移支付不利于县级政府对基础教育的投入②。宋小宁、陈斌、梁若冰（2012）利用全国县级数据实证分析了一般性转移支付对基本公共服务供给的影响，研究发现一般性转移支付对基本公共服务供给的影响非常小，专项转移支付影响则较为显著③。熊若愚、余萍（2017）利用全国县级面板数据并构建动态面板模型实证分析了均衡性和专项转移支付对基础教育和基本医疗卫生两类基本公共服务供给的影响，研究发现均衡性转移支付相对于专项转移支付更有利于促进县级基本公共服务的供给，应该加大均衡性转移支付规模④。

也有研究表明转移支付有利于基本公共服务均等化的实现，傅勇（2010）对分权背景下的财政体制和政府治理对非经济性公共物品供给进行了实证分析，研究发现中央政府向下的转移支付促进了非经济性公共物品的供给⑤。卢洪友、陈思霞（2012）运用边际受益归宿分析技术，基于中国县级数据实证评估了 2003 ~ 2007 年中国县（市）级转移支付资金的边际受益分配状况，研究结果显示贫困县（市）从增加的一般性转移支付补助中受益更高，增强了贫困县（市）提供基本公共服务均等化能力，促进了基本公共服务均等化，在其他类型转移支付分配中富裕县（市）是最大受益者，不利于基本公共服务均等化⑥。

1.3.3 转移支付制度设计研究

国内学者研究得出的结论大多数表明中国现行转移支付制度总体上不利于基本公共服务均等化，转移支付制度无论是在公平还是效率方面都存在一定的问题，需要相应的制度改革和完善，国内学者就转移支付制度的设计和

① 伏润民、常斌、缪小林：《我国省对县（市）一般性转移支付的绩效评价——基于 DEA 二次相对效益模型的研究》，载《经济研究》2008 年第 11 期。
② 成刚、萧今：《省以下财政分权、转移支付与基础教育供给——基于 1994—2001 年江西省县级数据的分析》，载《教育与经济》2011 年第 1 期。
③ 宋小宁、陈斌、梁若冰：《一般性转移支付：能否促进基本公共服务供给？》，载《数量经济与技术经济研究》2012 年第 7 期。
④ 熊若愚、余萍：《促进县级基本公共服务供给：均衡性转移支付还是专项转移支付》，载《湖北经济学院学报》2017 年第 5 期。
⑤ 傅勇：《财政分权、政府治理与非经济性公共物品供给》，载《经济研究》2010 年第 8 期。
⑥ 卢洪友、陈思霞：《谁从增加的财政转移支付中受益——基于中国县级数据的实证分析》，载《财贸经济》2012 年第 4 期。

完善也进行了有益的研究。早期，马骏（1997）①、钟晓敏（1997）② 等利用"因素法"对转移支付资金分配进行了均等化转移支付公式构建，并利用中国数据进行了模拟分析，并提出了构建兼顾财政纵向和横向均等化的拨款模式，为中国转移支付制度设计提供了一个参考。龚锋、卢洪友（2010）运用罗默（Roemer）和奥诺—特内罗（Moreno - Ternero）的机会平等分析框架，在对转移支付在机会平等目标实现上的资金配置方案进行测算的基础上，提出了"机会平等"为目标的优化转移支付制度的设计思路③。贾晓俊（2011）④、贾晓俊和岳希明（2012）⑤ 通过对均等化转移支付一般公式的推导，利用相关数据对我国均衡性转移支付制度的公共服务均等化效应进行实证分析的基础上，提出了均等化转移支付改革方案。张恒龙和秦鹏亮（2012）根据"因素法"转移支付资金分配要求，并将基本公共服务均等化与地方财政激励目标纳入转移支付公式中，从而设计出一套兼顾均等与激励目标的转移支付公式，并最终提出应从财政收支以及财政激励配套措施等方面对转移支付的"因素法"公式进行进一步优化。吴俊培、郭柃沂（2016）提出了在我国构建一般性转移支付基金制度的构想，并对其可行性进行了实证分析⑥。也有学者对省以下转移支付制度构建进行了研究，伏润民、王卫昆、常斌、缪小林（2011）以"因素法"为基础，从标准收入和标准支出测算以及均衡转移支付绩效评价三个层面构建我国规范的省对县均衡性转移支付制度体系，为我国现阶段规范的省以下转移支付体系构建提供了重要的参考方案⑦。

另外，关于转移支付资金的分配也备受学者关注，如范子英、李欣（2014）研究了转移支付资金分配中部长的政治关联效应的影响，研究发

---

① 马骏：《中央向地方的财政转移支付——一个均等化公式和模拟结果》，载《经济研究》1997 年第 3 期。

② 钟晓敏：《论政府间财政转移支付制度：一个可供选择的模式》，载《经济研究》1997 年第 9 期。

③ 龚锋、卢洪友：《机会平等与财政转移支付》，载《财经问题研究》2010 年第 11 期。

④ 贾晓俊：《促进公共服务均等化的均衡性转移支付改革方案设计》，载《财政研究》2011 年第 6 期。

⑤ 贾晓俊、岳希明：《我国均衡想转移支付资金分配机制研究》，载《经济研究》2012 年第 1 期。

⑥ 吴俊培、郭柃沂：《关于建构我国一般性转移支付基金制度的可行性研究》，载《财贸经济》2016 年第 12 期。

⑦ 伏润民、王卫昆、常斌、缪小林：《我国规范的省对县（市）均衡性转移支付制度研究》，载《经济学季刊》2011 年第 10 期。

现专项转移支付资金分配中这种关联效应影响较为显著①。汪冲（2015）对渐进预算观点和机会主义在转移支付资金分配中的影响进行了实证研究，研究认为应重视政策与预算决策机制的调整以及针对转移支付预算软约束问题的机制设计②。

1.3.4 文献简评

通过相关文献的梳理，我们发现国内外学者的相关研究对于转移支付和基本公共服务均等化的研究有着重要的推动作用，研究的视角也是多维度的，既有规范性研究也有实证研究，为本书研究提供了充实的文献来源。但对国内外研究现状的总结和归纳，也发现现有研究可以进一步深入的地方：

一是关于转移支付与基本公共服务均等化的理论研究不够深入，现有研究大多都是现状描述和解释，并基于此提出相应的政策建议，缺乏对转移支付与基本公共服务均等化之间逻辑关系的深入理论分析，需要对转移支付—地方政府行为—财政激励—基本公共服务均等化关系的内在机理和互动机制的探索，为改革实践和制度设计提供理论支持。

二是相关的实证研究也存在不够系统的问题：一方面，很多研究基于省级层面，在基本公共服务均等化方面不具代表性，县级层面才更具代表性；另一方面，尽管近期以县级层面研究越来越多，但实证研究视角较为单一。关于转移支付和基本公共服务均等化，应该进行更为系统的实证研究，如果转移支付对地方政府行为、转移支付财力均等化、转移支付与基本公共服务供给效率以及均等化的实证研究，还需要分类和分区域比较分析等。

三是针对转移支付制度的研究也有待进一步深入，现有研究主要是从财政均等角度来对转移支付制度提出改革建议，对转移支付制度设计中的财政激励目标关注不够，对转移支付的激励约束机制研究缺乏。另外，对如何优化转移支付制度的基本路径分析不够深入，特别是对省以下转移支付制度研究较为缺乏。

① 范子英、李欣：《部长的政治关联效应与财政转移支付分配》，载《经济研究》2014 年第 6 期。
② 汪冲：《渐进式预算与机会主义——转移支付分配模式的实证研究》，载《管理世界》2015 年第 1 期。

1.4　研究思路与逻辑体系

　　本书遵循提出问题—分析问题—解决问题的研究思路，形成了本书研究的逻辑体系，如图 1 - 1 所示。首先，基于理论和中国现实，提出了本书研究的核心问题，即转移支付对基本公共服务均等化是否存在现实影响。

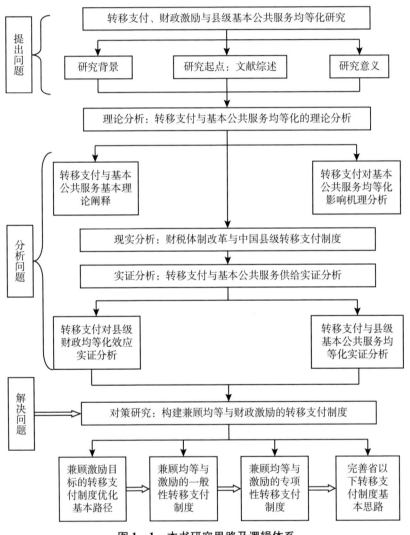

图 1 - 1　本书研究思路及逻辑体系

其次，对本书提出的问题进行深入的理论和实证分析：一方面，通过深入的理论研究，阐释了中国财政分权体制下转移支付对基本公共服务均等化影响的内在机理；另一方面，通过实证分析来检验转移支付对基本公共服务均等化的现实影响。最后，根据理论和实证分析结论，基于规范的理论、国外经验和中国现实基础，对如何解决所提出的问题提出相应的解决办法，对中国当前转移支付制度优化提出了具体对策建议。

1.5 研究主要内容

本书以转移支付与县级基本公共服务均等化关系作为研究对象，以中国转移支付制度优化作为研究目标，在研究过程中主要涉及三个核心问题，即"影响机理——转移支付对基本公共服务均等化影响的内在机理""影响程度和途径——转移支付对基本公共服务供给的现实影响""对策建议——如何通过转移支付制度的优化来促进基本公共服务均等化"三个主要方面。围绕这三个主要问题，本书的研究内容分为以下 7 个部分：

第 1 章，导论。首先，基于中国现实阐述本课题研究的背景，并分析本书研究的理论意义和现实价值，并对本书相关研究进行系统的文献梳理和述评，以发现现有研究的不足并为本书研究提供切入点。其次，基于问题导向明确本课题研究的对象和希望实现的目标，在此基础上形成本书的研究思路和逻辑体系。再次，基于本书研究涉及的主要问题和研究框架，阐述本书研究的主要内容以及研究过程中采用的研究方法。最后，阐明本书研究可能的创新之处，分析研究的局限性和存在的不足，并分析其原因，明确以本书为基础的后续研究方向。

第 2 章，转移支付与基本公共服务均等化基本理论阐述。本部分寻找支撑本书研究的基本理论，在进行本书研究之前必须要对主要核心概念涉及的基本理论问题进行系统的梳理，以支撑后续理论分析、实证分析以及对策建议。首先，系统阐述转移支付相关的基本理论，主要包括从财政分权体制下政府间关系角度阐述转移支付制度产生的基本逻辑、转移支付制度目标、转移支付的分类并阐述不同类型转移支付的经济效应、从政治和经济角度分析转移支付资金分配。其次，阐述基本公共服务均等化相关的理论，主要包括基本公共服务以及基本公共服务均等化内涵与范围的界定、基本公共服务均等化的目标、基本公共服务均等化的实现路径。

　　第3章，中国式分权、转移支付与基本公共服务均等化关系的理论分析。本部分是本书研究的理论基础，基于理论和中国现实对中国式分权、转移支付、地方政府行为和基本公共服务均等化之间的关系进行理论分析，并形成本书研究的基本框架。首先，基于经典理论、国际经验和中国现实，深入分析财政分权对地方政府行为的激励，先基于经典财政分权理论和国际经验对财政分权的理论演进和改革经验进行总结，分析财政分权与地方政府行为之间的关系，再结合中国财政分权实践，来具体分析中国财政分权对地方政府行为的激励效应。其次，就中国转移支付对地方政府激励进行深入理论分析，转移支付作为中国分权财政体制的重要组成部分，对地方政府行为的影响直接关系到基本公共服务的有效供给，主要阐述转移支付对地方政府的财政收入和财政支出存在的激励效应。最后，从财政激励角度分析转移支付应该如何促进基本公共服务均等化，从理论和现实角度分析中国转移支付对地方政府基本公共服务供给激励的不足，并构建了转移支付—财政激励—基本公共服务均等化内在关联的基本逻辑体系。

　　第4章，财税体制改革与中国县级财政转移支付制度。由于本书主要是以县级层面为主来研究转移支付与基本公共服务均等化的关系，本部分基于中国财税体制改革背景对中国县级财政转移支付制度演进、现状进行深入分析，作为本书研究的现实基础。首先，对财税体制改革与中国财政转移支付制度变迁关系进行制度分析，中国县级转移支付是中国转移支付制度的重要组成部分，中国财政转移支付制度变迁必然影响县级转移支付制度演变，对中国财政转移支付制度变迁的分析有利于更深入理解中国县级财政转移支付制度演变，本部分主要是基于新中国成立以来中国财税体制变革来分析其对中国转移支付制度的影响，主要从中国转移支付制度的功能演变和类别演变两个角度来分析。其次，对财税体制改革对中国县级财政影响进行制度分析，县级转移支付制度也是县级财政体制的重要组成部分，基于中国财税体制改革分析中国县级财政体制的变化，有利于进一步深入理解转移支付制度对县级政府财政收支行为影响，进而对县级基本公共服务供给的影响，主要是从财税体制改革对县级财政制度变迁的影响和县级财政体制创新与县级财政困难关系两个层面来具体分析。最后，基于财力主支出责任相匹配的角度来分析中国县级转移支付制度以及其对县级基本公共服务均等化的影响，先是基于财税体制改革特别是与县级层面相关的财税体制变革对县级转移支付产生的现实影响，分析中国县级转移支付制度的演变，然后基于财力与支出责任相匹配的角度分析中国县级转移支付存在的主要问题以及对县级政府行为的影响，主要涉及转移支付对县级财力均等化和县级基本公共服务均等化的影响两个层面，为本书后续实证研究提供思路。

第 5 章，转移支付对县级财政均等化效应分析。本部分是对转移支付对县级财力均等化效应的实证分析，县级政府在实现基本公共服务均等化过程中具有不可替代的作用，这就需要首先保障县级政府财力均等化，转移支付具有不可或缺的作用，从实证角度分析转移支付对县级财政均等化的效应具有重要的意义。首先，基于四川省县级数据，对四川省省内县际的初始财力不均等进行现状描述；其次，对四川省县级政府转移支付总量和人均量进行分析，利用转移支付后以财政供养人口加权的变异系数分析四川省县级政府转移支付后的财力差异；最后，采用转移支付的均等化效果系数来衡量转移支付对县级政府的均等化效应。

第 6 章，转移支付与县级基本公共服务均等化。首先，在对转移支付对地方政府支出偏好的影响进行理论分析的基础上，具体分析中国县级转移支付与县级基本公共服务均等化之间的关系，为实证分析提供理论依据。其次，以四川省县级数据，就转移支付与县级基本公共服务均等化之间的关系进行实证分析，以发现转移支付与县级基本公共服务供给之间的内在关联以及现实逻辑。最后，通过实证分析得出的结论，提出相应的对策建议，为本书最后研究目标的实现提供思路。

第 7 章，构建兼顾均等与财政激励的转移支付制度。本部分是本书最终结果，通过理论、现实和实证分析，提出和验证了转移支付与县级基本公共服务均等化之间的内在联系和现实影响，基于此对完善中国转移支付制度进行系统的分析。首先，对转移支付制度中的激励约束机制进行理论分析，由于基于本书研究结论提出构建兼顾均等与财政激励双重目标的转移支付制度，先要明确转移支付制度对地方政府财政行为的激励约束问题。其次，对中国转移支付制度优化路径的分析，先明确中国构建兼顾均等与财政激励的转移支付制度基本路径，并阐明在制度设计中实现两者目标兼顾的着力点。再次，具体分析了构建兼顾财政激励目标的中国一般性转移支付和专项转移支付制度应如何设计。最后，对省以下转移支付制度的构建进行了初步探讨。

1.6 研 究 方 法

1.6.1 文献研究方法

在明确本书研究对象和目标的基础上，通过对相关研究的文献进行系统的搜集、梳理和提炼，全面把握与本书相关的历史文献和当前研究动态，为本书寻找研究的切入点和提供研究的文献和理论基础，从而避免重复性研究，为取得有理论和现实价值的研究打下基础。通过对国内外相关文献系统的归纳、总结，明确了与本书相关的基础理论，为本书的研究奠定了理论基础。

1.6.2 理论分析方法

本书研究采用了基本理论阐述、理论分析、制度分析、现实分析等方法，在对本书中转移支付和基本公共服务两个核心问题的基本理论进行阐述的基础上，基于财政分权理论、公共产品理论、制度经济学理论、激励理论等相关基本理论，并结合中国财政分权背景，对转移支付与基本公共服务之间的关系进行了深入的理论分析，明确了本书研究中转移支付—财政激励—基本公共服务均等化关系的理论逻辑和实现机制。通过理论分析，为本书研究提供了基本研究思路和研究框架。

1.6.3 实证研究方法

在理论分析为本课题提供了分析框架的基础上，本书通过实证研究来对理论分析进行检验，采用统计分析和计量分析方法，并利用县级数据和相关统计与计量分析软件进行实证分析。实证分析主要涉及两个方面：一是运用变异系数分解方法，对转移支付的均等化效应进行实证分析；二是运用固定效应模型等计量方法，对转移支付与县级基本公共服务均等化关系进行实证分析。通过实证研究，将理论分析与实证研究相结合，能更深入地解读本书研究的相关问题，并为最终研究目标的实现提供经验证据支撑，让研究结论更加符合实际。

1.7 可能的创新之处

一是构建了财政分权—转移支付—财政激励—基本公共服务均等化之间互动机制的基本逻辑框架，是本书在理论研究中可能的一个创新之处。就目前国内学者研究而言，主要是对转移支付的财力均等化效应和基本公共服务均等化效应的实证研究，但基于财政分权理论和中国现实对财政分权体制中转移支付与基本公共服务均等化之间的内在机理和互动机制研究不够深入，本书则对转移支付—财政激励—基本公共服务均等化之间的关系进行了系统分析，构建了一个基本分析架构，从理论和现实上理顺了中国式分权下转移支付—地方政府行为—基本公共服务均等化之间的内在关系。

二是基于中国财税体制改革的现实背景对中国县级转移支付以及对县级财政影响的现实和实证分析，可能是本书研究思路上的一个创新之处。本书是以县级层面的转移支付与基本公共服务均等化关系作为研究对象，对县级转移支付制度变迁以及县级转移支付制度对县级财力和基本公共服务均等化影响，是本书实证研究的重要部分。在实证研究思路上，我们基于中国财税体制改革为背景，对县级财政体制和县级转移支付制度进行现实的制度分析。首先，探索财税体制改革对县级财政体制的影响；其次，从财力与支出责任角度分析财税体制改革和县级财政体制变革对县级转移支付制度的现实影响；最后，实证分析和检验转移支付对县级财力和基本公共服务供给的实际影响。基于本书实证研究思路，能够较为系统地审视财税体制改革、县级财政制度、县级转移支付与县级政府财政收支行为之间的关系，更有利于发现转移支付与县级基本公共服务均等化之间的现实逻辑。

三是对构建兼顾均等与财政激励的转移支付制度系统的分析和探讨，在一定程度上对中国转移支付制度改革和重构提出了路径和具体措施，可能是本书的一个创新之处。通过理论、现实和实证分析，本书研究认为在当前中国现行财政分权体制下，转移支付在实现基本公共服务均等化过程中具有不可或缺的作用，但必须对现有转移支付制度进行改革和重构，构建兼顾均等和财政激励双重目标的转移支付制度体系是关键。首先，本书从国家治理理念视角来分析中国转移支付制度优化的基本路径和主要着力点；其次，明确构建兼顾财政激励的一般性转移支付和专项转移支付制度的设计思路，对一般性转移支付的公式进行了优化；最后，探讨了如何将兼顾均等与财政激励目标的转移支付制度应用到省以下转移支付制度构建，并对省以下转移支付制度构建提出了相应的完善思路。

1.8　存在的不足及未来研究展望

由于受到研究能力、数据资料可获得性以及研究问题的复杂性等因素影响，本书研究中存在以下方面的不足：

第一，鉴于财政分权、转移支付、地方政府行为和基本公共服务均等化之间存在多层次的复杂关系，本书在理论研究中更多的是以理论阐述、制度分析为主，尽管构建了互动关系的基本框架，但遗憾的是没有运用理论模型将其规范化。原因主要有三个方面：一是目前没有系统的理论模型可借鉴；二是相互关系较为复杂无法通过单一模型来表述；三是研究人员研究能力所限。由于理论研究中缺乏数理模型分析，导致了本书理论研究深度不够，是本书研究中的不足。

第二，由于本书以县级层面数据为主，但县级数据量大且获得性较差，大量调研的时间和经济成本过高，数据主要来源于《全国地市县财政统计资料》，并且以四川省县级数据为例进行的实证研究，导致了实证研究中国数据较为陈旧并且区域较为单一，可能会使得实证研究结论具有一定的局限性。但根据国内目前相关实证研究而言，大多数以县级为基础的研究都主要是以《全国地市县财政统计资料》为数据来源依据，由于财政在2009年之后就没有再提供《全国地市县财政统计资料》数据，时间也大多在2006~2009年之间，本书的研究局限也具有一定的普遍性。

第三，本书关于转移支付制度改革和重构的研究，更多是提出了中国转移支付制度优化的基本路径、着力点、设计思路，只是一个框架性的研究，并没有对具体的制度设计进行深入细化的研究，主要是宏观和中观层面，没有涉及微观层面的细节性的技术设计。当然，中国转移支付制度较为复杂，涉及多方面利益关系，从学术性研究来说，主要是从宏观和中观角度提出制度改革的思路和框架，具体技术性的制度设计则主要是实践部门的工作。

　　鉴于本书研究的不足和中国转移支付制度和基本公共服务均等化的现实问题，本书的研究只是一个初步研究，在本书研究过程中，我们也发现了未来研究的方向。基于本书研究并结合党和政府对当前财政体制改革的要求，未来作者会将研究延伸到两个方面：一是关于中国财政转移支付制度有效性评估和制度创新研究，十八届三中全会以来把财政定位为国家治理的基础和重要支柱，转移支付制度作为财政分权体制下政府间财政关系的重要平衡机制，直接关系到国家和地方政府的治理能力，准确把脉中国转移支付制度的有效性具有重要的现实意义，需要对中国转移制度运行绩效进行系统的评估，通过评估发现问题并进行相应的制度创新。二是城乡基本公共服务均等化的财政保障体系研究，由于中国 70% 的人生活在县级区域，中国基本公共服务均等化问题主要是城乡基本公共服务非均等化，随着中国城镇化战略和城乡一体化战略的推进，城乡基本公共服务均等化对中国全面建设小康社会、贫困人口的脱贫等都具有重要的现实意义和政策意义，构建城乡基本公共服务均等化的财政保障体系具有重要的研究价值。

　　综上所述，本书是对中国式分权—转移支付—地方政府行为—基本公共服务均等化的一个探索性研究，在理论和实证研究中都存在一些不足，有待进一步全面化和精细化，这些不足也为笔者未来的研究提供了方向。笔者衷心希望能够得到各位专家、学者的指正！

第2章

转移支付与基本公共服务
均等化基本理论阐述

2.1 政府间转移支付制度的理论分析

2.1.1 政府间转移支付制度的来源：财政分权下政府间财政关系的协调

古典经济学假定中央政府对居民的偏好具有充分的信息，可以根据公共资源约束来有效供给公共产品，从而不需要地方政府的存在，但现实中绝大多数国家都是多层级政府，单一制国家非常少，其中地方政府在公共服务供给中具有中央政府不可替代的作用，事实上，世界各国在社会经济治理实践中普遍采用财政分权体制。财政分权理论和实践都明确了地方政府存在的意义和强调了地方政府的作用，财政分权是中央和地方政府关系的体现，主要涉及两个方面的问题：一是政府职能界定及事权在不同层级政府之间的划分问题，首先，应该根据市场来界定政府职能，其次，政府职能及事权如何在不同层级政府和不同部门之间的划分问题，最终决定了政府的支出责任和规模；二是收入来源即财权和财力问题，一方面，是地方政府的财权问题，即地方政府应该拥有什么样的征税权以及什么税种的收入归地方政府所有的问题，另一方面，地方政府除了自有收入外，在多大程度上需要中央或上级政府的转移支付或补助，转移支付在地方政府之间如何分配，它对地方政府行为会产生怎样的影响等问题。可见，财政分权是政府间转移支付制度产生的基本前提，转移支付制度已经成为分权国家财政制度的重要组成部分，政府间财政关系需要通过转移支付制度来加以平衡和协调，转移支付制度是地方政府实现其职能和基本公共服务有效供给的制度保障。具体而言，政府间转移支付制度的来源是基于财政分权理论和实践的发展，政府间财政关系是财政分权的核心，如何有效实现政府间事权、支出责任、财权和财力的合理有效匹配是政府间财政关系的核心，分权体制导致的财政纵向和横向的不均衡，需要通过转移支付制度来协调，其逻辑关系如图 2－1 所示。

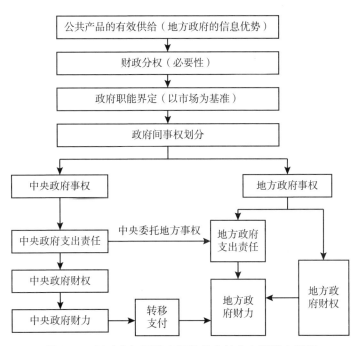

图 2－1　财政分权下政府间转移支付存在的基本逻辑

第一，财政分权的首要问题是分权的必要性问题，即地方政府是否有存在的必要。传统的财政分权理论最早就地方政府存在的必要性进行了广泛的研究，哈耶克（Hayek，1945）最早强调了地方政府在公共服务供给上比中央政府更具信息优势[①]，斯蒂格勒（Stigler，1957）在《地方政府

[①]　Hayek，Friedrich A，The Use of Knowledge in Society. American Economic Review，Vol. 35，1945.

功能的有理范围》一文中则对为什么需要地方政府给出了一个合理性的解释，被广泛认同。斯蒂格勒提出了地方政府存在的两条原则：一是地方政府更接近辖区居民，更能有效获得辖区居民对公共产品的偏好和需求；二是一国内不同地区居民有权自己选择该地区的公共服务的种类和数量[1]。地方政府存在的理由主要是基于地方政府公共产品供给上具有信息优势，而偏好显示是公共产品有效供给的核心问题，蒂布特（Tiebout，1956）的"用脚投票"理论则试图解决公共产品供给的偏好显示难题。蒂布特模型有两个重要的假设：一是全国有众多的社区，每个社区政府的主要目标是为辖区居民提供所需公共产品，每一个社区都会形成一个"公共产品—税收"组合；二是居民可以在不同辖区间自由迁徙，并假定迁徙成本为零，居民可以通过在不同社区之间流动的"用脚投票"方式来显示自己对公共产品供给与税收的偏好，地方政府可以通过调整公共产品和税率的组合形成竞争，最终实现公共产品有效供给的情况下税收成本最小化[2]。蒂布特模型的深刻含义在于说明了地方政府的存在能够更有效地满足居民对公共产品的偏好，也能提高公共产品的供给效率和降低税收成本，地方政府的差异性、地方政府之间的竞争以及地方政府数目越多，居民对公共产品的需求也更能得到有效的满足。现实中，我们也发现，随着国家经济发展和居民收入水平的不断提升，居民对公共服务的需求越来越多元化，居民的偏好差异越大使得公共产品供给逐渐延伸到更低层级政府，地方政府特别是基层政府在公共产品供给中的作用将越来越重要。另外，斯蒂格利茨和达斯普塔（Stiglitz and Dasgupta，1971）[3]、奥茨（Oates，1972）[4]、鲍德威（Boadway，2006）[5] 等学者从经济效率角度阐述了分权的必要性，他们认为地方政府在公共产品供给上的信息优势、地方政府的标尺竞争以及地方政府在公共产品供给上的创新等，使得地方政府比中央政府向全体居民提供特定并且产出量一致的公共产品更具有经济效率。因此，从理论上来说，分权化治理能够提高效率，这也是众多国家强调并实行分权改革的重

---

① G. J. Stiglers. G. The Tenable Range of Functions of Local Government. Washing, D. C, 1957, pp. 213 – 219.

② Tiebout，Charles，A Pure Theory of Local Expenditure. Journal of Political Economy，Vol. 64，1956，pp. 416 – 424.

③ Stiglitz，J. E. and P. Dasgupta，Differential Taxation，Public Goods and Economic Efficiency. Review of Economic Studies，Vol. 38，1971，pp. 151 – 174.

④ Oates，Wallace E.，Fiscal Federalism. New York：Harcourt Brace Jovanovic，1972.

⑤ Boadway，R. W.，Intergovernmental Redistributive Transfers：Efficiency and Equity. in Handbook of Fiscal Federalism，Eds. By Ahmad，Ehtisham and Giorgio Brosio，Edward Elgar Publishing Limited，2006.

要原因，财政分权理论也成为各国进行财政分权改革以及向地方政府分权的基本理论支撑。

第二，财政分权需要在界定政府职能基础上，将政府职能在各层级政府间合理划分。亚当·斯密崇尚自由主义并强调了市场机制是万能的，认为政府应该是市场的"守夜人"，政府规模越小越好，职能越少越好，他在《国富论》中将政府职能仅限定在提供国防、司法和公共工程三个方面。古典和新古典经济学家大多都支持亚当·斯密的观点，斯密对政府职能的界定也是以市场为基础，国防、司法和公共工程都是市场无法提供的，这个思路是值得肯定的。但是随着社会经济的发展，出现了公共产品、信息不对称、外部性、垄断、经济波动等市场失灵问题后，古典经济学关于政府职能的界定就存在一定的缺陷。20 世纪 30 年代西方发达资本主义国家严重的经济危机对传统经济理论造成重大冲击，市场经济在进入垄断资本主义后，存在诸多无法解决的问题，市场失灵愈发严重。凯恩斯出版了《通论》一书，认识到了市场机制存在的缺陷，并认为政府应该有更多的作为，提出了政府干预经济的理论，再加上当时美国总统罗斯福采纳了凯恩斯的经济理论，"罗斯福新政"开启了西方发达国家政府大力干预经济的浪潮，政府职能不断扩大并延伸到社会经济各领域，政府规模也越来越大，在一定程度上克服了市场机制的缺陷，并促进了经济持续快速增长。针对政府财政职能，经济学家和财政学者也进行了深入的研究和分类总结，马斯格雷夫对政府财政职能的界定被广泛认同，他将政府经济活动划分为三个领域，即资源配置、收入分配和经济稳定①。

然而，随着凯恩斯经济理论付诸实践，导致了政府职能不断延伸，公共部门越来越庞杂，并且公共部门对公共产品和服务供给存在严重垄断，导致了公共部门效率低下，政府"越位"和"缺位"并存，政府失灵越来越明显，在很大程度上阻碍了社会经济的发展。直至 20 世纪 70 年代发达国家再次出现经济危机，以弗里德曼为代表的崇尚自由主义思想及推崇市场机制的经济学家，纷纷指责凯恩斯经济理论存在缺陷，认为政府过度干预市场经济，政府职能界定偏离了以市场为基础的基本原则。由于传统公共部门存在垄断和效率低下等问题给政府行政和预算管理带来了诸多困境，如财政困难、管理困境和信任危机，再加上社会结构的"原子化"导

---

① Musgrave, R. A., The Thoery of Public Finance. New York：McGraw - Hill, 1959.

致了公众对政府公共产品和服务偏好的多元化，政府职能的有效界定和公共部门效率问题备受关注。20 世纪 80 年代以来，OECD 成员国相继掀起了一场与市场化的经济改革相呼应的政府改革运动，即"新公共管理"运动。OECD 国家开始反思政府职能界定以及如何提高公共部门效率，并且主导了政府治理变革，从而开启了西方发达市场经济国家政府治理模式的变革。"新公共管理"倡导政府治理模式变革，是指政府如何按市场经济有效运行的要求，科学地界定其职能范围、选择有效的政府职能实现方式，关键是如何把市场的理念与运作机制引进到公共部门，建设开放而有效的公共领域，治道变革的最终目的是为了提高公共部门及政府预算效率。治道变革处理的是政府与市场、中央政府与地方政府以及各级政府内部三个层面的责权关系问题。政府职能定位的市场化、公共商品产出的市场化、政府间关系的分权化与政府组织调整的绩效取向是其主题，其中最重要的是按照公共商品的生产与提供分开的原则，打破政府对公共商品生产的垄断，推行公共商品生产的市场化。

总体而言，政府职能界定最主要是以市场为基础，但随着财政分权、公共产品等理论及实践的发展，传统财政理论和制度逐渐向公共财政理论和制度发展，公共财政的核心是其公共性，财政是"取之于民，用之于民"，即要为社会公众提供所需的公共产品和服务，满足社会公共需要。以市场为依托界定了政府职能后，政府职能即事权如何在各级政府之间合理划分是财政分权体制需要解决的重要问题，马斯格雷夫在论述财政联邦制时，认为财政联邦制的核心就是要在不同层级政府间合理划分职能，他指出资源配置职能应该属于地方政府职能，收入分配和经济稳定职能应该属于中央政府职能。根据公共产品理论，公共产品可以分为全国性公共产品、区域性公共产品和地方公共产品，财政分权体制下，不同类型公共产品应该在不同层级政府间分配，作为政府间事权划分的依据。但政府间事权划分应该是一个动态调整过程，由于公共产品和服务随着社会经济发展，其内涵和外延也在不断调整，传统经济学理论对公共产品的界定已经不能完全适应当前社会需求，另外，政府间财政关系和政府政策目标也在不断调整变化之中，这些都会在一定程度上影响事权在各层级政府间划分。

第三，财政分权要求政府间事权和支出责任相适应。事权是指"政府应该干什么"，即政府应该承担的提供公共服务的职责，支出责任是指"政府需要花多少钱"，即政府履行事权需要承担的财政支出义务，事权是政府支出责任界定的前提，支出责任是履行事权的保障。财政分权体制下，围绕公共服务供给来合理划分政府间事权和支出责任，主要依据外部性、信息复杂性和激励相容三规则，可以将中央与地方政府的事权和支出责任划分为四个区域①，如图 2-2 所示。第 I 区域为中央独立财政事权，该事权的特征为外部性大、信息处理相对简单，支出责任由中央政府全部承担，如国防等公共服务。第 II 区域为地方主要事权，事权特征为具有一定的区域外溢性、信息处理简单，支出责任主要在地方，但需要中央政府与地方政府共同承担相应支出责任，如地区间的公共基础设施等。第 III 区域为中央主要事权，事权特点为外部性较大、信息处理复杂，该类事权应该由中央政府承担支出责任，但中央政府提供该类公共产品或服务的成本过高，需要委托地方政府来履行支出责任，如养老保险、义务教育等。第 IV 区域为地方独立事权，事权特征为外部性小、信息处理复杂，应该由地方政府独立承担支出责任，主要是地方性公共服务，如城乡社区服务等。根据图 2-2 的区域划分，可以有效地定位事权与支出责任归属，但现实中，事权与支出责任受到各种因素影响而动态变化，上级政府往往会利用人事和财力上的主导权，将事权和支出责任过度的下移到下级政府，导致政府间职能交叉与事权错位，引起了事权和支出责任的划分失衡问题。

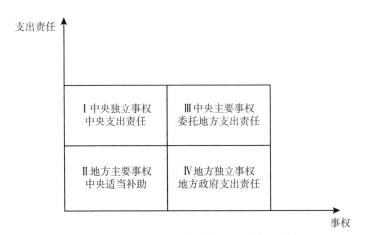

图 2-2　中央和地方政府事权和支出责任划分

---

① 田发、苗雨晴：《央地间财政事权和支出责任划分：效应评估与政策引申》，载《财经科学》2018 年第 4 期。

第四，财政分权要求依据事权来合理划分财权。财政分权要求财权和事权相匹配，依据政府间合理划分事权为基础，将财权在各级政府间合理分配，对于市场经济国家来说，财权划分主要是税权的分配问题。传统财政分权理论认为，为了避免税收随意分配导致的各级政府财政收支缺口，维护财政分权体制下政府间财政关系的稳定性，要以政府职能和支出责任的划分来引导税收的划分，并据此提出了多级政府分税原则，作为多级政府组织财政收入的基本依据。传统财政分权主要是基于经济角度考虑税收划分问题，但财政分权实践中，政府作为一个政治实体，政府间税权划分可能更多出于政治上的权衡而非经济上的考虑。一方面，从经济角度来说，各级政府间可以通过职能的划分和支出责任界定来划分税收，实现政府间财权和事权的匹配；另一方面，政府也要考虑中央政策目标、中央对地方政府的控制力、财政体制的横向和纵向不平衡的协调等政治目标，来对税收在各级政府间进行划分。另外，国家税收权利的划分过程中，也需要考虑面临的一些约束条件，也是中央政府必须要考虑的问题，主要有①：（1）地方政府的税收管理能力。税收收入依赖于有效的税收制度和税收管理能力，而税收管理水平往往成为政府间税收划分的重要约束条件，实践表明，绝大多数国家的中央政府比地方政府有更强的税收管理能力，在地方政府缺乏必要税收管理能力的情况下，中央政府为了达到预期的收入规模，会将更多的税收集中在中央政府来征税，然后再通过转移支付的形式来返还。（2）均等化问题。由于资源禀赋等原因导致了地区之间经济发展不平衡，地区间经济发展差距使得潜在税基在区域之间存在较大差异，进一步导致了地方政府间财政能力差异，中央政府为了平衡地区间财力差异，需要集中更多的收入并通过转移支付制度，将收入转移支付给贫困地区。（3）中央政府的意愿。一是出于对自身收入状况的考虑，中央政府往往不愿意将更多的税权下放给地方政府，而且地方政府拥有较大税权在一定程度上还会侵蚀中央政府的税基；二是为了保证对宏观经济的控制能力，也是不愿意下放税权的原因，中央政府集中更多的收入有利于增强其宏观经济调控能力，并且能够通过资金分配形成对地方政府的控制。

具体而言，税权是国家有关税收权利的总称，主要包括立法权、征管权和收益权，税权的划分实际上涉及这三种权力如何在政府间划分的问题。根据世界各国税收分权实践，无论是单一制国家还是联邦制国家，中

---

① 谷成、曲红宝：《发展中国家政府间税收划分：理论分析与现实约束》，载《经济社会体制比较》2015 年第 2 期。

央税权高于地方税权，并且税收立法权主要集中在中央政府，部分国家地方政府有税收立法权，但也是受到各种限制的，目前没有哪个国家的地方政府拥有不受限制的税收立法权。与税收立法权主要集中在中央政府相比，税收征管权相对分散，税收征管权的划分有多种方式，有的以税种为基础划分各级政府的税收管辖权，各级政府对不同税种拥有各自的征税权，有的是以税率、税源为基础划分税收管辖权。税收的收益权即税收收入的归属问题，主要也是以税种为基础在各级政府间划分收入，主要分为中央税、地方税和共享税。由于大多数税收立法权主要集中在中央政府，税权划分最终主要落脚到税收征管权和收益权的划分问题，税收分权其实体现的是中央和地方政府税收划分上的一个契约关系。根据税收分权实践，主要有以下三种税收分权契约关系①：（1）税收收入的定额划分契约，即中央政府与地方政府约定一个固定税收收入的上交数额，上交后剩余的税收收入地方政府可以自由支配使用，这种契约下地方政府需要自己承担经济不景气时税收下降带来的风险，中央政府则会丧失经济增长带来的税收收益。（2）税收收入的分成划分契约，即中央政府要求地方政府将一定比例的税收收入上交给中央，剩下的留给地方政府，这种分成契约使得中央和地方政府都对税收有"剩余索取权"并承担影响的税收风险，与定额划分契约相比，对地方政府的税收努力有负激励效应，需要中央政府对地方政府的税收征管进行监督。（3）分税契约，即中央和地方政府各自都独立拥有对某些税种的征税权和收益权，按照税种来划分中央和地方的税收收益权利，并各自负责对属于自己收入的税种的征收，它不需要中央政府对地方政府进行激励和监督，但其不足在于，中央和地方政府需要各自设立税收征管机构，税收征管成本较高。

第五，财政分权体制的有效运行需要转移支付制度作为保障。理论上讲，如果财政分权体制下各级政府事权和支出责任合理划分和界定，并据此合理划分了财权，就能形成稳定的政府间财政关系，财政分权体制就能有效运行。但现实中，政府间事权、支出责任、财权及财力之间的划分是动态变化的，并且受到经济、政治等多方面因素的影响，导致了政府间财政关系的不稳定，财政体制在纵向和横向上也会出现失衡，为了更好地保障财政分权体制的有效性，中央政府需要通过转移支付制度来平衡政府间财政的纵向和横向的不平衡，实现均等化目标，并利用转移支付制度对地

---

① 吕冰洋：《政府间税收分权的配置选择和财政影响》，载《经济研究》2009 年第 6 期。

方政府形成约束和激励作用。具体而言，为了保障财政分权体制有效运行，转移支付制度具有以下功能：

（1）政府间纵向和横向财政失衡需要转移支付制度的协调。首先，财政分权可能会导致财政体制的纵向失衡，即地方政府财权与事权不匹配，主要表现为事权大于财权导致了地方政府财力缺口，主要原因是中央政府出于某些需要过度集中财权却没有相应集中事权，分级分税的财税体制不规范不健全，这就需要中央政府通过转移支付来弥补地方政府财力缺口，保障地方政府有实现基本职能的财力。其次，由于经济发展的不平衡导致了横向财政失衡，一国各地方由于资源禀赋差异、公共产品供给成本差异、区域经济发展政策差异等因素影响，导致了地方政府间出现财力差异、实现基本公共服务均等化的能力差异，出于财政均等化和基本公共服务均等化目标考虑，需要中央政府集中更多财力，然后通过转移支付将资金分配给贫困地区和公共服务供给成本更高的地区。

（2）地区间财政外部性的内部化需要转移支付矫正。地区间财政外部性是指某些地方政府的政策会给其他地区居民的福利或税收负担带来影响，会导致地区间资源分配的低效率。一种地区间财政外部性是公共服务效益外溢，是地方政府间正的财政外部性，即某一个地区公共服务供给让其他地区的居民受益，但该地区政府提供公共服务时仅依据自身的受益和公共服务供给成本来提供公共服务，由于收益外部化而成本内部化导致了公共服务供给水平低于社会所需水平，不利于社会福利最大化。中央政府可以通过转移支付对提供效益外溢公共服务的地区进行补贴，使外部效益内部化。另一种地区间财政外部性是居民由于政策差异或税收负担差异而在地区间发生迁移所带来的财政外部性，会导致人口分配偏离最大化国家生产效率的分配，如中国人口过度集中到一线或省会城市，人口分配过于集中到某一个地区，产生了低效率，通过转移支付来进行所得的再分配平衡地方政府财政能力，可以在一定程度上矫正这种畸形的人口分配。另外，由于地方政府间税率差异导致了税基外流也是一种财政外部性，特别是分权体制下地方政府税收竞争会导税负差异，税率高的地区税基流向税率低的地区，转移支付可以矫正由于地方政府间税收竞争所导致的税基外流的问题，提高资源配置效率。

（3）从成本或效率角度，中央委托给地方政府的事务需要转移支付来履行中央支出义务。在事权、支出责任和财权在各级政府之间合理划分的基础上，各级政府根据自己的事权来履行支出责任，实现财政收支的基本平衡。现实中，有部分全国性公共产品和服务应该由中央政府来提供，但各地公共服务供给的成本存在差异，如果由中央政府来提供可能存在成本过高或者低效率问题，为了更好地满足当地居民的需求和降低成本提高效率，这类公共产品和服务委托地方政府来提供，但支出责任在中央政府，就需要将中央委托地方政府的事务所需资金通过转移支付分配给地方政府，以保障地方政府有效履行上级政府委托的事务。

（4）中央政府需要通过转移支付制度对地方政府进行约束和激励。目前世界各国大多数是多层级政府，主要有联邦制和非联邦制国家两大类，在实行财政分权体制下，两类国家的中央政府和地方政府关系存在较大差异。联邦制国家在财政分权中，联邦政府和地方政府之间事权、财权相对独立，并且财政收支自求平衡，地方政府不需要对联邦政府负责，地方政府主要是对当地选民负责，中央政府往往不需要对地方政府进行激励和约束，主要是当地居民对地方政府进行约束。对于非联邦制国家而言，尽管中央政府和地方政府之间依据财政分权的原则划分了事权、财权，但中央政府和地方政府之间并不是完全独立的，并且在政治和财政上中央政府更具有权威性，地方政府在很大程度上要服从于中央政府的决定，当中央政府和地方政府出现利益不一致，中央政府可能会在一定程度上集中财权而下放事权，地方政府出于自身利益考虑也会对中央政策的决策采取博弈策略，往往会导致财政分权体制不能有效运行。中央政府会采用胡萝卜加大棒的方式来控制地方政府，其中转移支付是中央政府对地方政府行为进行激励和约束的主要手段。一方面，中央政府可以通过转移支付的分配来激励地方政府，通过不同的转移支付形式来激励地方政府提高在税收征管和公共服务供给上的财政努力程度，让地方政府更好地履行其职责。另一方面，中央政府也可以通过转移支付来约束地方政府行为，通过专项转移支付形式明确转移支付资金用途来保证地方政府将更多财政资源用于某些公共服务领域，并且对地方政府转移支付资金使用绩效进行评价，作为转移支付资金分配的依据，从而对地方政府行为进行一定程度上的约束。

2.1.2　政府间转移支付制度的目标：均等化与财政激励的权衡

传统财政分权理论认为财政分权能够提高公共资源的配置效率，有利于公共产品和服务的有效供给，各国进行财政分权改革的主要目的也是基于效率的原则，但在财政分权改革实践中，由于分权体制不健全、区域经济发展差异等因素导致了财政的不均衡和公共服务供给的非均等化，需要政府通过转移支付制度来进行公平与效率的协调。传统财政分权理论假定政府是以社会福利最大化为目标，只要实现财政能力均等化就可以实现公共服务的有效供给，但公共选择理论指出参与公共决策主体也是"经济人"，现实中的政府官员有着自身的偏好，并不一定是以社会福利最大化作为其目标，当政府官员的偏好偏离了社会公众偏好，有可能会出现财政均等化不一定就能实现公共服务均等化，转移支付制度在实现均等化目标的同时也需要对地方政府进行财政激励。可见，财政分权实践中，政府间转移支付制度的目标是均等化和财政激励双重目标的权衡。

财政分权的目标是为社会公众有效地提供公共服务，并且满足社会各阶层对公共服务的需求，即实现公共服务均等化。基于效率原则，财政分权要求公共服务供给职责在各级政府之间划分，并基于事权的分配来划分财权，实现财权和事权的匹配以及政府间的财政均等化，是基本公共服务均等化实现基本前提。但财政分权实践中，一方面，大多数国家普遍存在财政分权体制不健全导致了事权和财权在各级政府之间不匹配，出现了纵向的财政失衡，另一方面，由于经济发展的不平衡导致了地方政府间财力差异，出现了横向的财政失衡，财政失衡进一步导致了政府间的财政非均等化。政府间财力的不均等，必然导致地区间公共服务供给的非均等化，而政府间转移支付制度具有均衡地方政府财政能力的作用，均等化目标也是政府间财政转移支付的首先目标。均等化为目标的转移支付制度基于这样的价值观念①：一个国家的所有公民都有平等权利享受国家最低标准的基本公共服务。

以均等化为目标的转移支付制度主要解决以下均等化问题：（1）纵向财政失衡导致的上下级政府间财政能力差异。在多级政府财政体制中，纵向财政失衡是指上下级政府间支出职责和收入能力结构性失衡，体现的是上下级政府间财政收支差异。由于国家管理需要，为了维护中央的权威和国家的统一，中央财政需要集中更多的财力，在税收收入分配中，将税基大、税源广的税种划归中央政府，税基小的税种划归地方政府。但根据效率原则，地方政府需要承担更多的事务，支出责任较大，中央政府的支出责任相对较小，导致了地方政府出现了财力缺口，需要中央对地方政府进

---

① 刘尚希、李敏：《论政府间转移支付制度的分类》，载《财贸经济》2006 年第 3 期。

行转移支付来弥补。（2）横向财政失衡导致的地区间财政能力差异。由于区域之间资源禀赋差异和分配的不均衡，再加上各地区经济发展存在一定差距，地方政府间税源也会存在较大差异，必然导致地方政府间财力差异。在相同征税努力的情况下，发达地区财政收入大于落后地区，地方政府间提供基本公共服务的能力差异造成了福利差异，不利于基本公共服务均等化。这就要求中央政府集中更多财力，然后通过转移支付来平衡政府间财力差异，缩小地区间基本公共服务供给水平的差异。（3）供给成本差异导致的基本公共服务非均等化。由于受到自然地理环境、地区间社会经济结构、人口密度等因素影响，同类基本公共服务的供给，不同地区供给成本也存在较大差异，导致了财力需求差异。为了实现全国各地区基本公共服务均等化，需要通过以基本公共服务均等化为目标的转移支付制度，来消除由于基本公共服务供给成本差异带来的地区间基本公共服务的非均等。

基本公共服务均等化不仅需要足够的财政能力，也需要政府有提供基本公共服务的偏好，政府间财政能力均等化是实现基本公共服务均等化的基本前提，但在具备财政能力的情况下是否能实现基本公共服务的有效供给，还需要地方政府有提供基本公共服务的意愿。世界各国财政分权实践表明，地方政府不一定按照当地居民的偏好来提供公共服务，分权体制下地方政府具有独立的经济利益和自身偏好，在对财政资源具有自主决策权的情况下，地方政府往往会在自身偏好和当地居民偏好之间进行平衡，当上级政府或当地居民对地方政府缺乏约束力的情况下，可能会导致地方政府财政支出的偏向，不利于基本公共服务均等化。特别是在非联邦制国家，由于政治集权，地方政府的晋升主要是上级政府来决定，地方政府官员为了获得政治和经济上的利益，往往会将更多的财政资金用于自身偏好的领域，而忽视了公共服务的供给。鉴于此，转移支付制度还需要具有激励目标，通过转移支付制度这一政策工具激励地方政府增加财政努力程度，纠正地方政府财政支出存在的偏向性。

转移支付制度的财政激励涉及两个方面的问题，即对地方政府公共服务供给的财政激励和对地方政府税收努力的激励。首先，转移支付对地方政府公共服务供给的财政激励涉及供给意愿和财政努力两个层面。一是对地方政府财政支出偏好的激励，通过转移支付制度设计来激励地方政府将更多的财政资源投入基本公共服务领域，在自身偏好与社会公众偏好之间平衡，提升地方政府供给公共服务的意愿，增进地方政府公共服务供给的合意性，当然在政治集权的国家还需要通过政治激励才能实现。二是应该激励地方政府提高公共服务的供给效率，引导地方政府降低财政资金使用中的浪费、寻租等行为，提升地方政府在公共服务供给中的努力程度，从而降低公共服务供给的成本和增进公共服务供给的有效性①。其次，转移支付还应该激励地方政府增加税收努力，地方政府的财力主要有自有收入和上级转移支付两个来源，当地方政府能够从中央政府获得转移支付资金，就存在预算软约束问题，预算软约束不利于地方政府改善公共服务供给效率。马斯格雷夫（1983）曾指出中央政府通过转移支付激励地方政府公共产品供给，但那些自身财政收入有限的地方政府对上级转移支付资金形成依赖性，甚至有些贫困地区财政收入主要来源于转移支付资金，这就弱化了地方政府的预算约束②。有的地方政府为了获得更多的财政转移支付资金，通过降低征税努力而隐藏真实的收入能力，这就需要转移支付制度设计时考虑对地方税收努力的激励。另外，软预算约束降低了地方政府财政赤字的机会成本同时增加了税收成本，由于"财政幻觉"的存在，地方政府实际的公共支出规模将远远超出计划水平，如果中央政府不援助就会使得当地居民获得更低的公共服务水平，从而不利于地方政府公共产品的有效供给。

2.1.3 政府间转移支付的分类及其效应的经济分析

在财政分权体制下，由于财政纵向的非均衡性，转移支付作为平衡机制是中央政府或上级政府对下级政府的一种收入转移，成为地方政府的重要收入来源。具体而言，转移支付主要有一般性转移支付和专项转移支付两大类，但不同形式的转移支付在资金分配以及使用上存在一定差异，对地方政府的影响效应存在一定差异（见图2-3）。一般性转移支付又称为均等化转移支付，由于财政纵向和横向的失衡，中央政府通过该类转移支付均衡政府间财力，其特点是没有规定具体用途，可由地方政府自由支配使用的资金，可以视为地方政府的自有收入。一般性转移支付按照资金分配是否考虑对下级政府的激励，可以分为一次性转移支付和基于表现的转移支付，一次性转移支付不考虑地方政府的财政努力程度，是对地方政府

---

① 龚锋、卢洪友：《机会平等与财政转移支付》，载《财经问题研究》2010年第11期。

② Musgrave R. A. , Who Should Tax Where and What? In C. Mclure （ed. ）, Tax Assignment in Federal Countries, Australian National University, 1983.

的纯补助，基于表现的转移支付则是在转移支付资金分配时考虑地方政府的财政努力程度等因素，将更多的财政资金分配给财政努力程度高的地方政府，具有较强的财政激励性①。

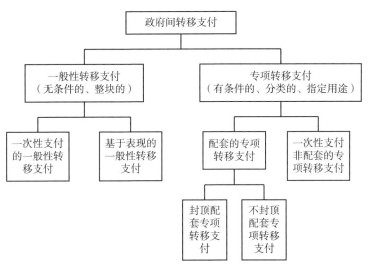

图 2 - 3　政府间转移支付的类型

2.1.3.1　一般性转移支付的效应分析

一般性转移支付没有规定明确用途，地方政府可以自主决定使用，它不改变公共服务和其他商品和服务之间的相对价格，只具有收入效应，其效应如图 2 - 4 所示。图中横轴和纵轴分别用 x 和 y 表示，横轴为接受转移支付补助的地方公共服务数量，纵轴为其他物品和服务的数量，AC 为转移支付前的预算约束线，无差异曲线和预算约束线相切于 E_1 点，公共服务和其他物品的数量分别为 X_1 和 Y_1。如果上级政府向下级政府转移支付，并且该转移支付为一般性转移支付即无条件转移支付，则预算约束线由 AC 平行移动到 BD，新的预算约束线和无差异曲线相切于 E_2，公共服务的数量由 X_1 增加到 X_2，其他物品和服务由 Y_1 增加到 Y_2。根据图 2 - 4 可知，无条件的一般性转移支付不仅改变了地方政府提供公共服务的数量，还影响了其他物品和服务的供给数量，说明转移支付资金并没有完全用于地方公共服务供给，一部分被用于其他物品或服务的供给，地方政府

---

① ［美］费雪著：《州和地方财政学》，吴俊培总译校，中国人民大学出版社 2000 年版。

获得了上级转移支付可以通过降低征税努力，减轻本地居民的税负实现私人物品的消费增加。通过图 2 – 4 分析，无条件的一般性转移支付效应如下：（1）只有收入效应没有替代效应，无条件的一般性转移支付导致了公共服务和私人产品消费数量同时增加；（2）具有"渗漏"效应，上级政府的转移支付并未全部用于地方公共服务供给，而是有一部分被用作其他用途[①]；（3）主要目的是弥补地方财力缺口，地方政府具有自主决策权，不影响地方政府的财政支出偏好。

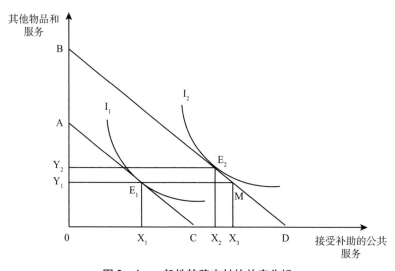

图 2 – 4   一般性转移支付的效应分析

2.1.3.2   非配套专项转移支付的效应分析

专项转移支付是指定用途的上级补助，非配套是指这类专项转移支付不需要地方政府提供相应资金，但地方政府在资金使用上没有自主权，这类转移支付也不改变公共服务与其他物品和服务的相对价格，同样只有收入效应没有替代效应，如图 2 – 5 所示。当地方政府获得了非配套转移支付以后，预算约束线由 AC 变为折线 AE₂D，无差异曲线与预算约束线的切点由 E₁ 点变为 E₂ 点，公共服务的供给数量由 X₁ 增加到 X₃，明显小于地方政府获得的专项转移支付，说明非配套专项转移支付与一般性转移支

---

① 马斯格雷夫：《财政理论与实践（第五版）》，邓子基、邓力平译校，中国财政经济出版社 2003 年版。

付一样存在"渗漏"效应，即地方政府会减少用于公共服务供给的自有资金，将其用于其他领域。根据图 2-5 可知，地方政府获得非配套专项转移支付后，均衡点在 E_2 点，但社会福利最大化的均衡点在 E_3 点，说明非配套专项转移支付降低了居民的效应水平，不利于实现社会福利最大化。根据图 2-5 分析，非配套专项转移支付的效应有如下特点：（1）由于非配套专项转移支付资金使用指定了具体用途，地方政府没有自主决策权，地方政府将会把原用于专项转移支付资金指定用途项目上的自有资金转作其他用途，从而改变了地方政府的财政支出决策；（2）由于非配套专项转移支付资金规定了用于某类公共服务项目，会导致该类公共服务供给数量的增加，具有明显的公共服务均等化效应；（3）也存在间接的"渗漏"效应。

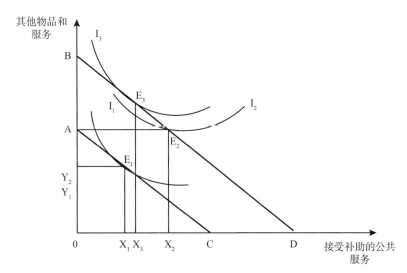

图 2-5　非配套专项转移支付的效应分析

2.1.3.3　不封顶配套专项转移支付的效应分析

这类转移支付要求地方提供配套资金，并且指定了资金的具体用途，导致了指定用途公共服务项目与其他服务之间的相对价格发生变化，既有收入效应也有替代效应[①]，如图 2-6 所示。地方政府在接受了一笔配套率

[①]　［英］斯蒂芬·贝利：《地方政府经济学：理论与实践》，左昌盛等译校，北京大学出版社 2006 年版。

为 CF/OF 的专项转移支付后,预算约束线由 AC 变为 AF,无差异曲线与预算约束线的交点由 E_1 变为 E_2,当专项转移支付资金用于指定的公共服务项目后,公共服务数量由 X_1 增加到 X_2,由于存在收入效应,其他物品和服务数量也相应增加,由 Y_1 增加到 Y_2。但同时也存在替代效应,从均衡点 E_2 点穿过的预算约束线 BD 与无差异曲线相切与 E_3 点,对应的公共服务数量为 X_3,小于衡点 E_2 点处的数量 X_2。根据图 2-6 分析可知,不封顶配套专项转移支付的效应有如下特点[①]:(1)该项转移支付既存在收入效应也存在替代效应;(2)可以矫正外部性;(3)有助于降低地方税率,提高地方社会福利。

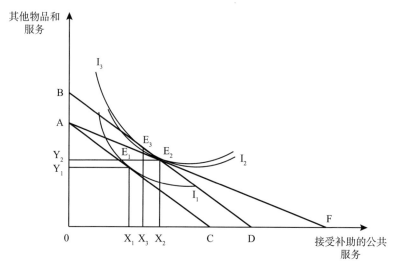

图 2-6　不封顶配套专项转移支付的效应分析

2.1.3.4　封顶配套专项转移支付的效应分析

根据图 2-7 可知,地方政府获得上级政府的封顶配套转移支付资金之后,预算约束线由 AB 变为折线 ACD,其中 AC 段是上级政府要求地方政府按 DF/OF 的比例提供配套的转移支付。在地方政府获得转移支付之前均衡点为 E_1 点,如果获得转移支付资金后,新的均衡点在 CD 段的 E_2 点,表明地方政府获得配套转移支付之后,地方公共服务的数量由 X_1 增加到 X_2,小于不封顶配套专项转移支付的数量。如果地方政府获得专项

---

① 谢京华:《政府间财政转移支付制度研究》,浙江大学出版社 2011 年版。

转移支付后新的均衡点为 E_3 点，则表明规定的限额对该转移支付没有影响。可见，不封顶配套专项转移支付的效应特点如下[①]：（1）上级政府通过该类转移支付形式加强预算的控制；（2）当消费低于最高限额，最高限额就失去了意义。

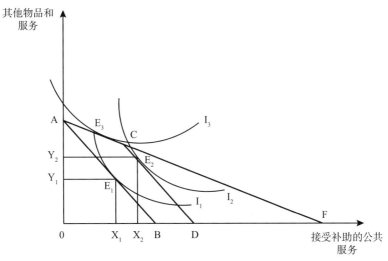

图 2 - 7　封顶配套专项转移支付的效应分析

通过对不同类型政府间转移支付效应的分析，不同类型的转移支付对地方政府的效应存在差异，并且对地方政府支出决策影响也一样，中央政府或上级政府需要根据转移支付制度本身运行机制，并将其与社会经济现实情况有效结合起来，制定有针对性的转移支付政策，才能实现预期的政策目标。具体而言，在转移支付制度设计中可以根据不同类型转移支付效应差异，设定不同的转移支付形式来实现各类政策目标：（1）如果是为了弥补地方政府财力差异，应该依赖于无条件的一般性转移支付制度；（2）如果上级政府希望对下级政府在某一领域财政支出产生影响，应该考虑非配套专项转移支付方式；（3）如果上级政府为了实现自身某种政策目标，可以通过配套专项转移支付来对地方财政支出决策产生影响，促使地方政府在上级偏好的领域增加财政支出。

---

① 中共河北省委党校课题组：《政府间财政转移支付理论研究》，载《经济研究参考》2006年第 90 期。

2.1.4 转移支付资金分配：经济与政治因素的考量

转移支付既是各级政府间权责关系和利益关系的一种协调机制，同时也是中央政府通过地方政府实现其政策目标的重要政策工具，转移支付资金在分配中既要考虑经济因素同时也要考虑政治因素，在有些时候可能政治因素甚至比经济因素更为重要。在发达国家，政府间转移支付资金分配更多考虑的是经济因素，建立较为标准的财政收支核算方法，通过公式来计算上级政府对下级政府的转移支付。在政治集权国家，政府间转移支付资金的分配对政治因素的考量显得更为重要，如考虑民族团结、维护国家统一和地区稳定等，主要是通过一些专项转移支付制度来实现政治目标。可见，在不同的国家或地区通过不同类型的转移支付制度来对资金进行分配，以达到经济和政治上的平衡，更好地实现政府的社会经济政治目标。

基于经济因素的考量，转移支付制度资金使用效率与资金分配方式有着紧密关系，转移支付资金分配需要客观科学的分配依据和测算体系，并建立转移支付资金使用的绩效评价体系，作为转移支付资金分配的重要依据。根据世界各国转移支付制度实践，转移支付资金的分配方式主要有"基数法"和"因素法"。转移支付资金分配的基数法是基于以前年度转移支付资金分配数额，同时考虑社会经济发展变化的影响，确定下一个年度的转移支付资金的分配，这是一种渐进主义的预算分配方式。渐进主义理论认为，作为一种组织内部资源配置的非市场机制，它要求资金分配的决策者以一种简单、快速又能被普遍接受的方式分配转移支付资金，它是一种简单而有力的"公平"机制，能够使得所有资金需求者得到适度满足①。由于"基数法"在转移支付资金分配时不考虑地区间财政收入能力和支出成本差异等客观因素，缺乏客观标准，导致了转移支付资金分配效率损失。

因素法是基于对各地区财政收入能力和财政支出需求进行客观测算和分析的基础上，确定对各地区转移支付资金进行分配的方法，这种方法核心是要确定各种因素在影响财政收入能力和支出需求方面所处的地位以及求出各种因素在决定收入能力和支出需求过程中所占的权数②。根据目前国际通行做法和发达国家经验，在选择地方财政收入和财政支出影响因素

---

① 汪冲：《渐进预算与机会主义——转移支付分配模式的实证研究》，载《管理世界》2015年第1期。

② 马海涛、姜爱华：《政府间财政转移支付制度》，经济科学出版社2010年版。

时，主要选择那些不易受主观因素影响又能反映地方财政收支的较为客观的因素，地方财政收入能力的影响因素主要包括地方收入、人均 GDP、人口数量及密度、城市化程度、税制要素等，地方财政支出的影响因素主要包括人口密度、城市化程度、自然环境、经济发展程度等。可见，转移支付资金分配的"因素法"有赖于建立科学的转移支付测算体系，它是对影响转移支付的各个变量进行测算，从而决定转移支付数额。因素法在确定了财政收入能力和支出需求的重要影响因素后，综合考虑地区间财政收入能力与支出需求之间的缺口，得出某地区的财政自给率，将其作为转移支付的基础估算补助金数量。"因素法"的测算主要涉及三个方面，即地方财政收入能力测算、地方财政支出需求测算和转移支付系数的确定。地方财政收入能力测算需要建立在大量数据的基础上，并通过数量方法、计量模型和公式进行测定，发达国家一般都建立了较为规范的税收收入测算体系。地方财政支出测定需要结合地方政府支出责任、支出成本等一些主要因素，并选择科学合理的方法来测定地方政府财政支出，目前主要有因素计分法和因素回归法。转移支付系数是指中央政府对地方政府标准收支缺口的转移支付比例，根据测算出的各地区标准财政收支，计算出各地区标准财政收支差额，并依据中央财政用于标准化转移支付资金总量计算转移支付系数，即每一单位的"收支缺口"可以分配的转移支付资金。另外，转移支付系数的确定还要考虑到各地的困难程度和一些对民族地区、边远地区等特殊地区适当照顾等因素，通过中央对地方的转移支付在解决落后地区当前困难的条件下，发挥各地区的自身优势，使地区之间的不平衡尽可能地缩小，最终促进整体效益的提高。

转移支付作为地方政府的收入来源，地方政府有获得更多转移支付资金的动机，为了获得更多转移支付地方政府可能会降低财政努力程度，扩大收支缺口从而争取更多的转移支付资金，即转移支付存在"粘蝇纸效应"[1]。因曼（Inman，1988）研究发现，地方政府在财政支出时，对获得的转移支付资金使用时并不像本地税收收入那样珍惜[2]。因此，在转移支付资金分配中应该纳入地方政府财政努力的因素，并对其进行测算，从而增加转移支付对地方政府财政努力的激励作用。不少学者进行了实证研

---

[1]　张恒龙、陈宪：《政府间转移支付对地方财政努力与财政均等的影响》，载《经济科学》2007 年第 1 期。

[2]　Inman，Robert P.，Federal Assistance and Local Services in the United States：The Evolution of a New Federalist Fiscal Order，In Fiscal Federalism，Edited by Harvey Rosen，Chicago：University of Chicago Press，1988，pp. 33 – 74.

究，其中巴尔（Bahl，1971）提出的财政努力程度测算方法较有创建性，他提出了预期财政收入这一概念，并利用计量回归通过回归模型计算出各地区的预期财政收入，将实际财政收入与预期财政收入相比，即可测度各地区财政努力程度，公式为：财政努力程度＝实际财政收入／预期财政收入①。

对于中央政府而言，除了社会经济政策目标外，还有着重要的政治目标，如国家统一、社会稳定、民族团结等，对于政治家来说，他们还有自身偏好的政治目标，如当选、连任等，中央政府及其政治家会利用各种政策来实现政治目标，其中转移支付就是非常重要的政策手段。因此，在决策者分配转移支付时所考虑的因素中，政治因素或许与经济因素同样甚或更为重要②。中央政府的政治家们在进行转移支付资金分配的时候，可能会更多地考虑政治因素以及按照他们的偏好来进行分配，如政治家的首要目的是当选或者连任，他们或许会运用转移支付犒赏自己的支持者，压制可能的威胁者，而在国家统一受到威胁的时候，维护国家统一和地区稳定成为政治家们的首要工作，他们或许会通过转移支付来履行平抑分裂的力量，特别是多民族的国家，政治家们在转移支付的分配中会更多地考虑维护各民族地区稳定的政治因素。由于在转移支付资金分配上，政治家和中央政府的政治官员具有较大的影响力，相关研究发现政治家出于连任等政治目的，在转移支付资金分配中嵌入了政治家和官员的利益，会将更多的转移支付资金分配给支持他们的选民所在地，如美国的国会议员或总统为了获得选民的支持，在转移支付资金分配上会更倾向于支持他们的选民所在地，这就使得各地的政治关联与其获得的转移支付直接相关③。国外学者对此的实证研究也支持了这类观点，这种结论都得到了验证，如阿鲁兰帕兰等（Arulampalam et al.，2009）、达尔伯格和约翰逊（Dahlberg & Johansson，2002）、卡斯（Case，2001）分别对美国、瑞典和阿尔巴尼亚转移支付分配中的政治关联性进行的实证研究，发现都存在不同程度的政治目的。

另外，由于政治关联性能够获得更多的转移支付资金，对于地方政府和当地居民来说，客观的回报在一定程度上促使他们建立更多的政治关联

---

①　Bahl R. W, A Representative Tax System Approach to Measuring Tax Effort in Developing Countries. Staff Papers, No. 1, Vol. 19, January 1972, pp. 87 – 124.

②　王绍光：《中国财政转移支付的政治逻辑》，载《战略与管理》2002 年第 3 期。

③　Knight, Brain, 2008, "Legislative Representation, Bargaining Power and the Distrubution of Federal Funds: Evidence from the U. S. Congress", Economic Journal, 118 (532) (October), 1785 – 1803.

以获取更多的利益。一些利益集团则通过对政治家的选举进行捐赠，以建立与未来政治官员的政治关联，以期在未来获得政府转移支付补助，并且有一些利益集团可能会同时资助多位政治家，以获得更高的回报[①]。对于中国而言，由于分税制改革的不完善，导致了地方政府普遍出现了财力缺口，需要中央政府的转移支付来平衡，但是我国转移支付制度中具有财力均等化目的一般性转移支付比重较低，而专项转移支付比重高，专项转移支付资金分配中的政治目的和政治关联性则更为明显。中国专项转移支付资金分配中的政治考量主要有以下三个方面的原因[②]：一是部门利益政治，在中国财政预算制度改革过程中，为了获得部门对改革的支持，保留了一部分财政资金分配权给各部门，在转移支付制度中主要是以专项转移支付为主，通过对专项转移支付资金分配，各部门可以实现自身的政策目标，对下级部门进行控制并保持自己的权威；二是对下级政府公共责任的控制，中国财政分权让地方政府有更多的财政自主权，但上级政府对下级官员以经济增长作为主要政绩考核指标，导致地方政府将更多的财政资源投入经济领域而忽视民生领域公共服务需求，为了纠正下级政府的这种偏向，中央政府可以通过专项转移支付来对下级政府支出行为进行控制，因为专项转移支付规定了资金的具体用途；三是进一步加强宏观调控，由于财政分权在一定程度上影响中央政府权威，中央政府可以通过控制对专项转移支付资金分配权，来增加地方政府对中央政府的依赖性，提高自己的要价能力，巩固中央的权威和地位。实际上，中国分税制改革后，财权集中到中央政府，其结果是中央各部委掌握的资源越来越多，各部委主要是通过专项转移支付将数额庞大的资金进行分配，而这种分配缺乏明确、科学的分配制度。在中国现行行政管理体制下，部门一把手的偏好对专项转移支付资金的分配有着至关重要的影响，进一步导致了中国转移支付分配与部长关联性的加强，如各地为了获得更多的项目资金，纷纷在北京设立"驻京办"，通过"跑部钱进"来争取更多的转移支付资金。政治关联会对转移支付的分配效率产生不利影响，使得转移支付制度很难实现国家层面的战略目标，如基本公共服务均等化、宏观经济调控等。因此，未来的政策应削弱部长对专项转移支付的干预，建立公式化的分配制度，减少以

---

① Cooper, M. J., H. Gulen, and A. V. Ovtchinnikov, 2010, "Coporate Political Contribution and Stock Returns", Journal of Finance, 65 (2), 687 – 72.

② 周美多、颜学勇：《中国专项转移支付的政治逻辑：问题、原因与出路》，载《当代财经》2008 年第 9 期。

项目的形式拨付专项资金①。

2.2 基本公共服务均等化的理论分析

2.2.1 基本公共服务均等化的内涵

2.2.1.1 基本公共服务内涵与范围界定

德国财政学家阿道夫·瓦格拉在其公共支出增长理论中认为公共支出会随着社会经济发展不断增长，他指出公共服务在社会经济发展中有着重要作用，社会经济发展以及收入水平的增长会使得微观主体对公共服务的需求逐渐增加，从而主张政府社会经济政策对经济发展有着重要的作用，这是较早对公共服务的阐述。萨缪尔森 1954 年在《公共支出纯理论》一文中提出了"公共产品"概念和其非竞争性特征，对公共产品概念进行了规范性的界定②。随后，关于公共产品概念、内涵、外延和供给等方面的研究成为财政学乃至经济学研究的热点，公共产品理论的发展则极大地丰富了"公共服务"的内涵与外延。20 世纪 80 年代以来，以 OECD 国家为主导的"新公共管理"改革，提出了"新公共服务"概念，对政府与社会、政府与市场的关系进行了重新界定，政府职能发生深刻变化，从而对公共服务的内涵与外延也产生了重要影响。

具体而言，对公共服务概念的理解有以下几个方面的视角：一是基于公共产品的角度来理解公共服务，从这个角度来界定理解公共服务概念，有两种观点。第一类观点认为公共服务是与公共产品是两个不同的概念，其内涵和外延有着一定程度的差异，公共产品是政府的有形产出，其生产和消费在时间和空间上是可以分割的，公共服务则是政府的无形产出，其提供和消费是同时发生的。这种观点存在对公共产品和公共服务的误解，缪尔森、奥尔森、马斯格雷夫等经济学家对公共产品进行界定时，是根据

---

① 范子英、李欣：《部长的政治关联效应与财政转移支付分配》，载《当代财经》2014年第 6 期。
② Samuelson, Paul A, The Pure Theory of Public Expenditures. Review of Economics and Statistics, No. 4, April 1954, pp. 387 – 389.

其与私人产品相比存在特定性质为基础界定公共产品，而不是以其是否有实物形态作为依据。第二类观点认为公共产品和公共服务是两个等同的概念，两者都具有共同的消费性质，产品本身特性并没有本质区别。本书同意第二类观点，即认为公共服务和公共产品是等同的。二是基于政府职能角度来理解公共服务概念，政府是社会经济管理部门，其主要职责是维护社会经济稳定发展，而为社会公众提供所需公共服务是其基本职责所在[①]。三是基于公共利益角度来理解公共服务概念，强调了公共服务的公共性、公益性特征，公共服务供给的目的是为了满足社会公共需要，增进社会公共利益，但由于不同国家的价值导向和价值标准的差异，社会价值观念不同导致了对公共利益界定存在差异，从而产生了对公共服务内涵与范围认知的差异[②]。

　　基本公共服务这一概念主要是国内学者提出来的，国外并没有基本公共服务这一概念，关于基本公共服务概念和范围，国内学者的理解和判断标准有所不同，导致对基本公共服务内涵和范围的界定有所差异。如何界定基本公共服务主要在于对"基本"概念的理解，从现有研究来看，对"基本"这一概念的理解主要有三个方面：一是"基本"代表的是低层次的公共服务需求，基本公共服务是要满足老百姓的衣、食、住、行等最基本需求，是对人的基本生存权的保障，所以基本公共服务是政府为老百姓提供的最低层次的公共服务；二是"基本"表明覆盖范围广且对其消费需求是无差异性的，由于基本公共服务要满足人的最基本需求，其覆盖范围广，并且每个人对其消费是无差异的；三是"基本"的概念是动态变化的，随着社会经济发展，在不同的发展阶段，人对需求层次和偏好也会发生变化，基本公共服务的范畴会随着人民收入的增长而不断扩大。尽管在界定基本公共服务范围时，普遍认为政府应该为社会公众提供最基本需求的公共服务，但由于判断标准差异，对基本公共服务具体的范围界定还存在不同认知。从国内学者研究看，主要有三种观点[③]：第一种观点认为基本公共服务是与居民基本生活直接相关的公共服务，主要包括教育、卫生、社会保障等；第二种观点认为基本公共服务是指纯公共服务，认为基础教育、公共卫生医疗、社会保障等都是基本公共服务，但并不是所有教

---

① 丁焕峰、曾宝富：《基本公共服务均等化研究综述》，载《华南理工大学学报（社会科学版）》2010 年第 5 期。
② 刘德吉：《基本公共服务均等化：基础、制度安排及政策选择——基于制度经济学视角》，上海社会科学院 2010 年。
③ 安体富、任强：《公共服务均等化：理论、问题与对策》，载《财贸经济》2007 年第 8 期。

育、医疗、卫生等都属于基本公共服务；第三种观点认为是指在一定发展阶段最低范围的公共服务。

2.2.1.2 基本公共服务均等化内涵界定

界定基本公共服务均等化主要是要厘清均等化概念，均等化最早源于福利经济学家庇古（1928）提出的国民收入均等化，后来财政学家布坎南（Buchanan，1950）提出财政均等理论。布坎南指出财政均等化就是要实现居民的财政公平，即状况相似的人应该获得相等的财政剩余[①]；达尔比和威尔逊（Dahlby & L. S. Wilson，1994）从纯经济学的角度界定了公共服务均等化，他们认为均等化应该是一种"合理的、可比的"均等，是指通过转移支付对各地区公共服务资金边际成本相等时的公共服务水平[②]。具体而言，均等化可以从两个角度来理解[③]：一是结果的均等化，强调了公共服务对社会财富或者福利分配的结果，在特定时期内地区之间、个体之间以及城乡之间获得公共服务的机会和数量大致相同；二是过程的均等化，关注的是政府在实现结果均等化过程中政策工具的有效性，即政府为实现结果均等化的努力程度。从理论上来说，要实现从过程到结果的均等化，体现为以下四个方面权利的平等[④]：一是起点或机会的平等，即要求为人们提供同等条件、权利和机会；二是能力的平等，即能力不同或经济条件不同的地区的居民获得不同的待遇；三是需求的平等，即要根据不同地区居民的不同需求提供不同的公共服务；四是结果的平等，即确保人们具有相同水平的公共服务。

基本公共服务均等化是我国政府和国内学者提出来的一个概念，主要是指全体国民应该享有大体均等的基本公共服务，既包括在基本公共服务领域享有同样的权利，也包括享受大体数量相当的基本公共服务。基本公共服务均等化中的"均等化"是一个与公平紧密相连的概念，有人认为基本公共服务均等化就是要在全国范围内提供统一标准的基本公共服务，这种"均等化"是一种只注重公平而忽略效率的思想。由于不同地区经济发

---

① Buchanan, J. M, Federalism and Fiscal Equity. The American Economic Review, No. 4, Vol. 40, Sep 1950, pp. 583–599.

② Dahlby and L. S, Wilson：Fiscal Capacity, Tax Effort, and Optimal Equalization Grants. The Canadan Journal of Economics, No. 3, Vol, 27, Aug 1994, pp. 657–672.

③ 郭小聪、刘述良：《中国基本公共服务均等化：困境与出路》，载《中山大学学报（社会科学版）》2010 年第 5 期。

④ 项继权：《基本公共服务均等化：政策目标与制度保障》，载《华中师范大学学报（人文社会科学版）》2008 年第 1 期。

展水平、社会习俗、资源环境等因素影响，不同地区对基本公共服务需求存在较大差异，这种一刀切式的基本公共服务供给无法满足不同地区居民对基本公共服务供给的需求。所以，现实中基本公共服务均等化所蕴含的"均等"是大体的相等而不是绝对的相等，允许各地区基本公共服务供给存在一定程度的差异，这种相对、大体的均等是兼顾公平与效率的"均等化"。可见，基本公共服务均等化的内涵较为丰富，可以从以下几个方面来理解：

一是基本公共服务均等化是对社会公平的基本体现，即要保证公民具有基本权利，政府应该为社会公众提供满足基本需求的基本公共服务，应该为每个人提供消费基本公共服务的平等机会。

二是基本公共服务均等化具有层次性，经济发展的不均衡、自然环境和社会习俗等差异，导致了不同地区居民对基本公共服务的需求偏好和数量存在差异，应该根据地区差异提供与各地居民需求偏好和水平相当的基本公共服务，即基本公共服务供给在保证最低水平基础上，应该具有层次性，允许地区间基本公共服务供给水平存在差异，避免资源的浪费和供给的无效率。

三是基本公共服务均等化包含了机会、过程与结果的均等。机会均等是指全体公民享受基本公共服务的机会或权利应该是均等的，无论人们在收入水平、财产水平等方面是否存在差异；过程均等是指在基本公共服务供给中，应该按照社会公众真实需求来提供，这就要求政府尊重公民的参与权利，即让社会公众能够通过参与基本公共服务供给决策来表达自身对基本公共服务供给的偏好；结果均等是指社会公众享受了政府提供的基本公共服务后，公民能够获得大体相等的结果。

四是基本公共服务均等化是动态变化的，即基本公共服务供给范围和供给标准应该随着公民需求变化而变化。在一定时期内基本公共服务供给范围和标准应该是相对稳定的，但长期来说，基本公共服务均等化应该是一个动态的过程，随着社会经济发展和认知的变化，社会公众对基本公共服务均等化的要求会发生变化，政府在基本公共服务供给时，应该结合这种动态变化来及时调整基本公共服务供给的范围和供给标准。

2.2.2 基本公共服务均等化目标

基本公共服务均等化具有一定层次性也是动态变化的，每个国家实现基本公共服务均等化过程中，都是从低层次均等化逐渐向高层次均等化发展，并且在这个过程中对基本公共服务均等化的内容和标准也在不断进行调整。也就是说，基本公共服务均等化的目标也是有层次性的，在不同的发展阶段基本公共服务均等化目标都不一样。具体而言，基本公共服务均等化目标按照从低到高划分，可以分为区域之间基本公共服务均等化、城乡之间基本公共服务均等化和个体之间基本公共服务均等化三个层次。本书认为应该从这三个层次来理解基本公共服务均等化的目标：

第一个层次目标是实现区域间基本公共服务均等化。一方面，由于自然资源禀赋差异、国家发展战略、地区经济发展政策等影响，一国各地区经济发展水平存在差异，必然导致各地区基本公共服务供给能力差异。另一方面，由于自然环境差异、收入水平差异等因素影响，基本公共服务供给成本也存在较大差异，导致基本公共服务供给的支出水平不一样。由于不同地区之间基本公共服务供给的财政能力和供给成本差异，导致了区域间基本公共服务非均等化。因此，基本公共服务均等化的首要目标是要实现地区间基本公共服务的均等化，这是全体公民的基本权利。当然，区域间基本公共服务均等化并不是说各地区绝对的相等，而是在保证各地区居民基本公共服务的"底线公平"基础上，根据各地区经济发展水平差异，允许区域之间基本公共服务在供给范围和实际标准上存在差异，即实现基本公共服务在区域间的大体均等。另外，区域间基本公共服务均等化在保障各地区居民获得大体相等基本公共服务水平的基础上，鼓励经济发达地区在财力允许的情况下提供更高水平的基本公共服务，从而刺激当地经济的发展。

第二个层次目标是实现城乡基本公共服务均等化。在经济发展过程中，由于工业化，导致了城乡经济发展不均衡，发展中国家普遍存在二元经济结构，与此同时，基本公共服务供给也呈现城乡二元供给体制，导致了城乡基本公共服务非均等化。在实现了区域间基本公共服务均等化目标的基础上，同一地区内部的城乡之间基本公共服务均等化是第二层次的目标，任何一个地区在基本公共服务供给过程中，应该在公共资源分配上实现城乡间的均等，应逐渐由城市为重点转向城市和农村并重，将城镇居民分享型基本公共服务供给体制转向城乡居民共享型基本公共服务供给体制，将公共资源向农村居民进行倾斜配置①。但是，我们也应该认识到城

---

① 王谦：《城乡公共服务均等化的理论思考》，载《中央财经大学学报》2008 年第 8 期。

乡之间经济发展水平、居民收入水平、社会环境等因素存在较大差异，城乡居民对基本公共服务需求也不完全相同，城乡基本公共服务均等化也是相对均等，即城乡居民享有享受基本公共服务的权利的平等和大体相同的基本公共服务水平，城乡基本公共服务供给可以存在合理差异，而不是城乡基本公共服务的平均化。

第三个层次目标是实现全民基本公共服务均等化。全民基本公共服务均等化是指一国公民平等地享有基本公共服务，不论人们的职业、地点及身份是否相同都应该享有同等的基本公共服务，这一层次的目标是要最终消除社会公众在基本公共服务方面的差异①。首先，要求基本公共服务覆盖面要广，涉及所有地区所有公民，每一个人都能够享受大体均等的基本公共服务，不过允许地区间基本公共服务供给政策的差异，以满足不同地区居民对基本公共服务的需求差异。其次，要求基本公共服务供给制度的一体化，即区域之间、城乡之间基本公共服务供给的一体化，但不是要求单一化，鼓励基本公共服务供给类型的多样化和多种供给方式②。最后，要求全民基本公共服务的均等化，既要实现基本公共服务的同一制度、同一标准和相同的待遇，又要消除基本公共服务在群体间的差异，通过保证政府的供给能力和供给水平以及人们实际消费水准的均等化。

2.2.3　基本公共服务均等化实现路径：基本分析框架

基本公共服务是满足社会公众最基本需求的产品和服务，是对公民基本权利的保障，理论和实践都认为应该主要由政府来提供基本公共服务，在基本公共服务供给中公众的公共需求和政府的供给能力是影响基本公共服务供需行为的主导因素，两者内在的变化对基本公共服务供给及其均等化产生根本性影响。基本公共服务的非均等，主要是由于基本公共服务供给在需求和供给结构上出现了失衡。一方面，在于社会公众对基本公共服务的需求与政府支出偏好出现了偏差，即供需偏好不匹配；另一方面，政府基本公共服务供给的财政能力不足，即支出责任和财力不匹配。可见，基本公共服务均等化的实现路径，需要从公共服务的需求和供给两方面的协调和匹配着手，其核心思路就是要通过对政府的基本公共服务供给能力进行调节，以适应和满足社会公众对基本公共服务的实际需求，建立一套

①②　项继权：《我国基本公共服务均等化的战略选择》，载《社会主义研究》2009 年第 1 期。

需求导向的基本公共服务均等化的实施方案[①]，其逻辑体系如图 2 – 8 所示。

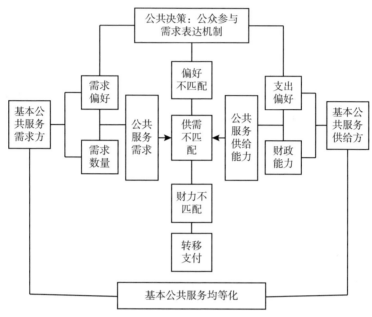

图 2 – 8　基本公共服务均等化的实现路径

　　具体而言，基本公共服务均等化主要实现公共服务需求与政府供给能力的匹配，包括基本公共服务供需偏好的匹配和财政能力的匹配，实现路径包括以下几个方面：

　　一是需要将基本公共服务供给责任在政府间合理划分。财政分权理论和实践表明，根据公共产品受益范围的不同，应该将基本公共服务供给责任在不同层级政府之间进行合理划分，全国受益的公共服务供给责任应该由中央政府负担，地方受益的公共服务责任应该由地方政府来负担。然而，从基本公共服务供给的成本和效率角度来说，基本公共服务应该由与居民最接近的地方政府来供给，也就是说，即使是受益范围为全国的基本公共服务，也应该让地方政府来供给，但供给责任在中央政府，需要中央政府为其出资，支出责任交给地方政府。在地方政府之间，也要根据基本

────────────

　　① 吕炜、王伟同：《我国基本公共服务提供均等化问题研究》，载《经济研究参考》2008年第 34 期。

公共服务的类型及其效益外溢程度，还有不同层级政府居民对基本公共服务的实际需求，在地方政府间合理划分基本公共服务供给职责，尽量让更了解居民的低层级政府提供基本公共服务，增强基本公共服务供给与需求的匹配性。当然，随着社会经济发展，基本公共服务的内涵和范围也在不断地变化，政府行政管理区划也会调整，基本公共服务供给责任也应该随之变动，最终目标就是要实现基本公共服务供需偏好的匹配，让政府能够为社会公众提供合意的基本公共服务。

二是需要建立公众参与基本公共服务供给决策的需求表达机制。基本公共服务均等化的实现，首先要求政府提供的基本公共服务是老百姓所需要的，即供需偏好的匹配，政府应该按照当地居民需求偏好来提供基本公共服务。财政分权体制下，地方政府作为独立的经济主体，具有财政自主权的同时也有自身对财政资金使用的偏好，在缺乏监督约束机制的情况下，政府及其官员可能会出于自身利益的考虑，将更多的财政资金用于自身所偏好而非居民偏好的领域。特别是在上级对下级政府官员以经济增长作为考核指标的驱动下，地方政府及其官员出于政治利益的考虑，往往会将更多财政资金用于生产性领域而非基本公共服务领域，导致了基本公共服务均等化的缺失，不利于基本公共服务均等化的实现。基本公共服务供给决策应该由社会公众和政府共同决定，可以通过建立公众对基本公共服务需求的表达机制，让居民充分表达对基本公共服务的需求，政府在结合居民实际公共需要的基础上，决定提供基本公共服务的类型和数量，从而提供与基本需求相匹配的基本公共服务。

三是要确立基本公共服务均等化标准和测算基本公共服务的公共支出需求。首先，基本公共服务均等化应该有一个相应的标准，它是推进基本公共服务均等化的基础。如前所述，"均等化"是一个相对的、动态的概念，不同地区之间经济发展水平差异、城乡差异等因素，导致了不同地区基本公共服务均等化标准可能不一致，并且不同地区以及不同类型的基本公共服务供给存在成本差异，地区之间和城乡之间基本公共服务均等化标准也应该有所差异。因此，政府应该综合考虑地区经济发展水平、城乡差距、收入水平、人口因素、社会习俗、自然环境等多方面因素，并针对不同类型基本公共服务制定相应均等化标准。其次，有效测算基本公共服务的公共支出需求，明确了基本公共服务均等化标准的基础上，结合本地居民对基本公共服务的偏好和需求数量，测算出基本公共服务的公共需求。同时，应该结合不同地区基本公共服务供给的成本差异，需要考虑地理环境差异、人口分布、人口密度和年龄结构等因素，核算出实现基本公共服务均等化的公共支出需求。

四是政府间财力均等化是实现基本公共服务均等化的前提条件。政府财政能力是保障基本公共服务均等化的前提条件，地方政府间财政能力的非均衡是导致基本公共服务供给差异的主要原因，实现地方政府间财政能力的均等化是实现基本公共服务均等化的基础。政府间财政能力的均衡分为纵向和横向两个方面，纵向政府间财政能力均衡是指上下级政府间财政能力均衡，它是保证地方政府实现基本公共服务有效和均等供给的基础。依据政府间事权合理划分，将财权在政府间合理分配，实现财权与事权的匹配，是纵向财政均衡的基础，在税收收入作为政府主要收入来源的基础上，构建完善的地方税体系具有重要的现实意义。纵向财政均衡是实现地方政府财力均等化的基础，但基本公共服务均等化还涉及区域间的均等化，由于地区间经济发展水平差异、财政资源吸取能力的差异，会导致地区间政府横向财政能力不均衡，不同地方政府的基本公共服务供给能力存在差异，实现区域间基本公共服务均等化必须要先保证地区间财力均等化。当然，不管是纵向还是横向政府间财力均等化，也只是一种相对的"均等化"而不是绝对的财力相等，因为不同地区人口密度、人口结构、自然环境等因素都存在较大差异，实现基本公共服务均等化的公共支出需求必然不一样，应该依据政府事权划分以及基本公共服务供给成本为基础，来界定不同地区的实际公共支出需求，在测算各地区自有财政收入基础上，通过转移支付制度等政策工具来实现政府间或地区间财力均等化。

五是基本公共服务均等化需要构建兼顾均等和激励的转移支付制度。世界各国财政分权实践表明，财政纵向和横向失衡是普遍存在的，这就需要通过转移支付制度来实现，良好的转移支付制度是基本公共均等化的保障。由于基本公共服务均等化的实现，不仅需要政府具备实现均等化的财政能力，也需要政府有将财政资金投入到基本公共服务供给的意愿，在转移支付制度构建中，既要考虑财力均等化问题同时也要考虑对地方政府的财政激励问题。一方面，财力均等化是转移支付制度的首要目标，由于财政分权体制下各级政府之间事权和财权的不匹配以及上级政府委托下级政府的支出事务等原因，导致了地方政府支出责任和财力不匹配，这就需要通过上级对下级的转移支付来弥补地方财力缺口，实现财力的均等化。根据各国实践经验，上级对下级政府转移支付在资金分配上都采用"因素法"，在明确地方政府基本公共服务职责基础上，并综合考虑基本公共服务供给成本差异基础上，测算出地方政府标准的财政支出，然后根据地方政府财政收入能力，测算出地方政府标准财政收入，以两者的差额为基础，通过公式测算出上级对下级政府的转移支付，从而实现地方政府财力均等化。另一方面，政府间财力均等化只是实现基本公共服务均等化的前提条件，只有在地方政府既有提供基本公共服务的财政能力同时也有意愿，才能真正实现基本公共服务的有效供给和均等化。因此，在转移支付制度构建中还要考虑对地方政府行为的激励，这就涉及两个方面的激励问题，一是转移支付对地方政府财政努力的激励，二是转移支付对地方政府支出偏好的激励。首先，在转移支付制度设计中，应该考虑地方政府在税收征管和基本公共服务供给两个方面的努力程度，建立相应的评估机制，在资金分配中考虑地方政府财政努力因素并引入竞争机制，可以在一定程度上实现对地方政府行为的激励。其次，基本公共服务均等化不仅依赖于转移支付资金分配，还依赖于转移支付资金使用的绩效，转移支付制度还应该能够对地方政府支出偏好产生激励和约束，让地方政府能够将财政资金合理高效的用于基本公共服务领域。如经济学家伯德（Bird）所说，转移支付制度设计的重点在于其所产生的效果，而并非是实现效果的方式①。对转移支付资金使用绩效评价有利于实现转移支付预期效果，可以通过建立转移支付资金绩效评价跟踪机制以及地方政府公共服务供给的绩效评价机制，并将转移支付资金分配与地方政府转移支付资金使用绩效联系起来，这样就使得绩效导向的转移支付将地方政府获得转移支付资金规模与基本公共服务所要达到的目标和结果相联系。可见，绩效导向的转移支付为地方政府提供了正激励，并且提升了以结果负责的绩效文化②。

---

① Bird, Richard M., Threading the Fiscal Labyrinth: Some Issues in Fiscal Decentralization. National Tax Journal, Vol. 46, 1993, P. 217.

② Anwar Shah, A Practitioner's to Intergovernmental Fiscal Transfers. in Robin boadway and Anwar Shah (eds), Intergovernmental Fiscal Transfers: "Principles and Pranctice", The World Bank, 2007, pp. 9 – 15.

第3章

中国式分权、转移支付与基本公共服务均等化关系的理论分析

3.1 财政分权对地方政府行为的激励：理论演进与中国实践

3.1.1 财政分权理论演进：从效率问题到激励问题

古典经济学假定中央政府具有充分的信息，熟知居民对公共产品的偏好，可以有效地供给公共产品并实现社会福利的增进，不需要地方政府的存在。但从世界各国的发展历程和现实情况来看，绝大多数国家都是多级政府而非单一层级，公共产品由不同层级的政府分别提供，并且地方政府在公共产品供给中具有中央政府不可替代的作用，主要原因在于中央政府并非具有充分的信息，在地区间公共产品偏好和供给成本存在差异的情况下，由中央政府统一提供公共产品会导致低效或者无效率。因此，以公共产品供给效率为研究出发点的财政分权理论兴起，引起了财政分权理论和实践的发展，财政分权理论逐渐由关注公共产品供给效率问题扩展到财政分权对地方政府行为的影响、财政分权体制下政府间财政关系、转移支付制度等相关问题，在这其中效率和激励问题是核心。

财政分权理论的演进过程中，分为"第一代财政分权理论"和"第二代财政分权理论"，前者主要关注财政分权对公共产品供给效率的影响，后者则进一步关注了财政分权对地方政府行为的激励问题。"第一代财政

分权利理论（FGFF）"主要由哈耶克（Hayek，1945）、斯蒂格勒（Stigler，1957）、蒂布特（Tiebout，1956）、马斯格雷夫（Musgrave，1959）、布坎南（Buchanan，1967）、奥茨（Oates，1972）等人的研究形成，基本假定是政府是以社会福利最大化为目标，并认为财政分权有利于地方政府利用信息优势提高公共资源配置效率，并且分权促进了地方政府竞争，可以引导地方政府将公共资源用于当地居民所偏好的公共产品供给上，从而实现公共产品供给的效率提升。财政分权能够提升公共产品供给效率，主要是因为地方政府具有信息优势，一方面是地方政府更了解本地居民的偏好，即偏好显示问题，另一方面是地方政府更清楚公共产品供给的成本和方式，即公共资源配置效率问题。

哈耶克（Hayek，1945）最早强调了地方政府在公共服务供给上比中央政府更具信息优势[1]，斯蒂格勒（Stigler，1957）则进一步强调不同地区居民应该有权决定本地区的公共服务供给，地方政府能够让不同地区居民表达自身对公共服务供给的偏好，再加上地方政府的信息优势将更有利于公共资源的有效配置，提高公共服务的供给效率[2]。蒂布特（Tibeout，1956）的研究主要是为了解决偏好显示问题[3]，并且强调了地方政府公共产品供给上的竞争，他认为具有"双重身份"[4] 的个人可以通过"用脚投票"的方式来表达自身对公共产品的偏好，像在竞争性市场上购买商品一样来选择自身所偏好的社区生活，从而激励地方政府更有效地提供公共产品。蒂布特模型试图寻求公共产品供给的市场解决方案，但他假定政府在公共产品供给上效率是自然给定的，并且没有涉及政府合意性问题。以布坎南（Buchanan，1967）为代表的公共选择学派则认为，政府在公共产品供给上并不是一定就有效的，政府也可能是低效或者无效的，提出了"政府失灵"的概念，并主张通过市场化改革和宪政改革来改善政府的缺陷。市场化改革主要是在公共产品供给中引入市场竞争机制来提高效率，通过市场竞争形成真实的偏好显示机制，宪政改革则强调了公共

---

[1]　Hayek, Friedrich A, The Use of Knowledge in Society. American Economic Review, Vol. 35, 1945.

[2]　G. J. Stiglers. G. The Tenable Range of Functions of Local Govrment. Washing, D. C, 1957, pp. 213 – 219.

[3]　在蒂布特之前，马斯格雷夫（Musgrave，1939）和萨缪尔森（Samuelson，1954）针对公共产品供给进行了规范分析，并认为公共产品供给不存在"市场解"，蒂布特模型的提出否认了这种观点。

[4]　蒂布特模型中的个人的"双重身份"是指个人既是公共产品的"消费者"，同时也是决定公共产品供给的"投票者"，个人可以通过"用脚投票"的方式选择与自身偏好相同的公共产品供给的区域生活。

决策机制的公平性，通过公共决策来提高公共产品的配置效率。布坎南的俱乐部理论也是一种"用脚投票"机制，但他同时也强调了公共决策中"用手投票"的作用，即关于公共产品偏好显示机制和政治决策规则的制定问题①。

奥茨（Oates，1972）对财政分权的效率问题研究是基于成本与收益的分析，并讨论了分权的最优边界问题，他指出集权和分权在公共产品供给效率上存在一个度的问题。一方面，从分权的角度，由于有些公共产品存在空间外溢性，导致了地方政府供给公共产品的成本与收益不对等且无法形成规模经济效应，会导致供给不足。另一方面，从集权角度，地区间对公共产品的偏好存在异质性，再加上集权导致的信息不对称等因素影响，中央政府无法满足不同地区对公共产品在数量和质量差异化的需求偏好②。可见，奥茨分权定理认为由于不同地区居民对公共产品异质性偏好，并且公共产品效益存在空间外溢性，中央政府和地方政府在不同类型公共产品供给上存在各自优势，应该根据不同类型的公共产品的性质来选择分权还是集权供给，才能进一步提升公共产品供给效率，并且他提出了分权的边界为：分权供给公共产品的最优边界在于差异化供给所带来的边际收益与所伴随的外部性的边际成本相等之处③。

传统财政分权理论建立在政府是以社会福利最大化假定基础上，并没有对分权体制下公共产品供给中的政府行为进行过多的关注，但现实中，地方政府及其官员也有自身的经济和政治偏好，并不完全以社会福利最大化为目标。世界各国的财政分权实践也表明，财政分权体制下地方政府行为存在较大差异，而且财政分权也不一定有利于公共服务效率的提升，关于分权下地方政府行为及其财政分权中的激励问题，备受学术界和政府部门的关注。为了打开分权体制下地方政府在公共产品供给中行为的"黑匣子"，以钱颖一、温加斯、罗兰（Qian，Weingast，Roland）等为代表的学者对分权体制下地方政府行为的研究，形成了"第二代财政分权理论（SGFF）"，研究重心由如何在政府间合理安排公共产品的供给责任转向了财政分权体制下地方政府行为以及如何激励地方政府推动转型和增长。"第二代财政分权理论"源于钱颖一等学者对中国改革开放以后的财政分

---

① Buchanan, J. M, An Economic Theory of Clubs. Economica, Vol. 32, February 1965, pp. 1 – 14.

② Oates, Wallace E., Fiscal Federalism. New York: Harcourt Brace Jovanovic, 1972.

③ 傅勇：《中国式分权与地方政府行为：探索转变发展模式的制度型框架》，复旦大学出版社 2010 年版。

权的研究，钱颖一、温加斯（1996，1997）研究认为中国的分权改革创造了一个来自地方政府的支持机制，一方面让地方政府拥有更多的市场权利来激励地方政府发展本地经济，另一方面限制中央政府对市场的政治性干预带来的扭曲，从而通过激励和约束机制来维护市场的稳定性，并保证分权改革的有效性和持续性，这种分权改革被称为"市场维持型财政联邦主义（market-preserving federalism）"①。钱颖一、罗兰（Qian & Roland，1998）利用 DM 模型来对这一思想精确化，并且指出了中国财政分权存在两种效应，即竞争效应和制衡效应②。

第二代财政分权理论认为政府间存在竞争效应，并提出了"政府竞争"概念，布雷顿（Breton，1998）指出不同级别间的政府存在不同的竞争，即横向竞争和纵向竞争③。政府间的横向竞争主要体现在经济增长方面，地方政府为了吸引投资来带动就业和经济增长，往往会将更多的财政资源投入经济建设领域，或者制定税收优惠政策来吸引投资，从而弱化了公共产品供给的意愿和能力，导致了基本公共服务供给的不足。政府间纵向竞争是上下级政府之间的竞争，主要体现在财权上，出于经济和政治目的，财政分权中上级政府往往会集中更多的财政收入，并通过转移支付来影响下级政府在公共产品供给上的行为。财政分权中纵向政府间的竞争往往会产生预算软约束问题，从而不利于地方政府改善公共产品的供给效率，马斯格雷夫（1983）曾指出地方政府过度依赖上级政府的转移支付，将弱化对地方政府的预算约束④。由于"财政幻觉"的存在，预算软约束导致地方政府扩大财政支出规模，在无法获得上级政府转移支付的情况下，就会降低公共服务供给水平，不利于公共产品的有效供给。财政分权的制衡效应是上级政府对下级政府的财政约束，通过建立良好的财政制度、运行机制及财政纪律，并实行"问责"制，控制各级地方政府不规范的财政行为，并建立"问责"机制来激励地方政府以公共利益为导向，实现公共产品的有效供给。怀尔德森（Wildasin，1997）认为如果地方政府能够获得上级政府转移支付，当财政体制对地方政府约束弱

①　Qian，Y.，and Barry R. Weingast，China's Transition to Markets：Market – Preserving Federalism，Chinese Style". Journal of Reform，No. 1，January 1996，pp. 149 – 185.

②　Qian，Y.，and Gerald Roland，Federalism and the Soft Budget Constraint. The American Economic Review，No. 5，Vol. 88，May 1998，pp. 1143 – 1162.

③　主要是包括不同级政府之间的竞争和同级政府之间的竞争，即纵向竞争和横向竞争。

④　Musgrave R. A.，Who Should Tax Where and What? In C. Mclure（ed.），Tax Assignment in Federal Countries，Australian National University，1983.

化时，地方政府会通过大规模举债来融资而不依赖于当地居民的税收，这就会弱化当地居民对地方政府官员的约束，导致了地方政府忽略当地居民的偏好，而是以自身偏好来配置财政资源，地方财政支出可能会出现偏好扭曲，公共产品供给将会低效或者无效①。另外，地方政府行为也受到政治激励和约束的影响，希布莱特（Seabright，1996）研究认为中央政府对地方政府的任免权和政绩考核机制，对地方政府形成政治上的激励与约束，当中央政府以公共利益作为地方政府政绩考核依据并实行"问责"，将有利于地方政府官员将更多财政资源用于基本公共服务领域，相反则激励地方政府将更多的财政资源用于经济建设领域，不利于基本公共服务的有效供给②。

3.1.2 中国式分权与地方政府行为：激励与扭曲

财政分权是世界各国经济治理中的一个普遍现象，但财政分权的效果却存在较大差异，有的国家分权带来了经济增长和社会福利的改善，有的国家却并没有取得预期效果，说明财政分权改革并不必然带来经济增长和社会福利的改善。究其原因，财政分权的有效性受到地方政府行为的影响，分权体制下地方政府作为独立的利益主体，有其自身偏好，当财政分权赋予地方政府更多财政自由裁量权时，由于各国政治经济体制的差异导致了财政分权对地方政府财政激励和政治激励的差异，不同国家地方政府行为有着较大差异，必然引起财政分权绩效的差异。对于中国来说，改革开放实行的经济分权改革，一方面向微观经济主体分权，使得市场经济迅速发展，另一方面，中央政府对地方政府的财政分权，加上以经济增长作为政绩考核指标，对地方政府的财政和政治双重激励，调动了地方政府发展本地经济的积极性，成为改革开放以来中国经济持续快速增长的主要推动力。

中国式分权不同于其他国家的分权，其特征主要表现在以下几个方面：一是中国式分权是中央政府政治集权下的财政分权，地方政府官员是由上级政府任命，中央政府通过对地方政府官员考核决定其是否升迁，并

---

① Wildasin, D. E., Externalities and Bailouts: Hard and Soft Budget Constraints in Intergovernmental Fiscal Relations, unpublished paper, 1997.

② Levaggi, R., Decentralized Budgeting Procedures for Public Expenditure, Public Finance Review, Vol. 30, 2002, pp. 273 – 295.

据此使中央政府意愿在地方层面得到贯彻和执行，地方政府官员出于自身利益必然重点关注中央政府和自身利益偏好。二是中国式分权是中央政府主导的"行政性一致同意"型财政分权模型。中国的财税法律法规还不健全，财政分权的法律依据不足，缺少对各级政府的有效约束，而与中央政府主导的财政体制相伴随的决策方式为"行政性一致同意"规则，这种决策方式更注重决策过程而非规则本身，根据现实需要可以随时调整具体的执行方式，规则本身便显现出弹性和灵活性的特点，但缺乏法制性和制约性，导致政策不稳定而产生机会主义行为和道德风险①。三是中国式分权存在"用手投票"和"用脚投票"双重约束机制的缺失。一方面，户籍制度以及与户籍相关的社会经济政策使得中国居民无法形成"用脚投票"机制，原来的户籍制度限制了人口流动，尽管当前户籍制度对人口流动的限制逐渐放开，但与户籍相关的社会福利制度对居民流动产生了直接影响，"用脚投票"机制在中国无法形成。另一方面，地方政府官员在政治决策过程中缺少"用手投票"的公共选择机制，更关心上级政府意愿，而缺少对民众需求的回应性，社会成员的偏好难以得到满足，财政分权的民主化程度受到抑制。可见，中国式分权对地方政府存在什么样的激励机制是理解中国式财政分权的核心，但这种激励机制所产生的效应最终还是需要通过地方政府行为来实现。所以，理解中国式财政分权的着力点就在于财政分权对地方政府行为的影响，如图 3 - 1 所示。

首先，中国式分权对地方政府行为产生了政治激励④。张军、周黎安等学者最早对改革开放后的中国地方政府为何具有推动本地经济发展的热情进行了研究，认为中国经济分权下的政治集权所产生的政治激励是解释这一现象的关键线索。周黎安（2007）认为中国地方政府官员之间围绕GDP 增长而进行"晋升锦标赛⑤"模式是解释地方政府具有很强的激励发展地方经济的主要原因之一，因为作为处于行政金字塔之中的政府官员，除了关心地方的财政收入之外，自然也关心其在"官场"升迁的机遇，而这种激励在现实中可能是更为重要的②。有学者如李和周（Li & Zhou，2005）、周黎安等（2005）、姚洋和张牧扬（2013）等运用中国改革开放以来地方官员晋升与当地 GDP 增长率的关联性进行实证研究，研究表明

---

① 陈斌开、林毅夫：《发展战略、城市化与中国城乡收入差距》，载《中国社会科学》2013 年第 4 期。

② 陶然、刘明兴：《中国城乡收入差距、地方政府开支及财政自主》，载《世界经济文汇》2007 年第 2 期。

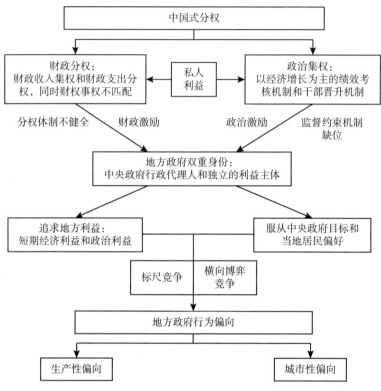

图 3 - 1　中国式分权对地方政府行为的激励

地方政府官员晋升与经济增长之间呈显著的正相关关系，而中央政府为了增加激励效果，运用相对绩效评价的方法来对地方官员进行绩效考核以减少误差，增加其可能的激励效果。然而，纵向行政体制内的晋升对大多数官员来说是有限的，缺少晋升机会或晋升竞争资本不足的官员将会退出晋升博弈，转而寻求"自我晋升"并获得私人利益，主要表现为通过辖区经济增长和社会影响力提升来横向扩张个人控制权，这也能激励地方政府积极发展本地区经济。

其次，中国式分权对地方政府产生财政激励。一方面，财政分权赋予地方政府更多的财政自由裁量权，这就构成了对地方政府的财政激励，经济增长越快，地方政府的财政收入就越高，地方政府财政支出的自主权就越大，可以有效激励地方政府发展经济。另一方面，中国财政分权下地方政府的利益主体的地位得到确认和强化，地方政府之间展开激烈的财政竞争，财政竞争则进一步强化了地方政府发展本地经济的动力，财政激励的强化以及地方政府的财政竞争也是中国持续经济增长的主要因素[①]。林毅夫和刘志强（2000）对分税制改革前后财政分权与经济增长关系进行了研究，结果表明地方政府在"财政包干制"下收入留成率高，激励地方政府去维护市场并推动经济增长，分税制改革设立的"税收返还"制度以及预算外收入存在，激励地方政府以土地出让金收入为代表的非税收入成为地方政府积极发展经济的另一种财政激励形式[②]。也有学者，如陶然等（2009）[③] 研究了中国 20 世纪 90 年代中期之前和之后中国地区竞争模式演变基础上的财政激励，对钱颖一、张军和周黎安等学者的研究提出了质疑，他们指出了无论是"中国特色的保护市场型财政联邦主义"还是"官员晋升锦标赛"都难以解释中国转轨高增长的政治经济学逻辑。

可见，中国分权改革对地方政府的财政激励由于财政体制变革而发生变化，不同财政体制下财政激励机制有所差异。在"财政大包干制"时期，由于地方政府在预算收入中有较高的边际分成比率，财政收入激励促进了地方政府发展经济，此时地方经济发展的驱动力是各类地方政府直接投资和政府所有的企业，地方政府通过利用其权力限制私营企业发展，已达到转移本地企业收入来回避潜在的中央税收。另外，由于财政包干制的不稳定，地方政府只有通过各种方法来规避中央政府对其税收的争夺，将预算内收入转为预算外或者体制外收入，而只有发展本地国有企业才能够达到这一目的，这也是为什么这一时期地方政府缺乏发展私营企业动力的原因。分税制改革则改变了对地方政府行为的财政激励，地方政府所面临的是支出责任未变甚至增加的情况下财政收入大幅度减少，而这一时期国有企业和乡镇企业大规模改制也给地方政府增加了财政支出压力，激励了地方政府强化征收地方税收的同时，更激励了地方政府开辟新的收入来源，即开拓以土地出让金和各类收费为主体的预算外和制度外收入，同时

---

① 地方财政激励是指地方政府采取措施促进当地经济增长后，其财政收入所能增加的幅度，其增加的幅度越大，表明财政激励越强，相反意味着财政激励越弱。国内外相关学者就中国财政分权是否强化了对地方政府的财政激励问题进行了研究，如 Qian 和 Roland（1998）、Zhuravskaya（2000）、Jin 和 Qian 等（2005）、傅勇（2008）等，得出相似的结论为中国财政分权在一定程度上强化了地方财政激励。

② 蔡跃洲：《转型社会中财政对收入分配的影响——基于我国不同发展阶段的理论实证》，载《财经研究》2008 年第 11 期。

③ 曾国安、胡晶晶：《论中国城市偏向的财政制度与城乡居民收入差距》，载《财政研究》2009 年第 2 期。

地方政府通过大规模招商引资来争夺制造业投资来带动经济增长和财政收入的增加。这种行为带来了一系列的负面效应，如"土地财政"不断推高房价，为了招商引资而放松环境保护管制带来了环境恶化、财政支出出现严重偏向性等问题。

中国式分权对地方政府有着财政激励和政治激励，创造了中国经济增长的"奇迹"，但也正是这种激励扭曲了地方政府行为，导致了中国经济快速增长的同时，基本公共服务的投入严重不足，地方政府在财政支出上存在严重的偏向性，即经济性领域过度投入，在人力资本和公共服务上供给不足[1]。乔宝云（2005）、平新乔（2006）、张军（2007）等学者的研究表明，财政分权导致了地方政府展开激烈的财政竞争，再加上"晋升锦标赛"的驱动，地方政府财政支出出现了严重的经济性偏向，大量的财政资金投入到经济性领域，并且挤占了基本公共服务领域的投入[2]，改革开放以来中国基础设施快速发展就是地方政府财政竞争中"追赶效应"的具体表现[3]，而且地方政府的财政支出偏向在预算内外财政支出中都存在，其中预算外财政支出偏向性更明显[4]。不过，在中国经济发展不均衡的情况下，地方政府财政支出的偏向性存在空间异质性，发达地区和欠发达地区财政资金在经济性公共物品和基本公共服务领域的分配存在一定差异。经济发达地区财力充裕，在满足地方政府对经济目标追求的基础上，有更多财力用于基本公共服务领域，而且为了吸引更多的投入和人才流入，也需要提供更完善的基本公共服务，发达地区在基本公共服务领域的投入不断增加，但总体来说财政支出还是存在明显的经济性偏向。欠发达地区为了追赶发达地区，有更强烈的动机发展本地经济，在财力缺乏的情况下，大规模的经济建设投入必然挤占基本公共服务领域的投入，再加上居民对公共服务诉求的机制尚不完善，更加忽视公共服务的供给[5]。

---

① 傅勇、张晏：《中国式分权与财政支出结构偏向：为增长而竞争的代价》，载《管理世界》2007 年第 3 期。
② 乔宝云、范剑勇、冯兴元：《中国的财政分权与小学义务教育》，载《中国社会科学》2005 年第 6 期。
③ 张军、高远、傅勇、张弘：《中国为什么拥有了良好的基础设施？》，载《经济研究》2007 年第 3 期，第 17 页。
④ 平新乔、白洁：《中国财政分权与地方公共品的供给》，载《财贸经济》2006 年第 2 期。
⑤ 官永彬：《财政分权、双重激励与地方政府供给偏好的异质性》，载《重庆师范大学学报（哲学社会科学版）》2012 年第 1 期。

3.2　中国政府间转移支付对地方政府财政行为的激励

3.2.1　转移支付对地方财政努力的激励

政府间转移支付是财政分权体制下中央政府实现财政均等化和基本公共服务均等化的重要手段，对于中国而言，由于财政分权体制的不规范和经济发展的不均衡，政府间财政能力的纵向和横向失衡较为严重，转移支付对于均衡政府间财政能力具有重要的作用。但是，转移支付资金作为地方政府财政收入的来源，转移支付在促进政府间财政均等化的同时，也有可能会影响地方政府收入行为，地方政府的财政努力程度可能会受到地方政府从上级政府获得转移支付的影响，如果地方政府由于获得了上级转移支付而降低财政努力，最终会影响到转移支付的均等化效果。由于地方政府把从上级获得的转移支付作为自有收入的替代，降低征税努力程度，导致了税收流失的同时削弱自有财力，增加了对地方政府转移支付收入的依赖，转移支付的政策效果将会被严重削弱。可见，政府间转移支付制度不仅应该有利于政府间财政均等化，也应该激励地方政府财政努力，才能保证转移支付制度的绩效。

关于转移支付与地方政府财政努力的关系，国内外学者进行了相应研究，但研究结论也存在一定差异，大部分学者认为转移支付降低了地方财政努力，也有学者研究认为转移支付对地方财政努力产生激励效应，研究结论存在差异的原因可能是不同国家的分权体制、政治体制以及研究方法等因素影响。巴尔·罗伊（Bahl Roy，1972）是最早对转移支付与地方财政努力关系进行研究的学者，他研究发现转移支付让地方政府更依赖于从上级获得补助，从而降低自身财政努力程度[①]。格拉姆利希（Gramlich，1987）研究认为当中央政府降低对地方政府转移支付力度时，地方政府为了弥补财政支出不足，会增加财政努力程度，说明转移支付对地方财政努

---

① Bahl R. W, A Representative Tax System Approach to Measuring Tax Effort in Developing Countries. Staff Papers, No. 1, Vol. 19, January 1972, pp. 87 – 124.

力有负激励①。因曼（Inman，1988）在对转移支付与地方财政努力关系进行研究时，发现总量转移支付中，由于上级政府对地方政府转移支付数额远远高出了其合理程度，不但没有对地方政府产生有效的激励，反而增加了地方政府对转移支付的依赖。相对转移支付资金和地方税收收入而言，对地方政府财政支出弹性更大，转移支付对地方财政支出有扩张效应，他提出了著名的"粘蝇纸效应"（fly paper effect）②。随后，关于"粘蝇纸效应"的实证研究成为主要内容，斯泰恩（Stine，1994）、甘哈尔和奥茨（Gamkhar & Oates，1996）、巴特纳（Buttner，1999）、拉贾拉曼和瓦西沙（Rajaraman & Vasishtha，2000）、潘达（Panda，2009）等分别利用不同国家的财政数据验证了转移支付对地方财政努力存在负激励，海因斯和泰勒（Hines & Thaler，1995）、斯马特（Smart，1998）、埃格（Egger，2010）等学者实证研究则认为，转移支付特别是均等化的转移支付，也可能激励地方政府提高财政努力。

中国的转移支付制度规模大、结构复杂，对地方政府收入也产生了重要影响，关于中国转移支付是否存在"粘蝇纸效应"也是国内学者普遍关注的问题，对此进行了相应的理论分析和实证研究，大多认为中国政府间转移支付不利于地方财政努力，只是不同类型转移支付对地方财政努力的影响程度不一样。乔宝云等（2006）较早对此进行研究，通过构建理论模型分析了地方财政努力对转移支付的反应，并基于中国省级数据实证分析了总量和条件转移支付与地方财政努力的关系，发现两种类型的转移支付都对地方财政努力有负激励③。由于中国转移支付结构复杂，不同类型转移支付在资金分配、使用等方面存在较大差异，对地方政府影响也不一样，关于不同类型转移支付项目对地方财政努力的影响成为国内学者研究的重点。刘凤伟（2007）、张恒龙和陈宪（2007）、刘勇政和赵建梅（2009）、胡祖铨等（2013）、葛乃旭和杨留花（2016）、鲍曙光等（2018）分别就总量转移支付、财力性转移支付和专项转移支付对地方政府财政努力的影响进行实证研究，认为转移支付总体上来说不利于地方财政努力，

① Gramlich E M, Subnational Fiscal Policy. Perspectiveson Local Public Finance and Public Policy, No. 3, March 1987, pp. 3 – 27.

② Inman, Robert P., , Federal Assistance and Local Services in the United States: The Evolution of a New Federalist Fiscal Order, In Fiscal Federalism, Edited by Harvey Rosen, Chicago: University of Chicago Press, 1988, pp. 33 – 74.

③ 乔宝云，范建勇，彭骥鸣：《政府间转移支付与地方财政努力》，载《管理世界》2006年第3期。

但不同类型转移支付对地方财政努力影响有所差异，其中税收返还、财力性转移支付对地方财政努力有抑制作用，但专项转移支付对地方财政努力有激励作用，主要是因为专项转移支付特别是需要配套专项转移支付，不但规定了资金用途，还需要地方提供配套资金。

根据国内学者的相关研究，尽管大多数学者认为中国政府间转移支付对地方财政努力主要表现为负激励效应，但由于中国转移支付较为复杂，而且中国式分权下地方政府间财政关系的不规范和不稳定等诸多因素，都会导致转移支付对地方财政努力产生不同影响。笔者基于中国现实和相关研究结论，对中国政府间转移支付与地方财政努力之间的关系从以下几个方面来理解：

第一，不同类型转移支付对地方财政努力的激励存在差异，且存在区域差异。中国现行转移支付主要由税收返还、财力性转移支付和专项转移支付构成，三类转移支付有着自身的特点和政策目的，对地方财政努力的影响也不一样。税收返还是分税制改革中保护地方既得利益所形成的，总体上来说应该对地方财政努力产生正向激励，地方政府征收越多返还越多。由于地区间经济发展差距，再加上税收返还主要是以增值税和消费税为基础，税收返还对不同地区的财政努力存在区域差异。发达地区税源充裕，增加征税努力能够获得更多的返还数额，对地方财政努力有正向激励；但欠发达地区税源不足，更多依赖的是财力性转移支付和专项转移支付，税收返还数额较少，对财政努力可能会产生负激励。财力性转移支付的主要目标是实现政府间财力均等化，是地方政府的重要收入来源，在一定程度上对地方税收收入产生替代效应，地方政府往往会对这类转移支付形成依赖，导致了地方财政努力下降，产生了负激励。在中国目前经济发展不均衡和财权过度集中的情况下，经济发达地区获得的财力性转移支付数额很少，主要分配给了经济欠发达地区，这就导致了财力性转移支付对欠发达地区的财政努力产生的负激励远大于发达地区。专项转移支付由于是指定用途的转移资金，地方政府自由裁量权较小，但它是地方政府公共服务资金来源，既具有收入效应也有替代效应，其中收入效应抑制了地方财政努力，而替代效应由于降低了地方公共服务供给成本，对地方财政努力有正向激励。当地方政府能够获得专项转移支付为公共服务融资，其替代效应大于收入效应，就会产生正激励。由于我国目前专项转移支付在资金分配上不规范，资金分配主要以项目为依托并且由不同部门来决策，导致了地方政府为了获得专项转移支付资金而"跑部钱进"，有一些专项转移支付资金还需要地方政府配套，这就进一步强化了对地方财政努力的正激励。当然不同地区政治影响力的不同以及中央制定的发展战略的因素都会影响地方政府获得专项转移支付资金的能力，这些都会影响地方财政努力。对于政治影响力强的发达地区和受政策倾斜的地方，专项转移支付对地方财政努力的激励效应更大，其他地区激励效应较小甚至有的地区呈现负激励效应。

第二，政府间财政关系的不稳定导致转移支付对地方财政努力产生不同影响。财政分权体制下，税收分成和转移支付是联结政府间财政关系的纽带，中央政府在处理政府间财政关系时，中央政府面临两个选择，即激励地方政府发展经济和缩小地区之间发展差距[①]。当中央政府希望激励地方政府发展经济，就会提高地方政府在税收中的分成比例，让地方政府从经济发展中获得更多的收益；当中央政府希望缩小地区间发展差距，就会提高中央政府在税收中的分成比例，并通过转移支付将发达地区的财政收入转移到落后地区，从而调节地区差距。中国改革开放初期，财政分权采取"包干制"，在财政收入分成中大幅提高了地方政府的比例，激励了地方政府发展经济，同时也对地方财政努力有较强的正向激励。这种财政体制激发了地方政府发展经济的热情，但也同时导致了中国经济发展差距越来越大，地区间财政能力差异也越来越大，而且由于中央政府在财政收入分成中比例过低，导致了中央财力薄弱。尽管中央政府在这期间也不断调整"财政包干制"的形式，试图提高自身收入份额，但由于地方政府通过降低征税努力、变税为费等方式来保护自身利益，从而导致中央政府制度调整无法达到预期效果。1994年的分税制改革是中央政府对原来财税体制的一个彻底变革，通过设立新的税收制度，并进行税收分享的方式，大幅度提高中央政府在财政收入中的分成比例，并通过设计转移支付制度来调节地区差距。随后，中央政府不断调整税收分成比例来集中财力，如2002年的《所得税分享方案》，将原属于地方政府收入的所得税变为共享税，同时不断提高转移支付规模，转移支付已经成为地方政府的重要财政收入来源，特别是落后地区和县级政府对转移支付的依赖性非常高。中国政府间财政关系的不稳定，中央政府通过调整税收分成比例和转移支付规模及结构来激励地方发展经济和调节地区差距，地方政府为了保护自身的利益，往往会根据中央政府的制度演变来选择有利于自身的策略，而地方政

---

① 吕冰洋、毛捷、马光荣：《分税与转移支付结构：专项转移支付为什么越来越多?》，载《管理世界》2018年第4期。

府非常重要的一种策略手段，就是通过改变自身的财政努力程度来获得更多受益。当地方政府税收分成比例较高时，主要收入来自自身税收而非转移支付，就会强化对地方的财政努力；当地方政府税收分成比例较低时，对转移支付依赖程度高，就会对地方财政努力产生负激励。

第三，1994 年分税制改革大幅度提高了中央的税收分成比例，各级地方政府财力减弱，为了缓解财政压力，省以下各级政府都会借助上级政府的权威来提高本级政府的税收分成比例，由于税收分成比例层层上提，导致了最基层的县级政府财政困难。县级政府为了获得更多的财政收入，可以通过增加征税努力程度征得更多的税收收入，从而获得税收收入总量增长的收益。但由于县级政府在税收分成中比例过低，县级政府更愿意采取降低征税努力，并且通过收费、罚款、摊派等方式来获取收入，因为这些收入是县级政府不参与分成的收入。由于财权和事权在各级政府之间划分的不合理，导致了政府间财政关系中的纵向失衡，中央政府通过转移支付制度来实现纵向财政均衡。中央的转移支付资金通过不同层级政府层层下拨，省及以下各级政府都有截留转移支付资金的动机和能力，从而激励了地方政府对转移支付资金的截留。一方面，地方政府官员出于政绩、个人经济利益等原因，有动机去增加财政支出，在自身收入有限的情况下，通过截留下级政府的转移支付资金成为其必然选择。另一方面，在中国现行的行政官员管理体制和考核机制下，下级官员的晋升主要由上级政府决定，上级政府通过对下级政府官员的控制，进而截留转移支付资金。由于上级政府具有截留转移支付资金的能力，省级及以下地方政府的财政收入集中度相对较低，从而激励基层政府的财政努力度，然后再通过截留上级政府的转移支付来获得自身所需的收入，因为截留转移支付不会影响到对下级政府的财政努力的激励①。

3.2.2　转移支付对地方政府财政支出的激励

转移支付是协调政府间财政关系的重要政策工具，本质上是对不同地区由于经济发展水平差距导致财力差异的一种财力再分配的机制，是中央政府激励地方政府履行职责的一种机制，中央政府通过转移支付来强化对地方经济决策的影响。对于地方政府而言，转移支付会影响地方财力以及

---

① 杨良松、余莎：《地方上级政府对转移支付的截留研究——基于省级和地级数据的实证分析》2018 年第 2 期。

公共服务供给的负担水平，地方政府会根据中央转移支付政策来作出相应的财政支出决策，从而实现自身的政治、经济和私人利益。国内外学者研究表明，转移支付对地方政府的财政支出具有一定激励作用，主要表现在地方财政支出规模的激励作用和地方财政支出结构的激励作用两个方面，良好的转移支付制度应该对政府财政支出产生正向激励。一方面，当地方政府获得上级转移支付后，相当于减税，不会导致政府支出规模的增加，但由于转移支付存在"粘蝇纸效应"，导致了转移支付激励地方政府财政支出规模的扩张。另一方面，转移支付制度应该激励地方政府提供当地居民所需要的公共服务，但分权体制下地方政府就有财政支出的决策权，在政府预算制度和财政监督机制不完善的情况下，地方政府往往会将财政资金用于自身偏好的领域，甚至有的地方政府通过改变财政支出结构造成基本公共服务供给的财力不足，来倒逼中央政府给予更多转移支付资金，必然导致财政支出结构失衡①。可见，转移支付制度对地方财政支出的激励效应，受到地方政府财政支出行为的影响，地方财政支出决策的反应方式直接决定了转移支付的作用效果。

中国分税制改革对中国政府间财政关系产生重要影响，形成了税权高度集中在中央和支出责任高度分散在地方的管理体制，转移支付则成为这种财政管理体制下平衡政府间财政关系的重要制度工具。中国现行财政体制中，非常显著的特征就是大规模的转移支付，中央对地方的转移支付占到地方财政支出的50%左右，在一些落后地区和基层政府，地方财政支出对转移支付的依赖程度甚至超过了70%。另外，中央政府为了利用转移支付来实现其多种政策目标，转移支付的种类越来越复杂多样，就大类别来说，中国转移支付主要包括税收返还、一般性转移支付和专项转移支付，但在一般性转移支付和专项转移支付中又有诸多小类别的项目，特别是专项转移支付几乎覆盖了所有支出项目。不管什么类别的转移支付，都在不同程度上改变了地方政府的预算约束，当地方政府具有财政自由裁量权的情况下，地方政府会选择自己最优的财政支出决策，通过财政支出规模和结构的调整来实现上级政府、当地居民和自身偏好的多重目标。中国式分权体制下，地方政府作为独立的利益主体，具有较大的财政支出决策权，转移支付作为地方政府一种收入来源，地方政府往往会利用其实现自身利益目标，但同时又受到晋升机制的制约，转移支付最终会影响地方财政支

---

① 付文林、沈坤荣：《均等化转移支付与地方财政支出结构》，载《经济研究》2012年第5期。

出规模和财政支出结构。

3.2.2.1　转移支付对地方财政支出规模的激励作用

分税制改革以来，中国地方政府支出规模持续增长，根据财政支出增长的相关理论，经济增长的同时财政支出也会增长，中国地方政府财政支出的增长是符合瓦格拉法则的。但中国地方政府财政支出增长背后还有很多其他因素的影响，其中财政分权体制下转移支付对地方财政支出行为的影响，是地方财政支出规模扩张的重要原因。随着中国转移支付规模越来越大以及地方政府对转移支付资金依赖性增加，转移支付对地方政府财政支出扩张的激励效应越明显，中国转移支付对地方财政支出规模的激励作用可以从以下几个方面来理解：

一是中国转移支付存在"粘蝇纸效应"导致了地方政府财政支出规模的扩大。"粘蝇纸效应"是指，与地方政府税收收入相比，上级政府的转移支付对地方政府财政支出增长有更强的刺激作用，也就是说转移支付促进地方财政支出规模的增加。关于转移支付存在"粘蝇纸效应"的原因，学术界有五种理论解释，包括税收成本假说、财政幻觉假说、中位投票人理论、垄断性政府假说、利益集团假说[①]，对于中国而言，转移支付产生"粘蝇纸效应"的原因可能更多体现在税收成本假说和财政幻觉假说。税收成本假说认为政府通过征税来筹集资金，会造成税收的额外负担增加筹资成本，转移支付则没有这类成本，通过转移支付筹资可以降低或者消除筹资成本，政府更倾向于后者来增加财政支出。中国分税制改革建立了新的税收制度，税收逐渐成为政府的主要收入来源，但由于税制的不完善、税收征管水平较低等因素，导致了我国税收征管成本过高。地方政府通过税收筹集资金的额外损失更大，再加上税收收入集中度较高，地方政府更倾向于获得转移支付资金，转移支付规模的不断增加则激励了地方政府扩大支出规模。财政幻觉假说认为地方政府公共服务支出如果来源于转移支付资金，有可能阻断地方公共服务支出成本与收益之间的联系，由于存在信息不对称，当地居民不知道公共服务的支出成本，会导致当地居民形成"财政幻觉"，会低估公共服务支出的成本，从而产生对公共服务的过度需求，扩大了地方财政支出规模。中国区域经济发展差距较大，地方政府间财政能力差距也较大，中央政府通过财权的集中获得更多的财政收入，再

---

① 毛捷、吕冰洋、马光荣：《转移支付与政府扩张：基于"价格效应"的研究》，载《管理世界》2015 年第 7 期。

通过转移支付制度来平衡地区间财政能力差距，实现基本公共服务均等化目标。这就意味着将发达地区的财政收入通过转移支付再分配给欠发达地区，落后地区的公共服务支出成本必然有一部分被发达地区所补偿，地方政府的公共服务成本与收益就不对等，甚至有的政府利用这种"财政幻觉"来增加其他领域支出而减少公共服务领域支出，来倒逼中央政府给予更多的转移支付，导致了财政支出规模的扩张。

二是转移支付对地方政府财政支出规模的影响存在区域差异。如果以地方政府财政支出占 GDP 比重来衡量地方政府财政支出规模，中国分税制改革之后，地方政府规模经历了两个快速增长的阶段，即 1995 ~ 2002 年的增长和 2002 年之后的增长，两个阶段中国地方政府财政支出规模整体上都在增长，但是增长速度存在较大区域差异。一方面，分税制改革初期，转移支付规模较小并且税收返还比重较高，地方政府对转移支付的依赖程度相对较低，地方政府财政支出规模增长速度相对有限，但也存在区域差异，东部发达地区政府支出规模增长速度低于中、西部欠发达地区。原因在于，东部发达地区经济增长更快，经济总量远高于中、西部欠发达地区，可能其财政支出绝对数额高于落后地区，但财政支出占 GDP 比重却低于中、西部地区。另外，中、西部地区由于人口规模、自然环境以及财政供养人口庞大等因素，导致了地方政府公共服务成本更高，在一定程度上促使其财政支出规模增长更快。另一方面，转移支付对地方财政支出规模影响的区域性差异与地区发展战略实施有着紧密关系，自 1999 年以来，中国开始针对内地实施了区域发展战略，主要有"西部大开发""振兴东北老工业基地""中部崛起"等，分别制定了针对西部 12 省份、东北 3 省和中部 6 省的倾斜性政策，其中通过增加转移支付来支持这些地区发展，并且在 2002 年所得税分享改革中明确规定了，中央将增加的收入全部用于对中、西部地区的一般性转移支付①。2004 年以来，中、西部地区获得的一般性转移支付和专项转移支付的规模快速增长，再加上区域发展战略要求地方政府增加相关领域的财政支出，导致了中西部地区地方政府财政支出规模的超速增长。但与此同时，东部发达地区由于中央进一步集中税收收入，并将更多财力转移给中、西部欠发达地区，税收返还比重大幅度下降，东部地区获得转移支付数额远低于中、西部地区，转移支付对于东部地区财政支出规模的增长激励效应远小于中西部地区。

---

① 范子英、张军：《粘纸效应：对地方政府规模膨胀的一种解释》，载《中国工业经济》2010 年第 12 期。

三是不同类型转移支付对地方政府支出规模增长的激励效果存在差异。中国地方政府的转移支付主要是一般性转移支付和专项转移支付，两种类型转移支付对地方政府的效应存在差异，对地方政府财政支出规模增长的激励效果也存在一定程度的差异。一般性转移支付由于没有规定具体用途，地方政府具有较大的自主权，与地方财政支出之间兼具"收入效应"和"替代效应"，转移支付的"收入效应"弱化了地方政府财政约束，"替代效应"降低了提供公共服务资金成本，从而刺激了地方财政支出的快速增长。专项转移支付规定了具体用途，并且有一些专项转移支付是需要地方配套，与地方财政支出之间有着显著的"互补效应"，地方专项转移支付收入的增加，将带来地方财政支出规模的增长，但是地方政府不会出现过度供给问题。也就是说，中国的一般性转移支付和专项转移支付都会刺激地方财政支出规模的增长，但一般性转移支付的激励效果更大，并且一般性转移支付会导致地方政府公共支出过快增长，专项转移支付会在特定领域带来财政支出增长，对规定用途以外的财政支出增长效应有限。

3.2.2.2　转移支付对地方财政支出结构的激励作用

中国地方政府财政支出规模虽然在不断扩大，但财政支出增长表现在不同项目上存在较大差异，根据国内学者研究和官方公布的数据显示，中国地方财政支出规模增长主要是在经济建设支出、行政管理支出方面，社会福利支出的增长相对较低，这说明中国地方财政支出结构存在经济性偏向。尽管转移支付能够在一定程度上缓解地区间财力的不均衡，保障了地方政府公共服务供给的能力，但公共服务供给与地区间财力的改善之间并不必然是趋好的循环[①]。从理论上来说，良好的转移支付应该激励地方政府为辖区居民提供所需的公共服务，由于中国转移支付制度设计中存在诸多问题，导致了转移支付对地方政府支出激励效应存在偏误，转移支付的筹资和分配的分离造成地方政府不能完整评估财政决策的成本和收益，形成地方政府支出结构的扭曲[②]。中国财政分权和区域经济发展不均衡，导致了财政的纵向和横向的失衡，转移支付对实现政府间财力均衡有着重要

---

① 赵永辉、付文林：《转移支付、财力均等化与地区公共品供给》，载《财政研究》2017年第 5 期。

② 李永友、张子楠：《转移支付提高了政府社会性公共品供给激励吗?》，载《经济研究》2017 年第 1 期。

的作用，财力的均等本来应该有利于地方政府财政支出结构的合理化，但中国地方财政支出结构存在一定程度的失衡，说明转移支付对地方财政支出的激励存在一定程度上的扭曲，导致了财政支出结构的偏向性。基于中国的现实，中国转移支付对地方财政支出结构的激励作用，可以从以下几个方面来理解：

一是中国式分权对地方政府行为的激励扭曲，导致转移支付对地方政府财政支出结构的激励偏向。财政分权赋予地方政府更多的财政自主权，而分权体制对地方政府官员有着政治激励，上级政府对下级政府官员的晋升有重要作用，这就导致了地方政府官员对上级政府负责而非对本地居民负责。由于上级政府对下级政府官员主要是以经济指标作为考核的核心指标，转移支付对地方政府财政支出产生了激励偏向，即地方政府在获得转移支付后，会根据上级政府的考核要求和自身的偏好来使用财政资源，在经济利益和政治利益指引下，必然会导致财政支出经济性偏向，地方政府财政支出结构的偏向主要有生产性偏向和城市性偏向两个方面。一方面，政府会将更多的财政资金用于能够带来政绩的经济建设领域，而忽视公共服务的供给，出现"重经济建设、轻人力资本投资和公共服务"的明显扭曲①。另一方面，由于财政资金在城市的投资回报率更高，能够带来更多经济回报和政治利益，地方政府会将更多的财政资源投入城市地区而忽视农村地区的财政投入，导致了地方财政支出城市性偏向。

二是资源禀赋和政治晋升机会差异导致转移支付对地方财政支出结构影响的区域差异。自然资源、经济发展水平等资源禀赋差异，决定了地方政府官员政治晋升机会的差异，会对地方政府支出行为产生影响，最终导致转移支付对地方政府财政支出行为产生不同的激励，不同地方政府财政支出结构就会出现结构性偏差。地方政府获得转移支付会弱化其预算约束，地方财政支出规模会增加，无论是生产性支出、福利性支出还是行政管理性支出都会在不同程度上有所增加，但是资源禀赋不同的地区财政支出存在不同的偏向。资源禀赋丰裕的地区更倾向于将转移支付投入到生产性领域，资源禀赋匮乏的地区则倾向于投入到福利性支出和行政管理性支出，这种差异的原因主要在于政治晋升机会的差异。由于上级政府对下级政府官员以经济增长作为主要考核指标，资源禀赋丰裕的地区往往是经济发达地区，政府投资回报率更高，政府倾向于将更多财政资金投入生产性

---

① 傅勇、张晏：《中国式分权与财政支出结构偏向：为增长而竞争的代价》，载《管理世界》2007年第3期。

领域来促进本地经济发展，获得更好的政绩提高政治晋升的机会。资源禀赋匮乏地区的官员获得晋升机会相对较少，当政治利益无法获得的情况下，地方政府官员就会寻求获得更多的私人经济利益，就会倾向于将更多的财政资金用于福利性支出和行政管理支出来增加私人效用①。可见，在政治利益和私人利益驱动下，资源禀赋差异导致了地方政府获得转移支付资金后，会根据自身利益最大化来决定地方财政支出，尽管都会导致地方财政支出偏向，但这种偏向性存在区域差异，其中资源禀赋丰裕地区会将财政资金更多投入到生产性领域增加政绩以获得更多的晋升机会，资源禀赋匮乏地区则会将财政资金更多投入到能带来自身效用的领域。

三是转移支付的分配机制不同对地方政府支出行为激励作用不同，导致了财政支出结构偏向的差异。中国目前转移支付主要是一般性转移支付和专项转移支付，两种类型的转移支付的资金分配机制不同，转移支付资金的自主权也不一样，对地方政府财政支出的影响存在差异。一般性转移支付主要按照公式分配并且没有规定用途，地方政府将获得的一般性转移支付作为自有收入，其使用不受中央或上级政府的约束，地方政府会根据自身的利益来使用。在政治和经济利益驱动下，地方政府会将更多的财政资金用于在短期内可以带来政绩的经济领域，主要用于基础设施建设、行政管理支出等领域，导致了公共服务领域投入的不足，地方财政支出出现结构性失衡。专项转移支付资金分配主要采用项目管理法，主要"扶弱"和"奖优"有两种分配规则，并且有一定的用途限制，是中央或上级政府约束下级政府或者实现自身政策意图的工具，能够起到较好的引导和规范地方政府行为的作用②。但是我国专项转移支付资金分配不规范，大部分专项转移支付资金分配权利被行政性分割，主要由各部位所掌控，并且呈现"小、散、乱"的特征，对地方政府产生了反激励作用，助长了"跑部钱进"、寻租设租等行为，最终也会影响财政支出结构。一方面，部分专项转移支付是以各种项目为依托，其中很多都是与经济发展相关的项目，这也是地方政府最愿意争取的项目，这类转移支付有的还需要地方政府配套，就会导致地方政府财政支出偏向于经济建设领域，从而还可能挤占公共服务领域的支出。另一方面，有一些专项项目是中央政府为了实现全国福利最大化的项目，如

---

① 徐琰超、柳荻、杨龙见：《资源禀赋差异与地方政府支出偏向》，载《金融评论》2016 年第 4 期。

② 尹振东、汤玉刚：《专项转移支付与地方财政支出行为——以农村义务教育补助为例》，载《经济研究》2016 年第 4 期。

义务教育支出等，这类专项转移支付规定了资金必须用于某类公共服务供给，就会引导和规范地方政府行为，有利于公共服务供给投入的增加。

3.3 转移支付、财政激励与基本公共服务均等化理论分析

财政分权理论认为财政分权有利于地方政府之间的财政竞争，激励地方政府关注当地居民对公共服务的偏好并提高公共服务供给效率，实现社会福利水平的提升，但由于地区间财政能力差异、公共服务外溢性等因素影响，财政分权也导致公共服务供给不足以及公共服务非均等化等问题。因此，财政分权体制下，如何实现地方政府公共服务供给的效率性和有效性，最终实现基本公共服务的均等化，是各国财政分权改革中必须要解决的重要问题。大多数学者主张建立科学合理的转移支付制度来加以化解，基本上实行财政分权的国家也都把转移支付作为财政分权体制下的重要组成部分，并利用转移支付制度来解决区域外溢性、纵向和横向财政失衡等问题，并且把转移支付制度作为实现基本公共服务均等化的制度保障。中国分税制改革以来，基本公共服务在区域之间和城乡之间的非均等化问题日益凸显，并且引发了诸多社会矛盾，成为中国经济持续健康发展的潜在风险，如何实现基本公共服务均等化也是中央政府最为关注的问题，出台了一系列针对基本公共服务均等化的政策文件，并且把基本公共服务均等化作为推进公共财政体制改革的核心任务之一。基于中国的现实情况，实现基本公共服务均等化是当前及未来一段时间各级政府的重要政策目标，现阶段应该如何实现基本公共服务均等化，应该找到中国实现基本公共服务均等化的突破口，这是学术界和政府部门最为关切的问题。

基本公共服务均等化就是要满足居民对基本公共服务的基本需求，政府应该为居民提供大体均等且合意的基本公共服务，准确把握中国基本公共服务非均等化的主要原因和制度根源，是寻找实现中国基本公共服务均等化切入点和突破口的基础。根据本书前面的分析，中国基本公共服务均等化的制度根源在于不规范的财政分权体制和政绩考核机制对地方政府行为的扭曲，导致了地方政府基本公共服务供给能力的不足和供给意愿的弱化。一方面，由于分税制改革的不彻底和不规范，中国政府间财政关系呈现了事权下移和财权上收的局面，政府间财权和事权的不匹配导致了纵向

财政失衡，弱化了地方基本公共服务供给的能力，再加上中国区域经济发展不均衡，地区间政府经济发展水平差距较大导致了横向财政不均衡，进一步造成了地区间基本公共服务供给非均等化。另一方面，中国财政分权体制下地方政府成为基本公共服务最主要的供给者，但由于公众参与基本公共服务供给的需求表达机制缺失、信息不对称和上级对下级监督约束机制的不完善等因素，地方政府在财政资金使用上会根据自身偏好和现实约束来进行决策。在上级政府对下级政府官员以经济增长作为政绩核心考核标准的影响下，将会进一步弱化地方政府基本公共服务供给的意愿，当地居民的需求与地方政府政策目标不一致的情况下，地方政府的供给决策就会违背居民的意愿，导致公共服务供需偏好的不匹配，降低了公共服务供给的有效性。可见，在当前中国式分权体制下，实现基本公共服务均等化的切入点和突破口就是如何激励地方政府在基本公共服务供给上实现大体均等性、有效性和效率性三个目标。

现阶段中国实现基本公共服务均等化，其政策主要有两个方面的出发点：一是保障地方政府基本公共服务供给的财政能力均衡，纵向和横向的财政不均衡会影响地方政府基本公共服务供给的水平和区域间的供给差距，通过政策工具来保障地方政府有充足的财力和地区之间财力的均等，是基本公共服务均等化实现的基本前提；二是提升地方政府有效供给基本公共服务的意愿，通过政策工具来激励地方政府提高基本公共服务的供给效率，增进地方基本公共服务供给的有效性，是实现基本公共服务均等化的基本保障[①]。要实现基本公共服务均等化就要满足以上两个目标，在中国财政分权体制下，这两个目标的实现需要通过转移支付制度来进行财政资源的再分配，实现地方政府财政均等化。但财力均等化只是实现基本公共服务均等化的前提，财力均等化并不必然就能保证基本公共服务均等化，当地方政府财力均等化了，但地方政府在基本公共服务供给努力程度上存在较大差异，其结果反而会导致基本公共服务供给更加的不均衡。因此，我们认为政府间转移支付制度实现财政均等与财政激励的平衡，在促进政府间纵向和横向财政均等的基础上，还应该对地方政府供给的意愿和供给努力程度产生正向激励。

鉴于此，本书认为我国转移支付制度设计时候要兼顾均等和财政激励的双重目标，从财政均等角度，转移支付首先应该缩小地区间财政能力差

---

① 龚锋、卢洪友：《机会平等与财政转移支付》，载《财经问题研究》2010 年第 11 期。

距，保证基本公共服务供给的财力。从财政激励角度来说，转移支付应该
激励地方政府增进基本公共服务供给的意愿和提升基本公共服务供给的财
政努力程度，这就要求在转移支付资金分配时，应该既考虑地方政府外部
环境因素也要根据地方财政努力程度来作为依据，避免对地方政府行为的
逆向激励。可见，转移支付要最终实现基本公共服务均等化的目标，转移
支付首先是影响地方政府行为，在实现财政均等的基础上产生对地方政府
的财政激励，即实现转移支付—财政激励—基本公共服务均等化的互动机
制，如图 3 - 2 所示①。

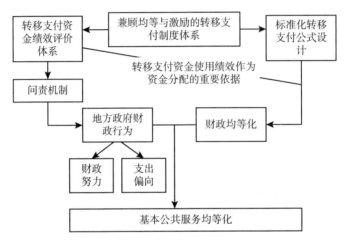

图 3 - 2　转移支付—财政激励—基本公共服务均等化基本逻辑示意图

　　首先，转移支付的首要目标是地方政府财政均等。基本公共服务均等
化首先需要实现地方政府财力均等，财政均等化就是要消除纵向和横向政
府间的财政差距。纵向政府间的财政差距主要源于财政分权体制中财权和
事权划分的不合理，中央政府应该根据各级政府的事权和支出责任来测算
地方政府的财政支出，然后根据地方政府财政收入能力，来确定地方政府
的财政收支缺口来实现纵向财政均等化。横向政府间财政差距主要源于地
区间经济发展差距、资源禀赋差距和基本公共服务供给成本差异，这些都
需要通过转移支付制度来进行财政资源的再分配，实现横向财政均等化。
一是地区间经济发展水平差距导致了地方政府间财政能力差距，即使在相

---

　　① 谢芬、肖育才：《中国式分权、地方政府行为与基本公共服务均等化》，载《财政研究》
2013 年第 11 期。

同税收努力程度下，相对贫困地区无法提供与富裕地区均等化的基本公共服务，基本公共服务均等化必须要通过转移支付消除地区间财力的不均衡。二是资源禀赋差距也是地区间财政差距产生的重要原因，地方政府很容易利用自然资源的不可移动性取得税收收入，还可能将部分对资源的课税转嫁给其他地区居民，实现税负的输出，导致了地区间由于资源禀赋差距产生的财政能力差异，影响基本公共服务均等化的实现。财政均等化要求消除这种资源禀赋差距导致的财政能力差异，中央政府可以将自然资源财政收益全国化，然后通过转移支付制度进行再分配，平衡由于资源禀赋差距带来的财政差距，但在转移支付制度设计中如何测度地方政府真实的财政能力显得尤为关键①。三是基本公共服务供给中要素投入价格和生产能力的成本差异导致的财政差异，基本公共服务在供给过程中，由于不同地区基本公共服务投入要素的价格和基本公共服务的生产能力都不可能相同，这种差距会导致地方政府在基本公共服务供给中的成本不一样，不同地区或者同一地区的城乡之间实现基本公共服务均等化所需要的财政资源也不一样，这种财政差异也需要通过转移支付制度来补偿。

政府间财政均等化目标的实现要依赖于良好的转移支付制度，主要包括转移支付规模的稳定增长和结构不断优化两个方面。一方面，需要建立转移支付规模稳定增长机制，转移支付规模的扩大是现实政府间财政均等化的前提条件，根据中央政府财政收入增长情况和结合地方政府财政均等化现实需求，逐渐扩大政府间转移支付规模。与此同时，还应该规范政府间事权和财权的合理划分，完善地方税体系构建，形成地方政府稳定的收入来源，是保证政府间转移支付合理规范增长的基础。另一方面，转移支付结构的不断优化是实现财政均等化的基本保障，转移支付规模的增长并不一定就能实现财政均等化，不同类型的转移支付均等化的功能存在较大的差异，在转移支付制度设计时需要综合考虑政府各类政策目标来设定转移支付项目。目前我国转移支付主要有一般性转移支付和专项转移支付两大类，一般性转移支付主要功能是解决地区间财力差异，主要包括中央对地方的均衡性转移支付、民族地区转移支付、农村税费改革转移支付、县级基本财力补助和产粮大县奖励资金等纯财力性转移支付，在资金使用上地方政府具有自主权。地方政府间财政均等化主要依赖一般性转移支付实现，尽管一般性转移支付规模不断增长，但在转移支付中的比重还略显不

---

① 谷成：《基于财政均等华的政府间转移支付制度设计》，载《财贸经济》2010 年第 6 期。

足，导致转移支付的财政均等化效果不佳。专项转移支付是为实现特定政策目标的转移支付项目，特别是针对一些基本公共服务项目的专项转移支付有利于基本公共服务均等化，但现实中由于专项转移支付项目设置、资金分配和使用管理存在不规范不透明等问题，导致了其基本公共服务均等化的效果不佳，应该逐步规范专项转移支付的项目设置、资金分配和使用，从而实施更为精准、更有效率的政策引导和调控。另外，可以探索建立分类转移支付项目，将当前一些经费类、具有一定普惠性质的转移支付资金整合，探索划入分类转移支付，主要用于提供基本公共服务，具体可按照教育、文化、医疗卫生和社保就业等重点民生领域分别设置①。分类转移支付介于一般性转移支付和专项转移支付之间，资金使用限定领域但不规定具体项目，地方政府具有一定的自主权，资金分配也采用因素法，主要是对一般性转移支付的补充，可以通过分类转移支付将资金限定在基本公共服务领域，在一定程度上可以纠正地方政府财政支出的生产性偏向，有利于提高各地区基本公共服务均等化水平。

其次，转移支付应该激励地方政府增强基本公共服务供给的有效性。基本公共服务供给的有效性是指地方政府能够按照当地居民偏好提供合意的基本公共服务，地区间财力均等化保证了地方政府具有实现基本公共服务均等化的财政能力，最终能否实现基本公共服务均等化，还有赖于地方政府财政支出行为。也就是说，地方政府既要有均等化的财政能力，还要有提供基本公共服务供给的意愿。财政分权体制下，地方政府对转移支付资金使用拥有一定的财政自主权，地方政府会在自身偏好和当地居民需求偏好之间进行平衡。如果地方政府供给偏好与辖区居民需求偏好不一致，在"自上而下"的行政体制下，地方政府会将财政资金用于自身以及上级政府偏好的领域，导致了基本公共服务供给与当地居民需求不匹配，不合意的基本公共服务供给就是无效或者低效的。因此，转移支付制度应该激励地方政府增加基本公共服务供给的有效性，即根据本地居民对基本公共服务的需求偏好来提供，提高基本公共服务供给的合意性。一方面，需要建立居民参与基本公共服务供给决策的需求表达机制，让地方政府能够获得当地居民对基本公共服务的真实需求。另一方面，应该建立转移支付资金使用的问责机制，并且通过政府预算制度来约束地方政府支出行为，激励地方政府按照当地居民偏好来使用财政资金，增加基本公共服务供给的

---

① 刘士义：《财政转移支付制度的现实困境与改革路径研究》，载《财经问题研究》2018年第2期。

有效性。当然，还需要转变对地方政府政绩考核的评价指标，由注重经济增长指标转向经济和民生双重指标，并且赋予民生指标更大的权重以增进地方政府基本公共服务供给的意愿。

最后，转移支付激励地方政府提升基本公共服务供给效率。财政分权理论认为地方政府在公共产品供给上更具有效率，因为地方政府在公共产品供给上具有更充分的信息，能够以更低成本提供更高质量的公共产品。基本公共服务的供给效率是指地方政府在公共服务供给上的生产效率，即地方政府在公共服务供给过程中的财政努力，主要表现为地方政府在基本公共服务供给中有没有注重投入—产出的效率。地方政府如果获得了转移支付资金，但在资金使用中不注重效率，同样的财政资金用于基本公共服务供给，供给效率高低导致了提供的数量和质量存在较大差异，必然不利于甚至无法真正实现基本公共服务均等化。因此，转移支付还应该激励地方政府提升基本公共服务的供给效率，这就需要建立转移支付资金使用的绩效评价体系，构建转移支付资金使用的绩效评价指标和明确绩效评价方法，并且将转移支付资金使用绩效作为资金分配的重要依据。

转移支付制度的最终目标是实现基本公共服务均等化，但无论从理论还是实践上都表明，转移支付制度设计直接影响到地方政府行为，进而影响基本公共服务的供给数量、质量、结构和方式。针对中国目前地区间财政能力差距较大、地方政府行为存在一定偏向性、地方财政努力不足等多方面原因，导致了基本公共服务均等化水平严重不足，如何通过转移支付制度来缓解这些因素给基本公共服务供均等化带来的影响，是中央政府较为关切的问题。为了有效实现基本公共服务均等化，应该建立兼顾财政均等和财政激励的转移支付制度，并且建立转移支付资金使用的绩效评价体系和行政问责机制，通过转移支付资金分配、使用效率的提升，来激励和约束地方政府在基本公共服务供给过程中的行为。具体而言，在微观制度设计层面，应该建立转移支付资金使用绩效评价体系，将地方财政努力及支出绩效作为转移支付资金分配的重要依据，从源头上确保转移支付制度激励的有效性。在宏观设计层面上，一是要对转移支付结构进行调整，削减税收返还比重，加大一般性转移支付比重，二是要对转移支付地区配置结构进行调整，改变转移支付过度向东部地区倾斜的现状，实现转移支付资金在东、中、西部地区间大致均衡的配置①。

① 龚锋、卢洪友：《机会平等与转移支付》，载《财经问题研究》2010 年第 11 期。

第4章

财税体制改革与中国县级
财政转移支付制度

4.1 财税体制改革与中国财政
转移支付制度变迁

4.1.1 中国财政转移支付制度功能演变

财政转移支付制度是分级财政体制的重要组成部分，也逐渐成为现代财政制度的重要内容，是财政分权体制下理顺中央和地方政府间财政关系、实施国家治理和增强中央政府宏观调控的重要手段。改革开放之前，中国处于高度集中的计划经济时期，实行"统收统支"的财政管理体制，中央政府高度集中财力，地方政府按照中央的统一计划执行财政任务，这一阶段中央对地方的转移支付主要是以全额补助、包干补助和体制补助为主。改革开放以后，随着对市场经济体制改革的逐步探索，中国财政体制改革为了与市场经济体制改革相适应，进行了多次的调整，截至1994年分税制改革之前，政府间财政关系经历了多种形式的财政包干体制。1980～1984年实施"划分收支、分级包干"的财政管理体制，1985～1987年实施"划分税种、核定收支、分级包干"的财政管理体制，1988～1992年推行了"财政大包干"制度，并根据各地不同的财政经济情况，分别实行了"收入递增包干""总额分成""总额分成加增长分成""上解额递增包干""定额补助""定额上解"等6种不同的制度安排。这一时期中国财政转移支付主要采取总额分成、定额补助和专项拨款等形式，但总体来说，由于中央没有多余的财力进行转移支付，中国在分税制改革之前并没有建立一套完善规范的财政转移支付制度。

由于财政包干体制导致了中央和地方财政关系的不协调，主要是中央财力日渐薄弱，地方财政越来越充盈，由于中央政府财力不足，无法平衡地区间由于经济发展差距所带来的区域财政差距，并且中央政府的宏观调控能力严重不足，基于中国市场经济体制改革的需要，1994 年中国进行了分税制财政体制改革。中国分税制改革的主要目标是改变中央和地方政府之间财政格局和财政在国民经济中的地位，一方面是要提高财政收入占 GDP 的比重，另一方面是要提高中央财政收入在全国财政收入中的比重。为了实现这两个目标，分税制改革方案设计中，通过重新构建中国税收制度，提高税收收入在国民收入分配中的份额进而提高财政收入的比重，并将税收收入在中央政府和地方政府间进行划分，进而将财权上收来提高中央政府财政收入的比重。中国的分税制改革不规范不彻底，主要表现为财权上收的同时事权下放，中央财政收入在分税制之后大幅度增加，中央财政收入占全国财政收入的比重超过了 50%，但只负担了 1/4 左右的财政支出责任，导致了中央和地方纵向的事权和财权的不对称。为了解决分税制改革导致的纵向财政不平衡问题、区域经济发展不均衡导致的横向财政差距问题以及推动地区间区域经济协调发展，1995 年中国设立了过渡期转移支付制度，标志着中国建立现代财政转移支付制度的开始。

分税制改革后建立的转移支付制度，从广义角度来理解，最初主要包括税收返还、过渡期转移支付（2002 年改为"一般性转移支付"）、体制补助、结算补助和专项补助（又称为"专项转移支付"）。随着中国财政体制的不断调整，财政转移支付在财政体制中的作用越来越重要，其规模不断扩大，截至 2016 年中国财政转移支付规模达 52804 亿元，是 1994 年的 550 亿元的 96 倍。为了适应新形势的需要，财政转移支付制度目标、规模、结构和管理体制不断的演变，基于财政转移支付目标的转变，中国财政转移支付制度变迁主要分为三个阶段：

第一阶段为 1994~1999 年，分税制改革初期以政府间纵向财力均衡为主要目标。由于改革开放初期以"包干制"为主的财政体制弱化了中央财力，在 1992 年党的十四大确立社会主义市场经济体制改革的总目标基础上，1994 年进行了分税制财税体制改革，改革的核心是将更多财政收入集中到中央。为了获得地方政府对分税制改革的支持，以维持地方 1993

年既定利益为基础，建立了以税收返还和过渡期转移支付为主要内容的财政转移支付制度。1994～1999 年中国财政转移支付制度主要以税收返还和平衡财力的过渡期转移支付制度为主，转移支付制度的功能定位就是要实现分税改革导致的纵向政府间财力不均衡问题。这一阶段财政转移支付以税收返还为主导，转移支付资金规模是以保证地方政府既得利益为标准来确定，并且以税收返还作为平衡纵向政府间财力的主要手段。税收返还最初以 1993 年为基期，以 1993 年地方净上划中央数作为中央对地方税收返还基数，并对 1994 年以后实行增量返还的办法，1999 年之前税收返还在转移支付中所占比例一直在 50% 以上，成为最为主要的平衡纵向财政均衡的工具。由于税收返还更多的是保护经济发达地区的既得利益，导致了地区间财力不均衡，1995 年建立了具有均等化功能的过渡期转移支付，在不影响既得利益的情况下，中央政府从增量收入中划拨一部分资金转移支付给困难地区和民族地区补充其财力。过渡期转移支付的规模相对较小，其在转移支付中的比例由 1994 年的 8% 左右增加到 1999 年的 13% 左右，难以真正起到均衡地方政府间财力的作用。专项转移支付同样规模较小，并且具有逆周期特征，主要是中央政府用来进行宏观调控，主要目标不是均衡政府间财力。这一阶段中国转移支付规模由 1994 年的 2389 亿元增加到 1999 年的 4087 亿元，转移支付结构上，税收返还比重逐渐下降，一般性转移支付比重缓慢增长，但专项转移支付快速增长。

第二阶段为 2000～2007 年，中国转移支付以横向地方政府间财政均等化为主要目标。中国改革开放采取了地区优先发展战略，导致了中国地区间经济发展差距不断扩大，区域经济发展差距的持续扩大不利于经济可持续发展和社会稳定。1999 年十五届四中全会通过的《中共中央关于国有企业改革和发展若干重大问题的决定》将促进区域经济均衡发展作为重要的国家发展战略，并且提出了 2000 年开始正式实施西部大开发战略，中央将加大对中西部地区财政转移支付力度，这一时期中国转移支付的主要目标就是实现地区间财力均等化。由于中国财政体制的不断调整和改革，再加上转移支付目标的转变，这一阶段中国财政转移支付的规模和结构都发生了较大变化。一方面，转移支付规模大幅增加，建立了对中西部地区转移支付资金的稳定增长机制，主要是因为 2002 年实施的所得税分项改革，这次改革将属于地方收入的所得税在中央和地方政府间进行了五五分成，中央财政收入比重提高了 3 个百分点，中央政府承诺将所得税分项改革增加的收入全部划入一般性转移支付，用于对中西部地区的财力补充。根据相关数据，2004 年以来，中国对中西部地区转移支付逐渐增长，总规模从 2004 年的 10223 亿元增加到 2015 年的 55200 亿元。另一方面，转移支付结构也发生了较大变化，保护既得利益的税收返还大幅度下降，到 2007 年其比重下降到 20% 左右，一般性转移支付和专项转移支付持续增加，两类转移支付的占比从 1994 年的 48% 增加到 2007 年的 77%。但也可以看出，这一阶段专项转移支付相对一般性转移支付增加幅度更大，1999～2007 年专项转移支付总共增加了 8538 亿元，高于一般性转移支付和税收返还的增长规模，专项转移支付成为中央进行横向财政均衡的主要手段。另外，这一时期转移支付的管理体制也发生了较大变化，税收返还和一般性转移支付按照基数法和因素法进行资金分配，分配规则相对明确规范。由于专项转移支付规模越来越大，成为横向财力均衡的主要手段，资金分配方式也逐渐由以前分配遵循"地方申报—央地协商—领导批示"的非正式规则向正式规则过渡。2000 年财政部正式出台了《中央对地方专项拨款管理办法》，对专项转移支付的申请、审批、分配、使用以及执行和监督环节做了具体规定，通过规范化的管理制度减少专项转移支付对地方政府行为的扭曲作用。

第三阶段为 2007 年至今，转移支付主要目标为基本公共服务均等化。中国经济快速发展的同时，社会公共事业发展相对滞后，特别是基本公共服务在区域之间、城乡之间和群体之间非均等化程度较高，经济与社会发展不协调成为中国社会经济发展的主要矛盾。中央和各级政府也意识到基本公共服务非均等化问题的严重性，并制定了一系列相关政策来推动基本公共服务均等化的实现。2005 年十六届五中全会通过的《中共中央关于制定国民经济和社会发展第十一个五年规划的建议》，首次提出"按照公共服务均等化原则，加大对欠发达地区的支持力度"，党的十七大进一步提出了"围绕基本公共服务均等化和主体功能区建设，完善公共财政体制"。转移支付作为中央政府重要政策工具，其功能定位也相应发生了变化，由以均衡纵向和横向政府间财政均等为主要目标转向了以基本公共服务均等化为主要目标。随着转移支付制度目标和功能定位的转变，转移支付制度的规模、结构以及管理体制也发生较大变化。从转移支付规模来说，2007 年以来转移支付规模快速增长，2014 年出台的《国务院关于改革和完善中央对地方转移支付制度的意见》明确提出一般性转移支付占比要提高到 60% 以上的目标，其中一般性转移支付规模和比重大幅度提高。2007～2015 年间，我国一般性转移支付规模由 7093 亿元增加到 28475 亿元，增长了 301%，一般性转移支付占转移支付比重由 2007 年的 39% 提升到 2015 年的 52%。从转移支付结构来看，税收返还的比重持续下降，专项转移支付比重稳定上升，一般性转移支付比重快速增长。由于一般性转移支付相对专项转移支付而言，地方政府具有更大的自主权，有利于基本公共服务有效供给，一般性转移支付逐渐成为实现基本公共服务均等化的主要手段。从管理体制来看，中国转移支付制度从重资金分配向注重效率转变，如 2008 年调整了一般性转移支付分配公式，将按财政供养人口测算的支出改为按总人口来测算，突出了一般性转移支付的基本公共服务均等化功能定位。另外，在均衡性转移支付制度设计中，引入了激励约束机制，如增幅控制机制和奖励财政努力地区的激励机制等措施。专项转移支付的资金分配和使用也更注重效率，通过清理整合专项转移支付项目、取消竞争性领域专项转移支付等措施，规范了专项转移支付的资金分配，增强了其透明度，并逐步建立了专项转移支付的绩效评价制度。

4.1.2　中国财政转移支付类别演变与现状分析

分税制改革改变了原有的财政收入分配格局，并且从法律上明确了中央和地方税收分享的规则，在确保中央财政收入的基础上，减少了地方财政收入，为了有效推行分税制改革和保护地方既得利益，在分税制改革基础上，中国逐步建立起转移支付制度。2000 年以来，中央政府又对税收分享和税种进行了几次大的政策调整，结果是中央财政收入集中度提升，地方财政收入进一步被削弱，与此同时，中国转移支付制度结构也相应进行了变更。具体而言，1994 年分税制改革至今，收入分享改革与财政转移支付类别演变之间的关系，如表 4 - 1 所示①。1994 年分税制改革，在原体制补助基础上，增加了税收返还、增发国债补助和增加工资转移支付三个类别，1995 年引入了均衡地方财力差距的一般性转移支付，又称为过渡期转移支付，该类转移支付主要是给予财力缺口过大的地区一定的补助。2000 年开始的税费改革，将部分行政性收费转变为税收，取消了一些乱收费、乱罚款、乱摊派，降低了农业特产税税率和取消了屠宰税，并将大部

---

① 范子英：《中国的财政转移支付制度：目标、效果及遗留问题》，载《南方经济》2011 年第 6 期。

分预算外收入划归预算内,导致了基层政府收入来源大幅度下降。2001 年中央增设了农村税费改革转移支付项目,对除了北京、上海、天津、江苏、浙江、广东之外的省份给予补助。2004~2006 年在全国逐步取消农业税,导致了基层政府财力进一步缩减,中央为了解决县乡财政困难,设立了县乡奖补转移支付项目。除了与收入分享改革直接相关的这些转移支付类别外,1994 年以后还设立了民族地区转移支付和一些其他财力性转移支付,这些都属于一般性转移支付。与此同时,专项转移支付的规模和类别也在不断增加,专项转移支付类别主要是以社会保障、农林水利、教育、医疗卫生、科技、环保等方面的专项补助,主要目的立足于激励地方政府增加对地方公共服务的供给。

表 4-1　　　　　分税制改革以来的收入分享改革与转移支付改革关系

年份	1994 年前	1994 年	1995 年	2001 年	2002 年	2004~2006 年
收入改革	财政包干制	分税制	分税制	税费改革	所得税分享改革	取消农业税
新增转移支付项目	专项补助	税收返还	过渡期转移支付	民族地区转移支付(2000 年)	农村税费改革转移支付(2001 年)	县乡奖补转移支付
	定额补助	增发国债补助				
		增加工资转移支付				

资料来源:范子英:《中国的财政转移支付制度:目标、效果及遗留问题》,载《南方经济》2011 年第 6 期,第 71 页。

分税制以后,由于社会经济发展变化、中央政策目标变化以及规范转移支付制度需要等原因,中国转移支付的项目在不断地增加,同时转移支付项目的归类和名称也发生更替,这在一定程度上影响了转移支付在大类上的统计口径也存在差异。由于 2009 年财政部发布的《关于修订 2009 年转移性收支科目的通知》,中央财政对转移支付收支科目进行了重大调整。理解中国转移支付项目变更和现状,可以分为两个阶段:1994~2009 年和 2009 年以后。

第一阶段(1994~2009 年),中央对地方转移支付主要分为三大类,即税收返还、一般性转移支付和专项转移支付,但在此期间,三类转移支付名称、科目和规模都发生了一定程度的变化。

首先,税收返还在分税制改革初期主要是增值税和消费税返还,2002

年所得税分享改革后，增加了所得税基数返还。从规模上来看，1994 ~ 2009 年中央对地方"两税"返还累计达到 38091.11 亿元，中央对地方转移支付比重由 1994 年的 75.26% 下降到 2009 年的 11.93%，但由于税收返还不具有均等化功能，其规模相对其他类型转移支付还是相对较大，如表 4-2 所示。根据表 4-3 可知，2002 年实施所得税返还以来，累计返还数额达到 6923.60 亿元，中央对地方转移支付比重由 2002 年的 8.13% 下降到 2009 年的 3.17%。可见，无论是"两税"返还还是所得税返还，都体现出和经济发展水平正相关，经济越发达得到的税收返还数额越大，不利于实现均等化目标，这类转移支付随着时间推移，其规模应该越来越小甚至取消。

表 4-2 　　1994 ~ 2009 年"两税"返还规模及占中央对地方转移支付比重

年份	两税返还（亿元）	中央对地方转移支付（亿元）	比重（%）
1994	1798.00	2389.02	75.26
1995	1867.26	2534.06	74.08
1996	1948.64	2722.52	71.59
1997	2011.63	2856.67	70.42
1998	2082.76	3321.54	62.68
1999	2120.56	4086.61	51.91
2000	2206.54	4665.31	47.31
2001	2308.86	6001.95	38.47
2002	2409.60	7362.00	32.74
2003	2527.26	7958.54	61.75
2004	2711.49	10222.23	26.52
2005	2859.32	11120.07	25.71
2006	3027.81	13589.39	22.28
2007	3214.75	17325.12	18.55
2008	3371.97	22170.50	15.20
2009	3422.63	28695.37	11.93

资料来源：根据历年《中国财政年鉴》整理得出。

表 4-3　　　　2002～2009 年"所得税"返还规模及占中央对地方转移支付比重

年份	所得税返还（亿元）	中央对地方转移支付（亿元）	比重（%）
2002	597.21	7352.71	8.13
2003	898.01	8058.19	10.64
2004	898.01	10222.44	8.78
2005	898.01	11120.07	8.07
2006	902.41	13589.39	6.63
2007	906.27	17325.12	5.23
2008	910.19	22170.50	4.11
2009	910.19	28695.37	3.17

资料来源：根据历年《中国财政年鉴》整理得出。

其次，一般性转移支付无论是名称变更、科目变化还是规模变动都较为频繁。1995 年设立的财政转移支付取名为"过渡期财政转移支付"，2002 年所得税分享改革明确将中央收入增加的部分全部用于对贫困地区的转移支付，建立了一般性转移支付的稳定增长机制，将过渡期转移支付更名为"一般性转移支付"，原来一般性转移支付则更名为"财力性转移支付"。就具体类别而言，这一阶段财力性转移支付的内容也在不断增加，截至 2009 年，一般性转移支付主要包括一般性转移支付、民族地区转移支付、调整工资转移支付、农村税费改革转移支付和县乡财政奖补资金等[1]，其规模和区域分布如表 4-4～表 4-7 所示[2]。可以看出，财力性转移支付中的各个科目主要目标都是缩小地区间财力差距，区域分布主要是倾向于对中西部地区的转移支付，只是不同类别的功能定位和规模有所不同。在这些类别中，除了一般性转移支付没有规定明确用途外，其他很多类别都规定了使用方向，只是不像专项转移支付规定明确用途而已，有的学者认为这类转移支付兼具一般性转移支付和专项转移的特征，称其为分类转移支付。

---

① 李萍、许宏才：《中国政府间财政关系图解》，中国财政经济出版社 2006 年版。
② 胡德仁：《中国地区间财政均等化问题研究》，人民出版社 2011 年版。

表 4 - 4   1995 ~ 2009 年一般性转移支付规模及占中央对地方转移支付比重

年份	一般性转移支付（亿元）	中央对地方转移支付（亿元）	比重（%）
1995	20.71	2534.06	0.82
1996	34.65	2722.52	1.27
1997	50.21	2856.67	1.76
1998	60.54	3321.54	1.82
1999	75.29	4086.61	1.84
2000	85.45	4665.31	1.82
2001	138.16	6001.95	2.30
2002	279.04	7362.00	3.79
2003	380.32	7958.54	4.77
2004	745.03	10222.23	7.29
2005	1120.15	11120.07	10.07
2006	1529.85	13589.39	11.26
2007	2503.82	17325.12	14.45
2008	3510.51	22170.50	15.83
2009	3918.00	28695.37	13.65

资料来源：根据历年《地方财政运行分析》整理得出。

表 4 - 5   2000 ~ 2009 年民族地区转移支付规模及区域分布

年份	合计（亿元）	东部地区（亿元）	中部地区（亿元）	西部地区（亿元）	东部地区占比（%）	中部地区占比（%）	西部地区占比（%）
2000	25.53	0	0.56	24.97	0	2.19	97.81
2001	32.99	0	1.17	31.82	0	3.55	96.45
2002	39.05	0	1.58	37.47	0	4.04	95.96
2003	55.41	0	2.67	52.74	0	4.82	95.18
2004	76.87	0	4.16	72.72	0	5.41	94.59
2005	159.09	0	11.76	147.33	0	7.39	92.61
2006	155.63	1.58	16.11	137.93	1.02	10.35	88.63
2007	172.74	2.82	17.21	152.70	1.63	9.96	88.40

年份	合计（亿元）	东部地区（亿元）	中部地区（亿元）	西部地区（亿元）	东部地区占比（%）	中部地区占比（%）	西部地区占比（%）
2008	275.79	4.47	23.63	247.70	1.62	8.57	89.81
2009	275.88	4.47	23.72	247.70	1.62	8.60	89.78

资料来源：根据历年《地方财政运行分析》整理得出。

表 4 - 6　　　　1999 ~ 2009 年调整工资转移支付规模及区域分布

年份	合计（亿元）	东部地区（亿元）	中部地区（亿元）	西部地区（亿元）	东部地区占比（%）	中部地区占比（%）	西部地区占比（%）
1999	108.37	4.71	56.24	47.42	4.35	51.90	43.76
2000	216.98	9.66	112.48	94.84	4.45	51.84	43.71
2001	632.36	22.98	301.68	307.69	3.63	47.71	48.66
2002	816.77	28.51	402.08	386.18	3.49	49.23	47.28
2003	901.41	32.64	446.81	421.97	3.62	49.57	46.81
2004	993.54	36.77	493.71	463.06	3.70	49.69	46.61
2005	993.54	36.77	493.71	463.06	3.70	49.69	46.61
2006	1588.77	70.27	788.21	730.29	4.42	49.61	45.97
2007	2185.73	103.77	1080.33	1001.63	4.75	49.43	45.83
2008	2192.29	103.77	1080.33	1008.19	4.73	49.28	45.99
2009	2195.59	103.77	1080.33	1011.49	4.73	49.20	46.07

资料来源：根据历年《地方财政运行分析》整理得出。

表 4 - 7　　　　2000 ~ 2009 年农村税费改革转移支付规模及区域分布

年份	合计（亿元）	东部地区（亿元）	中部地区（亿元）	西部地区（亿元）	东部地区占比（%）	中部地区占比（%）	西部地区占比（%）
2000	11.00	0	11.00	0	0	100	0
2001	79.84	3.40	48.79	27.65	4.26	61.10	34.64
2002	245.07	22.13	132.89	90.05	9.03	54.23	36.74
2003	305.14	40.85	143.79	120.50	13.93	47.12	39.49
2004	523.29	82.47	279.63	161.19	15.76	53.44	30.80

续表

年份	合计（亿元）	东部地区（亿元）	中部地区（亿元）	西部地区（亿元）	东部地区占比（%）	中部地区占比（%）	西部地区占比（%）
2005	661.04	101.36	347.59	212.09	15.33	52.58	32.08
2006	751.30	115.28	402.36	233.66	15.34	53.55	31.10
2007	759.33	116.05	409.86	233.41	15.28	53.98	30.74
2008	762.54	115.95	413.11	233.48	15.21	54.18	30.62
2009	769.47	117.91	415.06	236.50	15.32	53.94	30.74

资料来源：根据历年《地方财政运行分析》整理得出。

最后，专项转移支付旨在实现中央特定目标，实行专款专用，其规模和具体项目经历了一个不断增长的过程。1994年分税制改革初期，专项转移支付项目较少数额也很小，随后项目逐年增加数额也不断增长，但1998年亚洲金融危机，中央实施积极财政政策和为了推进区域经济协调发展，专项转移支付规模和项目都迅速增加，成为转移支付规模最大的一个类别，如表4-8所示。从区域分布来看，早期的专项转移支付主要倾向于东部和中部地区，之后，东部地区专项转移支付比重持续下降，西部地区专项转移支付比重大幅度增加，如表4-9所示。总体来说，我国已经初步建立了一套比较完整的专项转移支付体系，专项转移支付在实现中央政府的政策意图、调控地方政府行为和促进基本公共服务均等化等方面发挥了重要作用。

表4-8 1994~2009年专项转移支付规模及占中央对地方转移支付比重

年份	专项转移支付（亿元）	中央对地方转移支付（亿元）	比重（%）
1994	361.00	2389.02	15.11
1995	374.73	2534.06	14.79
1996	488.80	2722.52	17.95
1997	515.90	2856.67	18.06
1998	889.45	3321.54	26.78
1999	1360.33	4086.61	33.29
2000	1647.74	4665.31	35.32

续表

年份	专项转移支付（亿元）	中央对地方转移支付（亿元）	比重（%）
2001	2203.53	6001.95	36.71
2002	2401.82	7362.00	32.62
2003	2391.72	7958.54	30.05
2004	3237.71	10222.23	31.67
2005	3647.00	11120.07	32.80
2006	4634.31	13589.39	34.10
2007	6186.89	17325.12	35.71
2008	9397.34	22170.50	42.39
2009	11754.88	28695.37	40.96

资料来源：根据历年《地方财政运行分析》整理得出。

表 4 - 9　　　　　　　　1995 ~ 2009 年专项转移支付的地区分布

年份	东部地区（%）	中部地区（%）	西部地区（%）
1995	30.91	40.76	28.33
1996	26.83	41.98	31.19
1997	25.30	41.11	33.58
1998	23.10	44.71	32.18
1999	22.69	45.25	32.06
2000	18.96	40.79	40.25
2001	17.89	39.24	42.86
2002	15.60	39.41	44.99
2003	17.41	43.53	39.06
2004	14.42	43.61	41.97
2005	16.50	42.68	40.82
2006	18.71	44.06	37.23
2007	17.54	43.54	38.92
2008	17.24	39.98	42.78
2009	16.96	39.35	43.69

资料来源：根据历年《地方财政运行分析》整理得出。

　　第二阶段（2009 年以后），在原有三大类别转移支付不变的情况下，对一般性转移支付和专项转移支付进行了科目的变更和调整。将原"一般性转移支付"改称为"均衡性转移支付"，将"财力性转移支付"改称为"一般性转移支付"，并且在"一般性转移支付"项目下面增设了"一般公共服务转移支付收入""公共安全转移支付收入""教育转移支付收入""社会保障和就业转移支付收入"等①，如表 4 – 10 所示。专项转移支付的科目名称没有变更，但新增设了一些项目，主要有"教育专项补助收入""科学技术专项补助收入""社会保障和就业专项补助收入""医疗卫生专项补助收入""环境保护专项补助收入""农林水事务专项补助收入"等，如表 4 – 10 所示。可见，2009 年以来，中央财政转移支付在名称和统计口径方面都发生了很大变化，对财政转移支付结构也会产生重要影响。

表 4 – 10　　　　2009 年中央对地方转移支付科目变动对比

科目编码			科目名称	
类	款	项	2008 年	2009 年
110			转移性收入	转移性收入
	01		返还性收入	返还性收入
		03		成品油价格和税费改革税收返还收入
	02		财力性转移支付收入	一般性转移支付收入
		02	一般性转移支付补助收入	均衡性转移支付收入
			农村义务教育补助收入	
		07	缓解县乡财政困难转移支付补助收入	县级基本财力保障机制奖补资金收入
		14		企业事业单位划转补助收入
		17		村级公益事业"一事一议"奖励资金收入
		18		工商部门停征两费转移支付收入
		19		一般公共服务转移支付收入
		20		公共安全转移支付收入

　　① 李万慧：《中国财政转移支付结构辨析及改革方向展望》，载《地方财政研究》2016 年第 11 期，第 49 页。

续表

科目编码			科目名称	
类	款	项	2008 年	2009 年
		21		教育转移支付收入
		22		社会保障和就业转移支付收入
		99	其他财力性转移支付收入	其他一般性转移支付收入
	03		专项转移支付收入	专项转移支付收入
			专项补助收入	
			专项上解收入	
		01		教育专项补助收入
		02		科学技术专项补助收入
		03		社会保障和就业专项补助收入
		04		医疗卫生专项补助收入
		05		环境保护专项补助收入
		06		农林水事务专项补助收入
		51		专项上解收入
		99		其他专项补助收入

资料来源：李万慧：《中国财政转移支付结构辨析及改革方向展望》，载《地方财政研究》2016 年第 11 期，第 49 页。

4.2　财税体制改革对中国县级财政影响

4.2.1　财税体制改革与县级财政制度变迁

县级政府在中国存续 2300 多年，是中国历史上最稳定的政府层级，说明其在中国政治稳定、经济繁荣和社会发展中具有不可替代的作用。中国自古就有"郡县治、天下安"的说法，县治对中国社会经济稳定和发展意义重大，财政是县治的基础，作为中国社会最基层的县级财政是联结国家和乡村的桥梁，县级政府的治理能力直接决定着老百姓是否安居乐业，社会稳定经济发展，政权就巩固。新中国成立以来，中国政治经济体制不断变革，由于县级政府在不同历史阶段承载着不同的政治经济使命，县级政府的治理模式以及县级财政体制也随之而变迁。基于中国财税体制改革的影响，我们将中国县级财政制度划分为四个阶段：

4.2.1.1 "统收统支、分级管理"财政体制下的县级财政制度（1953～1978 年）

新中国成立后，中国实行高度集中的财政体制，财政级次主要是中央、大行政区和省三级，县一级并没有建立独立的财政，而是将县级财政列入省级财政内。1953 中国进入第一个"五年计划"时期，新中国成立初期建立的高度集中财政管理体制已经无法适应社会经济发展的需要，需要扩大地方政府的财政权利。当年财政体制的一个重要突破就是取消了大行政区财政，成立了县级财政，同时全国财政级次调整为中央、省和县三级。县级财政建立初期，县级财政收支范围和管理权限非常有效，当时的县级财政整体非常薄弱。1958 年中央对地方财政实行放权改革，开始实施"以收定支、五年不变"的财政管理体制，县级财政管理权限有所扩大，并且有了明确的收入来源，县级收入主要包括地方固定收入、企业分成收入、调剂分成收入和中央专项拨款收入①，使得县级财政管理体制具有一定的稳定性。1959～1970 年间中央实行"总额分成、一年一变"的财政管理体制，这一时期县级财政管理体制基本没有大的变动。1971 年开始实施以下放财权为目的的"财政收支包干制"，即"定收定支，收支包干，保证上缴，节余留用，一年一定"的体制，这种绝对数额的包干制扩大了县级财政收支的范围，调动了基层政府的增收节支的积极性，但也造成了中央财政收入下降以及地方财力不均衡等问题。1975 年中央又提出了"收入按固定比例分成，超收部分另定分成比例，支出按指标包干"的财政管理体制，这种体制对于财政收入不稳定下保证县级财政的必要支出有很好的作用，但由于收支不挂钩，不利于调动地方积极性，只是作为一种过渡性的财政体制。1976～1979 年中央又实行"收支挂钩、总额分成"的财政体制，但保留了县级财政在固定比例分成时的既得利益。总体而言，改革开放之前，县级财政体制基本上是比照中央对地方的财政体制，实行高度集中的财政管理体制，县级财政一直比较薄弱。

---

① 侯一麟、王有强：《中国县级财政研究》，商务印书馆 2011 年版。

4.2.1.2　"财政包干"体制下的县级财政制度（1979～1993 年）

1978 年十一届三中全会开启了中国改革开放的历程，确立改革的方向为"有计划的商品经济"，经济分权改革是改革开放的核心。为了激励地方政府发展经济，中央对地方实施了财政分权体制改革，中国的财政体制也随之发生变革。这一时期的财政体制主要是"财政包干制"，但经历了三个阶段的体制调整，县级财政制度也呈现相应的特征。第一阶段，1979～1983 年实行"分级包干"的财政体制，根据中国经济体制改革的精神，1980 年中央开始实施"划分收支、分级包干"的财政体制，主要内容是年初核定各市、县的年度财政收支指标，实行收支挂钩，确定收入分成办法，收入大于支出的按比例上缴，收入小于支出的，差额部分由中央从工商税收中按一定比例进行调剂。省以下的财政体制也是按照中央的规则进行相应改革，县级财政制度也是实行"划分收支、分级包干"的体制，这次财政体制改革是遵循事权与财权统一的原则设计，承认了地方政府的独立利益和地位，标志着中国开始走向分级财政体制①。第二阶段，1983～1987 年实施"划分税种、分级包干"的财政体制，这次财政体制改革进一步推进了财政分权改革，按照国家的统一部署，各地结合实际情况，从 1985 年起全国大部分省份对市、县也逐层实行了这种财政包干办法。从收入划分来看，县级财政固定收入包括城市维护建设税、税收税款滞纳金、税收罚款收入等；县级财政分成收入包括工商税收、县所属各类国营和集体企业所得税、农牧业税、调节税、利润、计划亏损补贴和承包收入退库等。从支出范围来看，县级财政支出包括基本建设支出、企业挖潜改造资金、支援农村生产支出、农林水利、城市维护建设费、文教科学卫生等事业、优抚和社会救济费、行政管理费、公检法司支出、其他支出等。第三阶段，1988～1993 年实施"财政包干"的财政体制，1988 年中央政府又对财政体制进行了调整，主要内容为在全国 39 个省级单位和计划单列市分别实行了收入递增包干、总额分成包干、总额分成加增长分成、上解额递增包干、定额上解、定额补助 6 种不同的财政包干体制。省以下的财政体制则是由各省与所属的县级政府采取逐个谈判、逐个落实的办法，县级财政体制也随着呈现财政包干体制的特征。这种包干制由于采取基数法，

---

① 阎坤：《中国县乡财政体制研究》，经济科学出版社 2006 年版。

片面地强调了地方利益，并且包干制还存在讨价还价、地方政府机会主义和道德风险问题，长期延续会导致地方财政苦乐不均的问题。

4.2.1.3 分税制改革后的县级财政制度（1994～2002年）

1994年分税制改革在中国财政体制改革历程上具有里程碑意义，从制度上规范了中央与省级政府的财政关系，提高了中央财政收入比重，确立了中央财政的主导地位。由于分税制改革只是确立了中央与省级政府之间的财政管理体制，并没有明确规范省以下的财政管理体制，各省则比照中央对省的财政管理体制来对省以下财政管理体制进行调整，重点是收入划分、支出划分与转移支付等方面。从收入划分来看，受经济发展水平和产业结构差异的影响，省以下政府间收入划分形式多样，其按税种分成和总额分成是最具代表性的形式，其中28个省份采取了按税种分税的方式，只有江苏、浙江和福建三个省份采取了总额分成的方式。按税种划分又有几种情况：一是收入稳定且规模大的税种由省、市、县共享，如营业税、城镇土地使用税、企业所得税和个人所得税等；二是收入较少的税种由县独享，如资源税、房产税、车船税、耕地占用税、土地增值税等；三是部分省市在按照以上两种方式划分收入的同时，规定主要行业或支柱产业的税收收入由省级独享。总额分成主要是共享税办法，不同省份也存在差异，主要有三种类型：一是按比例分享，全国有15个省采取这种方式划分省与市、县共享收入，划分比例有"五五""四六""三七"等，多数省份分享比例低于市县，体现了财力向下倾斜的原则；二是按隶属关系划分，主要是上海、浙江、安徽、江西等省份采取这种划分方式；三是按比例和按隶属关系交叉划分，主要是内蒙古、福建、湖南、广东、云南、贵州、西藏、青海、宁夏、新疆等12省采取这种方式。从支出划分来看，县级财政承担的事务主要包括本级行政管理费、农林水利部门事业费、城市维护建设费、抚恤和社会福利救济、专项支出等。总体上来说，中国的分税制改革确立了与市场经济体制相适应的财政管理体制，但由于分税制改革的不规范不彻底，主要表现为政府间财政关系中的财权上收和事权下移，作为基层的县级财政的财力被严重削弱。由于财政支出增长过快，县级财政难以支撑地方经济建设和事业发展，县级财政困难成为分税制改革以后县级财政的突出问题，有学者根据县级财政困难程度的差别，将县级财政分为"吃饭型财政""要饭型财政""穷困潦倒型财政"三类[1]。

4.2.1.4　农村税费改革以来的县级财政制度（2003 年至今）

1994 年分税制改革导致了县级财政收支严重的不平衡，县级政府通过正常税收之外的渠道来获取收入，其中主要是通过各类收费、罚款、摊派等方式取得收入。县级政府的税费乱象导致了基层居民特别是农村居民税费负担过重，不利于农村发展和农民收入增长，农民负担过重已经成为当时社会的主要矛盾。如何减轻农民负担成为当时财政体制改革的重要任务，2000 年 3 月国务院出台了《关于进行农村税费改革试点工作的通知》，在安徽全省进行改革试点，2001 年在江苏进行改革试点，2002 年又扩大到河北、内蒙古、黑龙江、吉林等 16 省份，2003 年国务院下放了《关于全面推进农村税费改革试点工作的意见》，农村税费改革在全国推行。农村税费改革具体措施概括为"三个取消、一个逐步取消、两个调整、一项改革"。"三个取消"是指取消乡统筹、农村教育集资等行政事业性收费和政府基金、集资以及屠宰税；"一个逐步取消"是指用三年时间逐步取消统一规定的劳动积累工和义务工制度；"两个调整"是指调整现行农业税政策和农业特产税政策；"一项改革"是指改革村提留征收使用办法[2]。随后，2004 年中央政府在农村税费改革基础上，又推进了取消农业税的改革，2006 年全国全面取消了农业税并将降低了农牧业税税率，宣告中国几千年"皇粮国税"历史的终结。农业税的取消是我国财税体制的一次重要变革，对于农业税作为重要收入来源的县级财政而言，农业税的取消直接影响其财政收入进一步的削减，从而加重了县乡财政困难。由于农村税费改革和取消农业税进一步削减了财政收入，县级财政缺口进一步扩大，为了弥补县级财政困难，中央专门设立了农村税费改革转移支付、增加工资转移支付和针对民族地区转移支付等专项转移支付，并且在 2002 年所得税分享改革中，将中央增加的收入全部用于对落后地区以及基层政府的一般性转移支付，扩大了县级政府对转移支付的依赖程度。县级财政转移支付成为县级财政重要收入来源，但由于中央对县级的财政转移支付需要通过省和市两级政府，在省以下财政体制不规范的情况下，省和市通常会根据自身需要来对县级转移支付进行截留，导致了县级政府真正

---

[1]　宋童文、邱旭东：《关于缓解县级财政困难的思考》，载《财经政法资讯》2008 年第 1 期。

[2]　徐琰超、杨龙见、尹恒：《农村税费改革与村庄公共物品供给》，载《中国农村经济》2015 年第 1 期。

获得的转移支付资金大打折扣。为了规范省以下财政管理体制，对省以下政府间财政关系进行重新调整，2002 年以来财政部开始在全国部分省份推行"省直管县"的财政体制改革，截至 2009 年全国已有 22 各省份开展了"省直管县"改革，在这期间也对县乡财政关系进行了调整，在部分地区推行了"乡财县管"的财政体制改革。

从新中国成立后的"统收统支"财政体制—改革开放初期的"财政包干制"—分税制改革—农村税费改革和取消农业税，中国财税体制的变革对县级财政体制产生深刻影响，是中国当前县级财政制度形成的制度因素，也是中国县级财政制度存在问题的根源。具体而言，当前中国县级财政制度存在的主要问题有以下几个方面：一是县级财政收入方面的问题，主要表现为财政收入不足（财政自给率较低）、财政收入结构不合理（非税收入占比过高）、财政收入不平衡等方面；二是县级财政支出方面的问题，主要包括财政支出增长过快（财政供养人口过多和行政管理费支出增长过快是主要原因）、财权事权不匹配（分税制改革和财税体制改革是主要原因）；三是县级财政转移支付制度的问题，主要表现为对县级财政转移支付规模有限、转移支付结构不合理；四是县级财政的债务问题，主要表现为县级政府债务规模庞大、种类繁多、结构复杂、或有债务问题突出，县级财政风险较大；五是县级财政基本公共服务供给的问题，主要表现为基本公共服务供给规模、结构与当地居民需求的偏离，县级财政支出存在生产性偏向[①]。

4.2.2　中国县级财政困难与财政体制创新

中国 70% 的人口生活在县级区域，县级政府承载着中国大多数人口的社会经济生活方面的公共需求，县级政府财政支出责任大，以支出总量衡量，40% 以上的财政支出由县乡两级政府提供，但县级财政收入能力薄弱，县级财政困难一直是县级财政最为突出的问题。一方面，1994 年分税制改革重新界定了中央与地方之间的财权和事权范围，改革的着眼点是增加中央财力，财权上收同时中央的事权却并没有上收，省以下的财政管理体制也比照中央与省的做法，最后导致了财权层层上收和事权层层下放，地方政府特别是基层的县级政府财权事权不匹配程度较大，随后的财税体

---

① 尹恒、朱虹：《县级财政生产性支出偏向》，载《中国社会科学》2011 年第 1 期。

制改革也延续了分税制改革的特征，县级财政收支缺口持续扩大。另一方面，县域经济发展相对滞后、产业结构不合理、城乡二元经济结构等因素导致了县级财政自给率降低，在财政支出不断增长的情况下，县级财政捉襟见肘。具体而言，中国县级财政困难主要表现在以下几个方面：

一是县级财政自给率低，财源建设后劲不足。财政自给率是各级政府负责征收收入与本级支出的比值，是反映政府财政状况的重要指标，是政府组织的本级收入对支出的满足程度。中国县级财政自给率一直较低，在分税制改革之前接近 1.0，之后滑落到 0.4 ~ 0.5①，是中国五级政府中财政自给率最低的。另外，由于县级财政收入中税收收入大部分都集中到上级政府，县级财政税收收入非常有限，更多依赖的是非税收入，导致财源建设后劲不足，不能有效提升财政自给率。随后的农村税费改革、取消农业税等政策改革，进一步弱化了县级财政自给率，县级财政自给率水平持续下降加深了县级财政困难。当然，由于县域经济发展的差异，不同地区县级财政自给率也存在较大差异，越是落后地区县级财政自给率越低，县级财政困难程度越大。

二是县级财政赤字严重，存在大量应付未付款项。县级财政收入低，但财政支出项目繁多，财政收支缺口较大，存在大量的应付未付款项，财政赤字严重，财政赤字面高达 40%。县级政府受财力制约，保工资、保运转能力不足，工资性支出经常出现缺口，拖欠公务员和教师工资成为普遍现象，正常的办公经费被严重压缩，一些县还存在拖欠水电费、汽油费等现象。另外，由于财政收支矛盾突出，保工资和保运转压力下，大量财政资金用于"吃饭财政"，挤占挪用了经济建设和社会事业发展的财政资金，出现了大量的"豆腐渣"工程，严重影响了县域经济和社会事业发展，也不利于基层政权的稳定。

三是县级政府财政风险突出。县级财政由于历史积累和现实需要，债务种类繁多、规模较大，并且呈现负债问题严重化、隐性负债显性化、或有负债直接化并存发展的特征②。县级政府债务结构复杂，主要包括向国外政府和国际金融组织的借款、国债转贷资金还款债务、专项资金配套形成的债务、财政周转金还款债务、基层金融机构治理整顿中形成的清兑债

---

① 刘佳、马亮、吴建南：《省直管县改革与县级政府财政解困》，载《公共管理学报》2011 年第 7 期。

② 金兆怀、张友详：《县级财政困难的成因及对策分析——以山东省烟台市县级财政状况为例》，载《财政研究》2006 年第 9 期。

务等，由于县级财政增收乏力，大多数债务无法清偿，导致了县级政府财政风险突出。另外，一些县级政府财政空转现象和"空壳"化严重，财政潜在和隐性风险较大。一方面，将预算外收入通过"调入资金"强行纳入预算内，或将以实现的支出转入"暂付款"等虚减支出，通过技术处理达到财政收支平衡掩盖财政赤字；另一方面，通过税收征管虚增财政收入①。

县级财政困难的表现形式多样，其原因也较为复杂，有历史性原因、经济性原因、体制性原因。首先，长期以来中国实行的"重工抑农""重城轻乡"的非均衡发展战略，从农业抽取大量剩余严重影响了农业的自身积累和发展，是县级财政困难的历史原因②。新中国成立后，中国选择了"优先发展重工业"战略，为了给工业发展积累资本，政府利用行政手段将城乡分开，并且以牺牲农业发展和农民利益为代价，将农村剩余转移到工业和城市。中国长期以来的城乡二元经济结构，严重制约了农村和农业发展，县级政府作为最基层政府直接面向广大农村和农民，大多数县级财政主要收入来源于农业，势必造成财政困难。其次，财源基础薄弱与财源建设不利，导致县级财政收入增长乏力，是县级财政困难的经济因素。大多数县域经济发展过度依赖第一产业，第二、第三产业比重过低，并且产业结构层次低。由于第一产业增长空间有限，再加上 20 世纪 80 年代快速发展的乡镇企业的衰败，大多数县属于"靠天吃饭"的农业型财政，县级财政收入的财源基础薄弱，导致了县级财政基础不稳固。另外，县级财政的财源建设没有出现较大突破，由于受到资金、技术、经营方式等因素的制约，县级区域产业结构调整难度较大，再加上基层政府对投资周期长、见效慢的财源项目不感兴趣，导致了县级财政财源的不可持续性。最后，分税制改革所形成的财政管理体制是县级财政困难的制度性因素，也是当前县级财政困难的深层根源。分税制改革以来，财权层层上收、事权逐级下放、财政体制随意变动、上级政府对县级的干扰等多重因素，这种体制不顺是中国县级财政困难的根本原因。具体而言，现行财政体制对县级财政困难的影响又以下几个方面：一是财权划分模式与事权划分模式的不对称，导致县级政府事权、财权、财力的脱节。分税制改革是建立在不合理政府间事权划分基础上，中央将事权下放到省级政府，省级以下事权也是逐层下放，而财权逐层上收，县级财政事权与财权严重的不匹配，是县级财政困难最主要的体制诱因。二是财政体制变动随意性大，增加了县级财

---

① 马海涛、李霁：《县级财政的现状与创新》，载《河北经贸大学学报》2004 年第 3 期。

② 陶勇：《中国县级财政的困境与出路》，载《甘肃行政学院学报》2009 年第 2 期。

政的不稳定，影响了县级财政收支的平衡性。上级政府具有财政体制调整的决定权，上级政府出于自身利益来调整相应的财政体制，将支出责任下移并且财权上收，加剧了县级财政困难。三是转移支付制度的不规范对县级政府财力补偿不够。现行转移支付中具有均等化效应的一般性转移支付规模较小，保护既得利益的税收返还和专项转移支付比重较大，对县级政府财力补偿不够。另外，中央对县级转移支付是层层下拨，由于中国政府层级更多，省和市级政府对县级转移支付的截留现象严重，导致了县级政府真正获得转移支付资金非常有限，不利于缓解县级财政困难。

无论什么原因导致县级财政困难，中国县级财政困难已经严重影响县级政府运转和治理能力，也危及到基层政府政权的稳定，化解县级财政困难成为当前迫切需要解决的问题。县级财政困难根源性因素是财政体制的不规范，近年来，从中央到各级政府通过财政体制创新来化解县级财政困难，不断推进县级财政体制改革。具体而言，县级财政体制创新主要有：

一是省以下财政管理体制创新，即"省直管县"财政体制改革。"省直管县"财政体制是指省级财政直接管理县（市）级财政，地方政府间在事权和支出责任、收入划分以及转移支付等方面，都由省级财政直接对县（市）级财政。根据各省"省直管县"财政体制改革的实践，基本上遵循维护现行利益分配格局、共同支持县域经济发展、坚持权责统一的原则。从改革实践经验来看，"省直管县"财政体制创新取得了明显成效，主要表现为有利于发挥省级财政在辖区内对财力差异的调控来帮助困难县解决财政困难、有利于减少财政管理级次并降低行政成本、有利于避免地级市财政截留和挤占县级财政资金、有利于实现城乡共同发展。

二是基层财政内部体制创新，即"乡财县管"。"乡财县管"是以乡镇为独立核算主体，由县级财政部门直接管理并监督乡镇财政收支，实行县乡"预算共编、账户统设、集中收支、采购同办、票据统管"的财政管理方式①。"乡财县管"财政管理体制改革的目的是缓解乡镇财政困难，加强乡镇财政收支管理，规范乡镇财政支出行为，强化财政监督职能。通过"乡财县管"的财政体制创新，坚持"三权"不变的前提下，实施综合财政预算，集中和加强了乡镇收入管理，控制和约束了乡镇支出需求，统一和规范了乡镇财务核算，遏制和缩减了乡镇债务规模。通过乡镇财政

---

① 侯一麟、王有强：《中国县级财政研究》，商务印书馆 2011 年版。

管理方式的改革，堵塞了收入截留、流失和支出挪用、浪费的漏洞，提高了县乡财政管理水平，也在一定程度上缓解了乡镇财政困难。

三是中央对县乡财政体制的调整，即"三奖一补"政策。"三奖一补"是中央力图专门安排资金逐步缓解县乡财政困难的政策，第一个"奖"是对财政困难的县政府增加税收收入和省市级财政增加对困难县财力性转移支付的给予奖励，第二个"奖"是对县乡政府精简机构和人员的给予奖励，第三个"奖"是对产粮大县给予奖励，"一补"是对以前缓解县乡困难工作做得好的地区给予补助。"三奖一补"加强了中央财政与县乡财政之间的信息沟通，并且在转移支付制度中通过"以奖代补"政策建立激励约束机制，在基层解困中形成五级财政的良性互动，充分调动基层财政的积极性，并且避免涉及财政转移支付资金分配和使用上的"寻租行为"和"道德风险"①。

4.3 财税体制改革背景下中国县级财政转移支付制度：基于财力与支出责任的分析

4.3.1 财税体制改革背景下中国县级财政转移支付演进

中国县级政府作为基层政府直接面对辖区居民，承担着向当地居民提供基本公共服务的职责，县级政府职责的履行需要相应的财权和财力予以支撑，但中国县级财政困难严重制约了县级政府职责的履行，县级政府职能无法实现又影响到社会经济稳定。为了保证县级政府基本职能的实现，上级政府针对县级政府财政困难进行了转移支付，转移支付成为很多县级政府的重要收入来源，在有的贫困地区县级财政 70% 以上的财政收入都依赖转移支付，转移支付直接影响着县级政府的财政能力及支出责任的履行。中国的县级财政转移支付始于 1994 年分税制改革建立的转移支付制度，分税制改革确立了中央对省的财政收入分配制度，各省又据此来制定省内的财政收入分配制度，中国县级财政转移支付需要通过中央—省—市（地级市）—县（市），在这种资金核算体系下，中央、省和市三级政府

---

① 马昊、庞力：《中国县级财政制度的历史变迁与改革思路》，载《湖南师范大学社会科学学报》2010 年第 5 期。

都不同程度地影响着中国县级财政转移支付。

中国县级财政转移支付制度由于受到中央对省和省以下的财政管理体制影响，表现为两个层面，即中央对县级财政转移支付和省以下的县级财政转移支付。由于分税制改革导致了地方各层级政府的财权和事权不匹配，在政治和行政管理体制下，上级政府往往会对下级政府的财权和财力进行再分配，对于最基层的县级财政而言，其财权被上收的同时中央对县级转移支付还往往被截留。也就是说，中国县级财政转移支付主要来源于中央对县级的转移支付，大多数省和市对县级转移支付只是对中央转移支付的二次分配①。当然，也有部分省份的省级或市级政府除了中央对县级财政转移支付外，动用自身的财力对县级财政进行转移支付，主要是经济发达地区，省级或市级政府财力充沛。可见，不同省份县级财政转移支付存在一定的差异，一般来说，经济发达地区县级财政转移支付资金来源包括中央对县和省或市对县级转移支付，但经济欠发达地区县级财政转移支付资金主要来源于中央对县级转移支付，并且中央对县级财政转移支付还存在被省和市截留的情况，县级政府获得的中央转移支付资金会被压缩。

中国县级转移支付承载着缓解县级财政困难，保证县级政府运转的同时，实现基本公共服务均等化的重要作用，但在不同时代背景下县级财政转移支付会随着国家社会经济体制改革目标的变动而演变。中国县级财政转移支付是在不断演变过程中完善，目前中国针对县级政府的转移支付主要有均衡财力的转移支付和专项转移支付两大类，具体项目如下：

一是原体制补助和税收返还。原体制补助是分税制改革以前所形成的对县级转移支付，属于固定值，税收返还是分税制改革以后作为配套措施建立的，主要包括"增值税和消费税"返还、所得税基数返还和出口退税基数返还，税收返还具有保护既得利益和激励性质。

二是均衡性转移支付。分税制改革将财力集中到中央，地方政府特别是基层的县级政府出现了财力被严重削弱，为了纵向财政均衡，中央在1995 年建立过渡期转移支付。2002 年所得税收入分享改革以后建立了均衡财力的转移支付稳定增长机制，便将过渡期转账支付更名为一般性转移支付，2009 年由于财政部对转移支付收入科目进行大的调整，又将一般性转移支付更名为均衡性转移支付。均衡性转移支付采用"因素法"，通过

---

① 王广庆、王有强：《县级财政转移支付变迁：制度与分配》，载《经济学家》2010 年第12 期。

标准公式来测算地方标准财政收支缺口，作为转移支付资金分配的依据。中央对省级政府有规范的转移支付公式，省对县均衡性转移支付的测算则是由各省自行确定，目前尚未形成一套规范统一的制度，许多省份都是借鉴中央对省均衡性转移支付的测算方法，有的省份甚至直接以"基数法"对均衡性转移支付进行资金分配①。

三是调整工资转移支付。受 1998 年亚洲金融危机影响，中国经济增长放缓，针对中国长期内需不足问题，中央出台了提高居民收入的一系列政策，其中通过增加财政供养人员工资和离退休费来增加行政事业单位人员收入。对于财政困难的县级政府来说，财政供养人员工资占据财政支出的大部分，工资的调整进一步造成县级财政负担的加重。为了缓解调整工资导致的财政负担，中央制定了调整工资转移支付，主要是对财政困难的老工业基地和经济落后的中西部地区，针对县级政府的调整工资转移支付，一部分来源于中央政府，一部分来源于省或市的配套补助。沿海经济发达地区，如广东、浙江、上海、江苏等地，县级政府调整工资增加的财政负担，主要来源于省或市的转移支付，中央则不进行转移支付。也就是说，经济发达地区对县级的调整工资转移支付主要是省或市对县的转移支付，其他地区则是中央对县和省或市对县转移支付共同负担。

四是民族地区转移支付。基于民族区域自治的要求和配合西部大开发需要，为了解决民族地区的财政困难，2000 年以来中央对 5 个民族自治区和非民族自治区的民族自治州实行了专门的民族地区转移支付。该类转移支付主要目的是增加民族地区财力，是一种无条件的转移支付，2006 年将民族地区转移支付政策由省和州扩大到了全国所有的民族自治县。最初，民族地区转移支付规模非常小，只有 10 亿元，后来将其转移支付资金规模与全国上划中央的增值税和递增率以及民族地区上划中央的增值税递增率相挂钩，才形成了稳定的资金来源增长机制，其规模逐渐稳定增长，有效的增加了民族地区财力。

五是农村税费改革转移支付。农村税费改革是解决"三农"问题的重要政策措施，重要目标的是针对农村税费混乱的问题，通过规范税费制度来减轻农民负担，并同时推进基层政府转变职能、精简机制，促进农村经济发展。但农村税费改革进一步缩减了县乡政府财政收入，扩大了县乡财政收支缺口，农村税费改革转移支付旨在弥补这一缺口。具体措施是，针

---

① 伏润民、王卫昆、常斌、缪小林：《我国规范的省对县（市）均衡性转移支付制度研究》，载《经济学季刊》2010 年第 12 期。

对 2001 年以来各地相继实施的农民减负政策导致的地方净收入的减少，中央转移支付给予适当补助，并将该补助全国核算到县级政府。另外，针对 2004 ～ 2006 年由于农业税取消导致的县级财政大幅减收，中央给予粮食主产区和中西部地区的补助也主要来源于该类转移支付，不过沿海发达地区的县级政府减收由其自行解决。

六是"三奖一补"转移支付。针对分税制改革中事权和财权调整的不匹配导致了县乡财政困难，对县级政府运转和基本公共服务供给的严重影响，2005 年中央出台了以缓解县乡财政困难为主要目的的"三奖一补"转移支付。该类转移支付主要是一种具有激励性质的转移支付政策，奖励增加税收收入的财政困难县和奖励增加对困难县财力性转移支付的省或市、奖励精简机构和人员的县乡政府、奖励产粮大县，并对以前缓解县乡财政困难做得好的地区给予补助。可见，"三奖一补"转移支付主要是中央针对县级政府的转移支付，其目标是在缓解县乡财政困难的同时，建立对地方政府的激励机制。

七是专项转移支付。专项转移支付是与均衡财力转移至相对应的一类转移支付，其资金分配主要是以项目为依托，一个项目一个办法，县级专项转移支付项目多、内容繁杂，资金来源包括中央、省或市的专项转移支付。具体而言，县级专项转移支付主要有基础设施建设、天然林保护工程、退耕还林还草工程、贫困地区义务教育等社会经济发展项目等。但由于我国专项转移支付不规范、不透明，且存在利益分化等问题，其资金分配随意性较大且分割到不同的部委，"跑部钱进"成为专项转移支付资金分配中一个独特现象，中国很多县级政府为了获得专项转移支付，设立"驻京办"来进行公关。另外，专项转移支付在资金管理和使用上缺乏有效的监督、约束和效益评价，在县级财政普遍困难的情况下，专项转移支付资金被挤占、挪用现象较为严重，资金使用效率较低。

中央对县级财政转移支付是全国统一政策措施，相对比较稳定和规范，但是由于中央对县级财政转移支付需要通过省和市逐层转移到县级政府，县级财政转移支付会在很大程度受到省和市对县转移支付制度和财政管理制度的影响。现实中，各省或市对县级财政转移支付在资金分配方式、核算方法以及激励机制方面都存在一定程度差异，主要有三个方面：一是财政管理体制差异对县级财政转移支付的影响。目前，中国省以下的财政体制有"省—市—县"管理体制和"省直管县"管理体制，实行"省—市—县"管理体制的省份，县级财政转移支付必须要经过市级财政，实行"省直管县"管理体制的省份，县级财政转移支付由省直接核定到县，市对县级的财政补贴有的直接由市对县，有的则需要绕道到省再补贴给县。二是转移支付资金分配方法差异对县级财政转移支付的影响。分税制改革初期建立的转移支付制度，以税收返还和原体制补助为主，主要采取"基数法"，省以下对县级财政的税收返还和原体制补助也采取的"基数法"，各省并没有太大区别。随后建立的均有均等化性质的转移支付，中央对地方采用"因素法"，并建立了地方财政收支的测算公式，但具体到省对县级均等化转移支付的资金分配方式和核算方法就存在差异。一方面，大多数省份在对县级的均等化转移支付采用"因数法"，但在测算时考虑的客观因素、政策因素等存在差异，并且对不同因素给予的权重也不一样。另一方面，有的省份则仍然采用"基数法"对县级财政转移支付进行资金分配与核算。不过，随着财政转移支付制度运行中经验积累和对转移支付均等化效应的要求，中国均等化转移支付的资金分配方式与核算方式，逐步向规范、科学和透明的方向改革，县级财政转移支付的资金分配、核算也越来越科学规范。三是财政转移支付的激励机制差异。各省在对县级财政转移支付制度设计时，很多省份兼顾了激励问题，大多数省份将对县级转移支付与县级财政收入增长挂钩，财政收入增长越快给省上缴越多，省对县级转移支付就越多，如江西、广东、安徽等省份。还有一些省份将对县级转移支付与县级财政收支平衡挂钩，其中以浙江省的"两保两挂"机制为典型[①]。另外，有一些省份在对县级转移支付制度设计中设置了一些奖惩办法，来激励和约束县级财政收支行为，如吉林和湖南在确定转移支付系数时考虑县级政府对财政供养人口的控制、山东则制定了省内的"三奖一补"的激励办法。

4.3.2　中国县级财政转移支付制度：基于财力与支出责任匹配的分析

党的十八届三中全会提出了"财政是国家治理的基础和重要支柱"，财政也是国家治理体系和治理能力现代化的重要保障，这就要求各级地方政府具备必要的财政能力。中国县级政府作为基层政府，具有直接向辖区居民提供公共产品的基本职能，县级政府在国家治理中具有基础性地位和

---

① 王广庆、王有强：《县级财政转移支付变迁：制度与分配》，载《经济学家》2010 年第 12 期。

特殊作用，赋予县级政府履行职责的基本财力，是县级政府有效履行其基本职能的前提和基础。如前所述，中国县级财政困难是当前县级财政中最为突出的问题，针对县级财力不足的问题，中央和各级地方政府制定了一系列促进县级政府基本财力保障的政策和措施，如 2010 年财政部发布了《财政部关于建立和完善县级基本财力保障机制的意见》，该机制要求地方政府特别是省级政府调整财力分配格局，财力分配适当向县乡财政倾斜。

　　如何保障县级财政能力需要从县级财力来源着手，财政分权体制下，县级财政收入来源主要为自有财政收入和上级财政转移支付收入，保障县级基本财力需要增强县级财政自给率和提高上级政府对县级财政转移支付两个层面的政策和措施。首先，县级政府自有财政收入主要包括税收收入和非税收入两个部分，我们这里不考虑县级政府的债务收入。分税制改革以后，县级政府的税收收入主要是按照各省对地方税收收入划分，省和市在对辖区内的县级政府税收收入分配中都会先维护自身的既得利益，会导致本应该归县级所有的收入变成了省和市与县级政府共享的收入。一些税基规模大收入高的税种作为共享收入，如营业税、企业和个人所得税、资源税等，完全归县级政府收入的税种主要是一些税基窄和规模小的税种，如城市维护建设税、房产税、耕地占用税、车船税、契税、印花税等。从县级税收收入规模来看，县级政府税收收入规模从 1995 年的 1182.18 亿元增长到 2006 年的 7109 亿元，县级税收收入规模实现了快速增长，这一方面得益于县域经济的快速发展，另一方面，由于分税制改革后政府间财力格局调整对县级政府拓展财源和组织税收收入积极性的激励。但我们也发现县本级税收收入的规模与增长率相对于全国税收收入相比，1995～2006 年有 10 年低于全国水平，如表 4-11 所示。县级政府税收收入增长率低于全国平均水平，主要原因有三个方面：一是属于地方税收收入的税种增长速度低于中央税和共享税的增长速度，因为中央税和共享税都是一些与经济发展紧密相关税种，这些税种税基宽且税源充裕；二是分税制改革导致了税收收入从县级政府逐层上移，县级政府税收收入独立性和稳定性较差，县级政府没有主体税种，属于县级收入的税种都是一些难以征收的小税种；三是由于中国税收制度不断调整，原属于县级财政收入的一些税种，有的变为共享税，如企业和个人所得税，有的被取消，如屠宰税、宴席税、农业税等。县级政府税收收入规模和结构的变动，导致了税收收入在县级政府财力中的地位下降，非税收入逐渐成为县级政府取得财政收入的重要途径。非税收入主要包括行政事业单位收费、政府性基金、国有资源和国有资本有偿使用收入、罚没收入等，是地方政府自有财政收入的重要组成部分，并且政府层级越低，非税收入所占本级财政收入的比重也越高。根据有关数据显示，非税收入占省级财政收入的比重在20%左右，占市级财政收入的比重为35%左右，占县级财政收入的比重在40%以上。但是非税收入存在很多不规范的问题，其收支管理存在很多漏洞，早期非税收入并没有纳入预算管理，而是作为预算外资金管理，直到2011年左右才将非税收入全面纳入预算管理，并且实行"收支两条线"的政策。

表 4 - 11　　　　　　　　1995 ~ 2006 年县级税收收入规模及占比

年份	县本级税收收入（亿元）	增长率（%）	全国税收收入增长率（%）	县本级税收收入占全国税收收入比重（%）
1995	1182.18	23.46	17.81	19.79
1996	1483.14	25.46	18.03	21.04
1997	1689.63	13.92	16.66	20.54
1998	1908.52	13.96	10.55	20.99
1999	2335.52	22.37	13.44	22.64
2000	2566.08	9.87	22.79	20.26
2001	3041.33	18.52	19.74	20.05
2002	3164.40	4.05	12.07	18.62
2003	3733.64	17.99	20.41	18.24
2004	4375.87	17.02	25.66	17.01
2005	5974.73	36.54	20.02	19.36
2006	7109.19	18.99	21.94	18.89

资料来源：侯一麟、王有强：《中国县级财政研究》，商务印书馆2011年版，第124页。

　　由于县级政府直接面对辖区居民，其向居民提供基本公共服务的作用比高层级政府更大，中国分权的财政体制把基本公共服务供给的责任划分给县级政府，中国县级政府承担着为全国70%的人口提供包括基础教育、基本医疗卫生、社会保障以及基础设施建设等基本公共品。分税制改革以来，县级政府的支出责任主要有本级政府事权对应的支出责任、上级政府事权委托县级政府执行的支出责任以及区域外溢性公共事务应承担的支出责任三个方面，中国县级政府财政支出占全国财政支出比重在 40% 左右。中国县级政府财政支出规模的扩大，重要的原因在于县级政府财政支出责任的不断扩大，特别是分税制改革过程中事权下移导致了县级政府事权过重，再加上人口规模的扩大、物价水平上涨、资金浪费等因素，导致了县级财政支出在地方财政支出中的比重越来越大。1994～2002 年基本维持在 45% 左右，2003 年增加到 47.6%，2006 年增加到 50.4%，之后一直在 50% 以上。县级财政支出责任增加导致了县级财政支出规模越来越大，但由于县级政府自有财政收入比重及其增长空间非常有限，导致了县级政府财力缺口较大。尹恒和朱虹（2009）基于对政府财政支出责任的不同理解，对公共财政和现行财政体制两种口径下中国县级政府财力缺口进行了统计分析，发现两种口径下中国县级财力缺口都在迅速扩大，并且现行财政体制下的财力缺口都比公共财政下的财力缺口更高，说明了支出责任不同导致县级政府财力缺口程度不一样，也就是说财政体制对县级财力缺口有着重要影响[①]。

当然，如果县级政府财政自给能力较强，可能不会出现财力缺口或者财力缺口相对较小，但现实是中国县级财政自给率在各层级政府中较低，1994 分税制改革初期县级财政自给率在 0.6 左右，2000 年以后的农村税费改革和取消农业税等政策变动，导致了县级财政自给率持续下降，2003 年县级财政自给率下降到 0.52，2004 年为 0.5，之后维持在 0.5 左右。也就是说，中国县级政府自有财政收入只能维持其 50% 左右的财政支出，另外的 50% 财政支出则需要依靠上级转移支付，财政自给率越低的地区对转移支付的依赖程度越大。地方政府财政自给率主要受到两个方面因素影响，一个因素是政府间财权和事权的分配，中国县级财力缺口很大一部分原因就是分税制改革让县级政府承担的事权和支出责任较重，但在收入划分上又将县级政府财权上收，导致了县级政府支出责任增加的同时财政收入在减少，财政自给率必然会下降。另一个因素就是经济发展水平影响了地方政府财政自给率，经济越发达地区税源越丰裕，财政自给率越强。中国区域经济发展极为不均衡，导致中国县级政府财政自给率存在明显的区域差异，东部地区县级财政自给率基本维持在 0.65 以上，中西部地区县级财政自给率则明显较低，特别是西部贫困地区县级财政自给率都在 0.4 以下，有一些民族地区财政自给率不足 0.2，也就是说县级财政支出基本

---

① 尹恒、朱虹：《中国县级地区财力缺口与转移支付的均等性》，载《管理世界》2009 年第 4 期。

上主要依赖于上级转移支付。根据表4-12可知，中国县级政府财政自给率的变异系数也反映除了区域差异性，分税制改革以后中国县级政府财政自给率的变异系数一路攀升，由1995年的0.28增加到2011年的0.73，其中中西部的地区增长幅度高于东部地区，说明分税制改革加剧了地方政府特别是县级政府财政自给率的差距[①]。

表4-12　　　　　　全国县级政府财政自给率系数的变异系数

年份	全国	东部	中部	西部
1995	0.28	0.26	0.28	0.31
1999	0.43	0.31	0.34	0.59
2000	0.48	0.37	0.37	0.61
2001	0.53	0.38	0.40	0.71
2002	0.53	0.43	0.39	0.65
2003	0.56	0.43	0.45	0.66
2004	0.61	0.47	0.50	0.78
2005	0.70	0.52	0.53	0.97
2006	0.71	0.54	0.60	0.95
2007	0.73	0.58	0.60	0.87
2008	0.75	0.58	0.60	0.93
2009	0.76	0.58	0.63	0.92
2010	0.75	0.57	0.63	0.88
2011	0.73	0.57	0.60	0.84

资料来源：王秀文：《中国县级政府财政能力问题研究》，东北财经大学博士学位论文，2014年。

由于中国县级政府事权较重和财政支出责任较大，县级政府财政自给率较低，县级政府财力缺口逐步扩大，县级财政状况的恶化导致了县级财政困难，影响了县级政府的运转和基本公共服务均等化的实现。2000年以来，为了缓解县乡财政困难缩小县级政府财力缺口，中央和各省级政府陆续出台了多个缩小县级政府财力缺口的转移支付政策文件，建立了一些专

① 王秀文：《中国县级政府财政能力问题研究》，东北财经大学博士学位论文，2014年。

门针对县级政府的财政转移支付政策，并且为了缓解中央对县级转移支付被截留的问题，还进行了"省直管县"等政府层级改革。中国县级财政转移支付的目的旨在促进县级政府财力均等化和保障县级政府财政支出责任的履行，提高财力与支出责任的匹配程度，促进基本公共服务均等化的实现。转移支付作为平衡地区间财力和促进基本公共服务均等化的重要制度，随着中国转移支付规模越来越大，地方政府特别是县级政府财政收入中转移支付比重越来越大，平均比重从 1994 年的 25.95% 增加到 2009 年的 53.30%[1]。县级政府最为基层政府，在转移支付纵向分配过程中处于最底层，纵向分配结构直接影响着县级政府财政转移支付规模以及转移支付对县级财力均等化的效应。如前所述，县级财政转移支付主要来源于中央和省对县级的转移支付，在转移支付纵向分配过程中，省和市都在一定程度上对县级转移支付进行截留，特别是"市管县"体制下，市级政府存在较为严重的"市压县、市刮县、市吃县"的现象。根据表 4－13 可知，中国转移支付制度纵向分配过程中，不同地区之间存在一定的差异，而且不同类型转移支付的比重也存在较大差异。从转移支付规模上来看，西部地区下级转移支付占省以下转移支付比重高于东部和中部地区和全国水平，从转移支付结构来看，财力性转移支付高于专项转移支付，并且西部地区高于中东部地区和全国水平。

表 4－13　　　　　　县级转移支付占省以下转移支付比重

年份	全国			东部			中部			西部		
	转移支付总额	财力性转移支付	专项转移支付	转移支付总额	财力性转移支付	专项转移支付	转移支付总额	财力性转移支付	专项转移支付	转移支付总额	财力性转移支付	专项转移支付
1995	0.61	0.55	0.88	0.53	0.68	0.44	0.64	0.78	0.62	0.68	0.93	0.60
1996	0.63	0.56	0.75	0.54	0.68	0.42	0.67	0.76	0.62	0.67	0.79	0.61
1997	0.62	0.52	0.77	0.53	0.70	0.44	0.63	0.79	0.54	0.68	0.80	0.57
1998	0.69	0.71	0.73	0.62	0.66	0.53	0.72	0.74	0.96	0.73	0.79	0.64
1999	0.69	0.57	0.76	0.64	0.73	0.49	0.67	0.75	0.53	0.76	0.78	0.68
2000	0.69	0.67	0.72	0.63	0.72	0.56	0.67	0.67	0.68	0.76	0.78	0.75

[1]　任超然、曾益：《转移支付纵向分配结构的财力均等化效应研究：基于省内县际差异的视角》，载《中央财经大学学报》2016 年第 8 期。

年份	全国			东部			中部			西部		
	转移支付总额	财力性转移支付	专项转移支付	转移支付总额	财力性转移支付	专项转移支付	转移支付总额	财力性转移支付	专项转移支付	转移支付总额	财力性转移支付	专项转移支付
2001	0.73	0.75	0.72	0.67	0.72	0.65	0.71	0.64	0.78	0.79	0.75	0.80
2002	0.78	0.80	0.75	0.77	0.80	0.74	0.74	0.67	0.82	0.81	0.78	0.83
2003	0.80	0.84	0.74	0.83	0.78	0.86	0.75	0.69	0.81	0.82	0.74	0.86
2004	0.81	0.85	0.78	0.83	0.83	0.83	0.78	0.72	0.85	0.83	0.79	0.85
2005	0.83	0.86	0.79	0.84	0.81	0.87	0.80	0.74	0.84	0.84	0.79	0.86
2006	0.82	0.87	0.78	0.87	0.82	0.92	0.81	0.73	0.87	0.79	0.81	0.84
2007	0.84	0.85	0.84	0.87	0.82	0.91	0.79	0.67	0.93	0.72	0.84	0.78
2008	0.85	0.89	0.80	0.91	0.87	0.90	0.82	0.76	0.89	0.83	0.81	0.86
2009	0.85	0.89	0.83	0.91	0.87	0.91	0.82	0.80	0.84	0.84	0.84	0.85

资料来源：任超然、曾益：《转移支付纵向分配结构的财力均等化效应研究：基于省内县际差异的视角》，载《中央财经大学学报》2016 年第 8 期，第 15 页。

财政分权体制下，转移支付的主要功能就是实现地方政府的财力与支出责任的匹配，最终实现基本公共服务均等化。中国县级财政困难的重要原因就是县级政府的财力与支出责任的匹配度较低，县级政府自有财力与支出责任之间缺口较大。所以，县级财政转移支付首先要提高县级政府财力与支出责任的匹配度，在保障县级政府基本运作的基础上，不断提高县级政府提供基本公共服务的能力。基于县级政府的基本职能和在公共产品供给上的优势，中国县级政府财政支出主要由以下几个方面：一是政府运转的支出，即行政管理支出和公检法支出；二是基本公共服务支出，即基础教育、医疗卫生和社会保障与就业；三是基础设施建设支出；四是支援农业方面的支出。从县级政府的财政支出结构来看，承担了大多数基本公共服务和公共产品供给的职责，县级政府的支出责任较大，这些支出责任中一部分是县级政府自身事权应该承担的支出责任，还有一部分是上级政府事权的下移或者上级政府事权委托县级政府履行的支出责任，即使在事权和财权合理划分的财政体制下，县级政府也会出现财力与支出责任的不匹配，中国分税制财政体制表现为事权和财权不对称，县级政府的财力与支出责任不匹配的程度进一步加大。

　　具体而言，转移支付要提升县级政府财力与支出责任的匹配度，主要涉及四个方面：一是缓解县级政府自身事权与财权不匹配导致的财力缺口，由于分税制改革，中央到地方和省以下各级政府财政收支划分不合理，导致了事权与财权相背离的格局①，县级政府作为最基础政府，事权增加的同时财权被压缩，导致了财政收支不平衡，甚至影响到了县级政府的基本运转，缓解这种纵向的财政不平衡是分权体制下设计转移支付制度的重要政策目标。二是缓解上级政府事权而委托县级政府履行支出责任导致的财力缺口，县级政府的支出责任中基本公共产品和服务供给的比重非常高，但不是所有的基本公共产品和服务都应该是县级政府的事权，有一些基本公共产品和服务具有效益外溢性，应该由中央或上一级政府来提供。基于效率原则由县级政府来履行支出责任，县级政府的这类支出责任必然会导致其财力与支出责任的不匹配，转移支付应该补偿这种财力缺口，保障县级政府基本公共服务供给能力。三是缓解由于地区间经济发展差异导致财力的不均衡，中国区域间经济发展差距较大，东部地区县级政府的财力远大于中西部地区，这种财力不均衡导致地区间基本公共服务供给的差异，不利于基本公共服务均等化的实现，转移支付应该具有均衡县级政府财力差距的作用。四是补偿政府由于执行上级政府政策增加的支出责任，县级政府的支出中承担了一部分执行上级政府政策的支出责任，这类支出的资金应该由上级政府来承担，转移支付应该补偿县级政府这类支出责任。

　　可见，转移支付在提升县级政府财力与支出责任的匹配度时需要考虑多方面因素，并且单一的转移支付项目也无法实现其功能，转移支付制度设计时需要考虑不同类型转移支付项目功能差异，在结构和规模上进行权衡。目前中国县级转移支付主要是一般性转移支付和专项转移支付两个大类，两类转移支付又由不同类别构成。一般性转移支付主要功能是实现纵向和横向政府间财力均等化，其中均衡性转移支付的均等化功能最强，制度设计时就是以纵向财力均等化为目标。近年来，均衡性转移支付比重越来越高，均衡性转移支付在资金分配上更多地倾向于刚性财力缺口比较大的地区，在保障财政困难县级政府的运转和基本公共服务供给方面发挥了

---

　　①　贾俊雪、郭庆旺、宁静：《财政分权、政府治理结构与县级财政困难》，载《管理世界》2011 年第 1 期。

重要作用①。一般性转移支付诸多子项目中，除了均衡性转移支付和民族地区转移支付外，其他项目介于一般性转移支付和专项转移支付之间，并且有部分项目也是从专项转移支付调整过来，如 2009 年的教育转移支付和社会保障和就业转移支付、2001 年的基层公检司法转移支付等，这些项目制定了用途但较为宽泛，不像专项转移支付具体具体用途，并且资金分配也是采用"因素法"，有学者把其称为"分类拨款"②。不规定具体用途的财政资金，地方政府自主性较大，中国式分权对地方政府支出行为的激励扭曲，地方政府往往会将财政资金用于自身所偏好领域，这类转移支付规定了资金使用的大方向，分类拨款可以在一定程度上引导地方政府将资金用于规定的用途。对于县级政府而言，分类拨款能够促进县级政府将转移支付资金用于基本公共服务供给，是实现基本公共服务均等化的有效方式。另外，中国还有规模较大的专项转移支付，专项转移支付根据其支出范围可以分为中央政策导向范围、中央委托地方事务范围、中央和地方共同事权范围、针对地方政府权责范围内事权四种类型，专项转移支付规定了资金使用方向和具体用途，有针对性地解决问题，能够提升转移支付资金使用效果。对于县级政府而言，专项转移支付主要涉及"三农"领域和县级基本公共服务领域，"三农"领域的专项转移支付主要有改善农村基础设施、粮食直补、购置农机具补助等，基本公共服务领域主要有城乡医疗救助、重大资源灾害救助、农村特困救助等。近年来，又增加了与生态环境保护、退耕还林还草、发展特色农业等方面的专项转移支付，这些专项转移支付资金有效地实现了上级政府的政策目标和县级政府在"三农"问题、基本公共服务供给和一些特殊事业方面的作用。

中国县级转移支付对于县级政府而言，具有均衡财力和满足支出责任的双重功能，从而提升县级政府财力与事责的匹配程度，保障县级政府运转、基本公共服务均等化和执行上级政府政策上具有不可或缺的作用。在上级对县级政府以经济增长为主要考核指标的引导下，县级政府在获得了大量转移支付资金后，如何保障其财政支出行为更合理有效，就是转移支付制度设计和相关制度建设中需要重点关注的问题。县级政府肩负着实现基本公共服务均等化的重要职责，同时县级政府官员也有政治晋升和经济

①　龚锋、李智：《"援助之手"还是"激励陷阱"——中国均衡性转移支付的有效性评估》，载《经济评论》2016 年第 5 期。
②　贾晓俊、岳希明、王怡璞：《分类拨款、地方政府支出与基本公共服务均等化——兼谈我国转移支付制度改革》，载《财贸经济》2015 年第 4 期。

利益的自身偏好，在当前大多数县级政府对转移支付依赖程度较高的情况下，转移支付制度如何在基本公共服务均等化目标和县级政府自身偏好之间建立良好的激励机制，激励地方政府更多的将财政资金用于基本公共服务显得尤为重要。一方面，如果县级财政转移支付主要是一般性转移支付，县级政府自主性较强，在资金分配规范的情况下，从效率角度来说，有利于实现财力与事责的匹配。县级政府财政支出存在生产性偏向，在缺陷监督制约机制的情况下，县级转移支付自主性过大不一定保障资金会用于基本公共服务领域。另一方面，由于转移支付存在"粘蝇纸"效应，再加上由于"财政幻觉"导致辖区居民对自身承担公共服务成本的认知不足[1]，县级转移支付还可能会导致县级财政支出的不断扩张，特别是一般性转移支付对县级政府财政支出扩张具有刺激作用，专项转移支付由于限定用途对县级政府财政支出扩大基本没有刺激作用[2]。

综上所述，转移支付对于县级政府来说，既要保障其财力均等化同时又要能够激励其实现基本公共服务均等化的职责，基于当前中国式分权对地方政府行为的激励，中国县级财政转移支付需要兼顾财政均等和财政激励，通过对转移支付规模和结构的制度设计来实现双重目标。从短期来看，应该建立转移支付规模稳定增长机制，特别是一般性转移支付规模的增长对于实现财力均等化和提高县级政府的财政能力具有重要的意义。同时，结合分类拨款和专项支付来激励县级政府的财政支出偏好，提高转移支付制度的有效性。从长期来看，在转移支付制度设计时，应该建立相应的激励约束配套机制，建立转移支付资金的绩效评价体系，并将其作为资金分配的重要依据。但是，我们也应该认识到，转移支付制度从根本上无法消除地方财政事权与财权不匹配的问题，也无法完全实现对地方政府行为的有效激励，建立规范的财政分权体制，将事权与财权在各级政府之间合理划分，同时完善地方税体系，让地方政府有独立的税收收入来支撑其事权，同时改善政治考核机制，并实现严肃的问责制，才能真正建立公平、激励与约束体制机制。

---

① 卢盛峰：《财政转移支付与地方政府支出行为》，载《湖北经济学院学报》2011 年第 5 期。
② 薛凤珍、蒙永胜：《转移支付与县级财政支出扩张——基于双向"粘蝇纸"效应的分析》，载《中央财经大学学报》2018 年第 7 期。

第 5 章

转移支付对县级财政均等化效应分析——以四川省为例

5.1 引　言

中国大多数人口都生活在县级区域，县级政府是我国政府层级中较低的基层政府，它承担着向辖区内居民提供基础教育、公共医疗卫生、公共安全等基本公共服务的职责，县级基本公共服务的有效供给对于中国实现基本公共服务均等化具有重要的现实意义。县级基本公共服务供给职责的实现依赖于其拥有相应的财政能力，分税制改革导致了财权和事权的不匹配，其中作为最基层的县级政府所承担的事权越来越多，而县级财权被上收，财权和事权的不匹配导致了县级政府普遍出现财政困难，有的地方甚至出现了政权运转都陷入困境。随后的税费改革以及农业税取消等财税制度变化，又使得县级政府财政收入大大减少，这进一步导致了县级政府财政困难，很多县级财政成了保"吃饭"财政，根本没有财力为辖区居民提供基本公共服务。因此，上级政府转移支付对于县级政府保障其运转具有重要的意义，转移支付则更是成为县级政府重要的资金来源。据统计资料显示，我国县级总支出中有 40% 左右来自转移支付（陈锡文，2002），在西部地区的一些贫困县政府对上级转移支付的依赖程度达到 70% 以上，可见，转移支付对于保障县级政府财政能力具有重要作用。

中国改革开放以来，实行"放权让利"改革，再加上国家区域发展战略、地区间自然环境差异等因素的影响，使地区间经济发展水平存在较大差异，也在一定程度上导致了地区间财力差距越来越大，不利于实现基本公共服务均等化。在分税制改革基础上，中央政府和各省级政府纷纷建立了相应的转移支付制度，用以弥补地方政府的财力缺口，平衡政府间纵向和横向财政失衡，最终实现基本公共服务均等化，成为中国转移支付制度的一个主要政策目标。但我们发现尽管近年来无论是中央政府还是省级政府都加大了转移支付力度，但很多地方政府间还是存在更大的财力差异，从而导致基本公共服务出现区域间的不均等。因此，关于转移支付的均等化效应成为学者关注的一个重要问题，国内外学者就转移支付对地方政府的均等化效应进行了研究，绝大多数研究表明转移支付没有缩小地方间财力的不平衡（曾军平，2000；刘溶沧、焦国华，2002；马栓友、于红霞，2003；王雍君，2006；张恒龙、陈宪，2006），甚至有的结论表明转移支付在一定程度上扩大了地区间财力的不平衡（Tsui Kai-yuen，2005；周飞舟，2006；尹恒等，2007、2009）。从现有研究看，国内学者关于转移支付均等化效应的实证研究，大多数都是以省级数据为基础得出的结论，而我国省以下政府间财政关系并没有规范的制度安排，各省之间存在一定差异，关于转移支付对县级财政均等化效应的分析的研究显得较为重要，但是目前国内相关研究较少。因此，由于本书主要是就转移支付与县级基本公共服务均等化关系进行相关研究，关于转移支付对县级财力均等化效应的分析对本书研究具有重要的意义。

5.2　分析方法及数据阐述

转移支付前后财力差异变化能够较好反映转移支付均等化效应，而关于财力差异的计量，使用的指数主要有四类：一是变异系数，二是基尼系数，三是泰尔系数，四是通熵指数。根据不同学者采用不同指数对财力差异测量的结果表明，指数类型的选择对测量结果并没有太大的影响，这四类指数都是数值越大，表现的财力差异越大。鉴于此，本书选择其中一种指数，即变异系数作为衡量县级财力差异的主要指标，通过对省内县级政府转移支付前后的财力差异进行测算，并核算出均等化效果系数，以此衡量县级政府转移支付的均等化效应。本章以四川省为例，对四川省内县级财力不均等情况以及转移支付对县级财政均等化效应进行测算，思路如下：第一步，对转移支付前省内县级初始财力差异进行测算；第二步，对转移支付后省内县级财政差异进行测算；第三步，就转移支付对县级财政均等化效应进行分析。

本章要对转移支付前后四川省县级财力差异进行变异系数的测算,在进行变异系数测算前,先要明确县级政府财力的界定,不同学者关于转移支付前后财力的界定有所不同,但是差异并不大。就我国而言,转移支付前的财力测算主要有两种方法:一是用"本年收入"来衡量,这里的本年收入主要是指一般预算收入;二是用"一般预算收入"加上"预算外收入"来衡量。转移支付后的财力测算主要有三种方法:一是用"本年支出"衡量,其中本年支出=本年收入+总收入下平衡部分-总支出下平衡部分-滚存结余;二是用"本年收入"加上"转移支付净值"衡量;三是用"预算内外收入"加上"转移支付净值"衡量。根据中国地市县财政收支实际情况,在对转移支付前后县级财力界定时,由于缺乏县级政府预算外收入的数据统计,而且不同县级政府预算统计差异较大,即将预算外收入纳入财政管理的程度不同,本书在研究中并未将县级预算外收入纳入县级财力范围,而只是针对预算内财政收入作为财力测算范围。因此,转移支付前某县本年度可支配财力以本年收入来衡量,转移支付后的财力根据转移支付前的可支配财力可定义为:

转移支付后可支配财力=转移支付前可支配财力+转移支付净值

其中:转移支付净值=补助收入-上解支出。

根据政府的财政收支平衡关系可知:

转移支付后可支配财力=本年支出,

则可得:转移支付前可支配财力=本年支出-转移支付净值。

因此本书将采用上述转移支付前后可支配财力公式作为指标来衡量县级政府财力。另外,由于受到人口规模等因素的影响,政府财力的衡量采用总量指标并不能反映真实情况,根据国内外学者相关研究,大多数是采用人均财力来衡量政府财力,其中有学者采用总人口平均,也有学者采用财政供养人口规模平均。由于不同地区的人口规模、地理环境等因素差异较大,基本公共服务供给成本存在较大差异,再加上中国人口流动性较大,以总人口平均无法将公共服务供给成本因素考虑进来,常住人口的统计也不能真实反映辖区内需要公共服务的人口总数。财政供养人口则是根据当地人口结构、地理环境等因素考虑设置的,一个地区的财政供养人口规模基本上和当地公共服务需求相一致,采用财政供养人口对当地财力进行平均相对科学。因此,在本书研究中,采用财政供养人口来对政府财力进行加权平均。

在数据选择上，所用的原始数据主要来源于财政部预算司编写的《全国地市县财政统计资料》，由于在研究期间该类数据最新统计到 2009 年，并且 2002 年所得税分享改革后中央政府不断加大转移支付力度，所以选取 2003～2009 年的数据作为分析基础，本书研究主要以四川省 138 个县（市）数据为基础进行分析。

5.3　四川省县级政府转移支付前的初始财力差异分析

由于同一个省份内不同的县在人口结构、地理环境、经济发展水平以及财政努力程度上都存在差异，使一个省内不同县的自有财力存在一定差异。因此，在对县级政府转移支付前的初始财力差异大小进行测算时，本书以财政供养人口为基础的加权变异差系数对四川省 138 个县（市）的初始财力差异状况进行衡量，计算公式如下：

$$CV_0 = \frac{\sqrt{\sum_{i=1}^{n} (X_i - \bar{X})^2 \frac{P_i}{P}}}{\bar{X}} \tag{5-1}$$

式中，X_i 表示第 i 县以财政供养人口平均的转移支付前可支配财力，$\bar{X}$ 表示全省各县人均自有可支配财力的平均数，P_i 表示第 i 县财政供养人口，P 表示全省财政供养人口，$\frac{P_i}{P}$ 表示第 i 县财政供养人口占全省各县级财政供养人口的比重。

根据上述公式测算，可得到四川省内县际间初始财力差异的加权变异差系数及财力差异变化趋势图，如表 5-1 和图 5-1 所示。从表 5-1 可以看出，2003～2009 年四川省县际间初始财力差异均在 0.7 以上，而变异系数在 0.3 以上就表明存在明显的财力不均衡，并且四川省县际间初始财力差异呈先增后减特征，其中 2003～2007 年县际间财力差异不断扩人，一度达到了 1.20，这可能与四川省具体省情有一定的关系。四川省是一个少数民族区域较多的省份，民族地区与非民族地区的经济发展水平存在较大的差异，而且差距在不断扩大，这就使省内县际间初始财力差异较大，且呈扩大的趋势。但 2008 年以来，四川省县际初始财力差异在逐渐缩小，可能由于 2008 年"5·12"汶川地震后的灾后重建大量的资金进入这些原来较为贫困的地方，使这些贫困地区的经济总量出现较大增长，而导致初始财力差异有所缩小。不过从具体年份的绝对值来看还是居高，表明四川省省内县际财力差异仍然较大，需要转移支付对县级政府间财力分配模式进行优化。

表5-1　　2003~2009年四川省县际间初始财力差异加权变异系数

	2003年	2004年	2005年	2006年	2007年	2008年	2009年
系数	0.76	0.84	0.93	1.01	1.20	1.13	1.00

资料来源：通过对《全国地市县财政统计资料》（2003~2009年）计算得来。

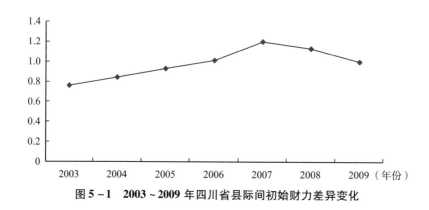

图5-1　2003~2009年四川省县际间初始财力差异变化

5.4　四川省县级政府获得转移支付的总量和人均量分析

5.4.1　四川省县级政府获得转移支付总量分析

省内县级政府间由于受到人口、地理环境、经济发展水平等因素的影响，同一个省内不同县级政府之间财力也存在较大差异，而这种差异会导致同一省份内不同县域基本公共服务水平的差异。因此，缩小省内县级政府间财力差异，进而促进省内县域间基本公共服务均等化，成为省级政府一个重要的政策目标，实现这一目标需要通过转移支付制度这一重要政策手段。我国县级政府的转移支付直接或间接地受到中央、省、市三级政府的影响，相关统计资料表明，县级政府绝大部分转移支付间接来源于中央，有一些省省内对县的转移支付只是对中央转移支付的二次分配，有一些省则是在中央对县转移支付基础上另行增加的转移支付，前者一般在欠发达省份，后者一般在经济较为发达省份。但同一省份内部各地区经济发展水平也同样存在不小的差距，而省对下的转移支付分配体制在路径、核算、激励等方面均由省自行安排。因此，县级转移支付的演变就既有共性又有差异性①。

分税制改革所划定的中央与省之间的关系几乎被完整地传递到县乡基层财政，从而导致县级政府出现较大的财政收支缺口，且呈不断扩大趋势，中央为了弥补由于分税制改革带来的纵向财政失衡，开始对地方政府实施大量的转移支付补助②地方政府收支缺口，这些补助有没有传递到县乡级政府③？由于县级政府的转移支付主要来源于中央政府，但是也有一部分来源于省内转移支付，从统计资料数据上难以区分县级政府转移支付哪些来源于中央，哪些来源于省内。因此，本书通过对四川省对县级的转移支付总量统计分析，来检视转移支付规模的扩大以及均等化转移支付制度比重的增加是否通过省级政府最终传递到县级，表 5－2 给出了四川省各县级政府获得的转移支付总量。

表 5－2　　　　2003～2009 年四川省各县级政府转移支付总量　　　单位：万元

县（市）	2003 年	2004 年	2005 年	2006 年	2007 年	2008 年	2009 年
都江堰市	16879	23302	25152	31326	42156	239272	243072
金堂县	23341	28040	33467	43512	64209	88232	97296
双流县	24467	25513	32966	33638	47610	70475	91111
郫县	13249	16012	19264	21750	22808	25263	47806
彭州市	21077	26587	30140	40521	46323	269555	169931
崇州市	19159	24289	29966	38887	62160	129668	128115
大邑县	20973	22303	28215	34492	45023	153503	127536
邛崃市	20594	27784	33452	40961	55434	110778	101126

---

① 王广庆、王有强：《县级财政转移支付变迁：制度与分配》，载《经济学家》2012 年第 12 期。

② 这些补助包括税收返还、体制补助、专项补助、财力性转移支付补助等。

③ 周飞舟：《分税制十年：制度及其影响》，载《中国社会科学》2006 年第 6 期。

续表

县（市）	2003 年	2004 年	2005 年	2006 年	2007 年	2008 年	2009 年
浦江县	11400	13227	14079	21718	30142	38700	47018
新津县	11741	13093	17029	21069	31118	38271	42268
荣县	20037	29535	34834	45545	62885	74562	94836
富顺县	23506	31554	41952	54297	74380	94895	126000
米易县	12820	18252	19048	22808	29521	44268	56820
盐边县	14007	22264	21251	24037	28813	40066	56306
泸县	17624	24198	31647	40578	67223	77763	105113
合江县	17830	25487	32993	45476	60294	76732	100476
叙永县	17521	29065	32849	47854	57619	70936	107107
古蔺县	20159	27994	33624	43075	59318	84268	113770
广汉市	17709	18523	19137	28466	33909	143505	172503
绵竹市	19056	20690	22892	27744	30838	496336	233087
中江县	29783	42881	52048	70537	93384	329921	466541
什邡市	17375	19899	21400	26555	26849	318081	197961
罗江县	6962	9554	10242	15809	22764	125537	115750
江油市	20078	24352	29371	43214	69127	556428	409661
安县	13870	18460	25456	30690	41592	416374	275405
梓潼县	12396	15783	20671	28989	35310	201942	140897
平武县	11438	18760	21317	23473	32242	174081	137120
北川县	10123	17477	19562	21697	31598	216824	237662
三台县	29668	35574	50769	72203	112605	455781	422122
盐亭县	19738	27806	32239	44677	53552	243590	184273
剑阁县	18188	27200	36767	48859	70460	266920	266139
旺苍县	16069	27163	31798	42592	55973	191036	262543
青川县	13026	23111	28702	37057	44026	273376	244909
苍溪县	23562	34943	44547	56606	78334	222763	253060
蓬溪县	22946	30283	38878	55702	70396	102578	111422
射洪县	25735	31196	41473	53676	79191	206466	173223

续表

县（市）	2003 年	2004 年	2005 年	2006 年	2007 年	2008 年	2009 年
大英县	14683	19302	25153	33633	44833	75948	83544
资中县	30040	41470	53009	72110	97341	125332	143618
威远县	21161	24515	28002	37077	55909	67991	86343
隆昌县	19328	25039	29748	42101	63287	67560	87128
峨眉山市	14627	18464	20246	26175	26191	51155	43597
犍为县	18394	25954	27917	34930	46065	68259	78168
井研县	14480	19146	21882	28160	41326	59492	66062
夹江县	11123	12252	14392	22284	24226	61852	61203
沐川县	8383	13941	14723	19468	28191	41486	44326
峨边县	12454	16594	13467	17192	20695	36826	42166
马边县	11105	19715	18146	22933	26573	33368	51735
南部县	27719	39325	54410	79797	105655	183178	187415
营山县	19450	31499	42056	55192	80604	105405	135189
蓬安县	18303	24944	32542	43126	58392	91017	108102
仪陇县	22656	38048	63699	78565	86637	152989	148033
西充县	17633	26543	33810	46784	64519	100629	118467
阆中市	23982	34301	47245	60669	89724	192895	257993
宜宾县	22624	28920	38568	48747	76476	85808	117872
南溪县	11673	16949	20778	28660	40360	49187	67281
江安县	13396	17562	22106	29221	41664	52784	69907
长宁县	11917	19100	20362	25379	38475	49181	70560
高县	12658	19699	21588	27225	35416	45036	71925
筠连县	11717	17595	19423	26061	30253	45083	66283
珙县	13736	16959	22261	28216	36746	47764	63691
兴文县	13997	21838	24184	30578	38989	53554	69187
屏山县	10069	15928	17112	22537	28424	36253	50793
岳池县	23391	32212	39110	56687	80033	100705	124463
武胜县	20007	25387	32314	43478	58542	78199	101908

县（市）	2003 年	2004 年	2005 年	2006 年	2007 年	2008 年	2009 年
邻水县	24774	43675	41948	55078	77798	91056	127581
华蓥市	12900	18309	20657	28897	38201	44984	76338
达县	29664	41695	59086	68892	99615	134429	166746
开江县	16264	27274	33207	39831	54367	70915	85435
宣汉县	29243	49432	58140	70877	94485	130187	178222
万源市	20464	30501	40903	51154	63798	86261	116712
大竹县	25382	37350	47419	63463	87878	114023	139067
渠县	32222	48404	63088	79026	114182	154525	173750
简阳市	32224	43284	55213	77311	112557	176420	172363
安岳县	32077	45993	58883	83160	113576	157119	175509
乐至县	19082	27504	36858	51728	65763	95751	116294
仁寿县	33963	48147	58969	85444	123667	316439	249915
彭山县	10069	13652	15058	21407	29515	49501	54190
洪雅县	12967	21439	19953	27168	31894	55352	68772
丹棱县	6174	9955	12114	15087	19706	37733	42223
青神县	7841	11530	12414	15863	20739	39111	44986
南江县	23631	35034	39230	57896	74667	167627	231920
通江县	24705	39966	49436	71879	90667	116709	155869
平昌县	30961	40279	49436	72251	92289	133150	158062
名山县	10779	17431	16814	23392	26668	73099	61799
荥经县	6534	10582	10204	12949	19087	31088	32582
汉源县	9348	18742	21086	29626	32768	136554	133353
石棉县	7383	14150	12976	16077	16955	58801	97215
天全县	6903	15431	14024	17025	20999	40326	43992
芦山县	6332	13113	12043	15488	19229	40183	107678
宝兴县	4660	7997	6911	9552	11066	30647	53872
汶川县	8262	11721	12416	15967	20976	154046	152736
理县	9250	9480	12793	12641	16240	68375	118069

续表

县（市）	2003 年	2004 年	2005 年	2006 年	2007 年	2008 年	2009 年
茂县	8940	17532	20295	22523	27861	141158	149076
松潘县	9949	14611	16951	-2297	24468	55716	67178
九寨沟县	10946	15771	16962	15599	19898	65658	56062
金川县	10760	19581	21215	20628	25109	73100	64697
小金县	9526	15234	16578	18800	23061	64748	100156
黑水县	8537	14450	16265	18692	21874	62875	115247
马尔康县	10217	12781	13419	15714	21697	35833	44590
壤塘县	10675	12211	13788	17213	26553	31068	54519
阿坝县	9508	13556	17703	18612	28537	34573	57965
若尔盖县	11195	14497	21689	23643	33461	38311	57292
红原县	8786	12742	14642	16623	25831	28015	37933
康定县	10959	12901	19800	18026	24558	37051	46557
泸定县	8283	10625	13158	15364	20050	26144	36682
丹巴县	8833	12397	16148	17194	18599	28054	39802
九龙县	9086	9963	11869	14153	20280	20324	31128
雅江县	6441	11457	15159	17927	19520	29206	38668
道孚县	7532	10541	13677	15185	19801	26512	42606
炉霍县	7537	11995	13928	16478	20201	26121	34498
甘孜县	8904	13517	16323	16547	24147	31756	46163
新龙县	7058	11482	12612	15740	20664	25557	38429
德格县	12292	11927	16237	17278	22646	31768	43363
白玉县	11401	9866	16816	18843	23310	26107	39613
石渠县	11714	12809	18174	20184	25188	38349	60769
色达县	10261	12375	15870	16301	22435	29053	42747
理塘县	13089	15351	18061	22873	29543	39960	54833
巴塘县	10839	10056	15963	15040	17443	26486	35879
乡城县	6762	11953	11287	11335	19205	24853	32677
稻城县	5649	9831	10749	12794	18016	24233	39064

续表

县（市）	2003 年	2004 年	2005 年	2006 年	2007 年	2008 年	2009 年
得荣县	5006	10060	10443	11169	16221	23706	33254
西昌市	21708	33350	29994	41629	46648	63633	93322
木里县	12534	17941	24886	28405	32692	40019	51981
盐源县	13149	22671	26523	28592	32023	47639	61211
德昌县	9105	15500	14377	17347	22248	27219	39502
会理县	14944	19470	21969	27310	32884	81151	89886
会东县	12765	21446	22598	25745	34100	37482	64121
宁南县	7807	11493	11583	17310	23661	27575	42539
普格县	8397	16236	16565	19259	21467	29484	37644
布拖县	11103	17311	18449	21845	24848	34037	45209
金阳县	10551	18407	20328	25301	30822	35547	51606
昭觉县	12694	22231	23247	29977	39891	46945	63548
喜德县	9333	17155	18916	20099	26631	30776	54921
冕宁县	12553	19754	20839	26797	34787	45131	61177
越西县	12547	20348	25203	28869	35918	42735	56144
甘洛县	9228	16711	17831	22674	30572	33924	48633
美姑县	11146	20326	24068	25978	33365	39411	59465
雷波县	12258	18207	20849	23087	31409	36597	52119
合计数	2091377	2988054	3582735	4589609	6118227	13477693	14626669

资料来源：通过对《全国地市县财政统计资料》（2003～2009 年）计算得来。

　　根据表 5-2 可知，从转移支付总量看，四川省县级政府获得的转移支付总量是逐年上升的，2003～2007 年年均增长超过 20%，不过由于 2008 年"5·12"汶川地震后转移支付总量迅速增加，但四川省各县获得转移支付总量的增加主要是受灾的县市，非灾区县级政府获得转移支付总量增长还是较为稳定。通过对表 5-2 中四川省各县级政府获得的转移支付总量进行简单的描述统计，可以得到表 5-3。以 2003～2007 年来看，这一期间转移支付总量平均值增长了 3 倍，从最大值和最小值地区分布及转移支付数量来看，其中最大值中有三年为仁寿县，最小值全部为宝兴县，最大值和最小值比例在 7~10。总体来说，四川省对县转移支付从总量来看相对稳定。但是 2008 年和 2009 年转移支付总量则跳跃式增长，获得转移支付最多的县级政府出现在地震灾区，并且最大值变化较大而最小值变化并不大，两者比例在 2008 年达到 27，主要是由于灾后恢复重建转移支付资金大幅增长，且转移支付资金主要进入地震灾区。根据图 5-2 可知，四川省各县级政府获得转移支付的最小值和平均值变化趋势较为平稳，最大值也只是在 2008 年地震以后变化较大，但呈现下降的趋势。因此，根据对四川省各县获得转移支付总量的数据分析，表明四川省对县级政府转移支付总量变化较为平稳，且转移支付资金分配也较为稳定，具有一定的均等化效果。

表 5-3　　　　2003~2009 年四川省各县级政府转移支付总量描述统计　单位：万元

年份	最大值		最小值		最大值/最小值	平均值	标准差
2003	仁寿县	33963	宝兴县	4460	7.6	15155	6971
2004	宣汉县	49432	宝兴县	7997	6.2	21653	9743
2005	仪陇县	63699	宝兴县	6911	9.2	25962	13171
2006	仁寿县	85444	宝兴县	9552	8.9	33258	18578
2007	仁寿县	123667	宝兴县	11066	11.2	44335	26409
2008	江油市	556428	九龙县	20324	27.4	97664	96210
2009	中江县	466541	九龙县	31128	15	105990	78806

资料来源：通过对《全国地市县财政统计资料》（2003~2009 年）计算得来。

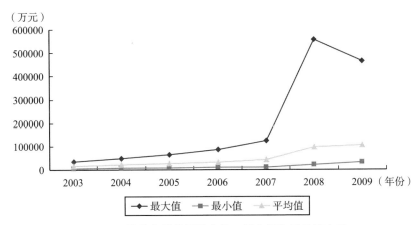

图 5-2　转移支付总量最大值、最小值和平均值走势

5.4.2　四川省县级政府人均转移支付分析

尽管省对县级政府转移支付总量能够反映上级对县级政府转移支付分布以及增长变化情况，但由于受到人口规模、结构、密度等差异的影响，总量指标并不能完全反映真实情况，而人均转移支付则更能反映实际情况。本书以财政供养人口计算出县级政府获得的人均转移支付量，如表5-4所示。根据表5-4可知，四川省各县级政府以财政供养人口计算的人均转移支付在观察期内是逐年上升的，其中在2003~2006年各县级政府获得的人均转移支付量是较为平稳的增长，2007年的增长幅度有所扩大。2008年由于"5·12"地震的影响，各县获得的人均转移支付出现较大差异的增长，其中主要是地震灾区获得人均转移支付增长幅度非常大，非地震灾区获得人均转移支付依然较为平稳，这就导致四川省省内各县级政府间的人均转移支付差异扩大。

通过对表5-4的数据进行简单统计描述，可得到表5-5。2008年"5·12"地震前获得人均转移支付量最多的县中有四年都是白玉县，最少的基本上都是经济较为发达的县，如双流县、郫县、广汉市等，基本上符合转移支付向经济落后地区倾斜的政策目标。从人均转移支付最大值与最小值的比看，基本上维持在6.0上下且标准差变化也较为稳定，表明四川省转移支付资金分配也较为稳定。尽管2008年"5·12"地震使得四川省各县获得的人均转移支付最大值、平均值和标准差在当年出现了较大的波动，但是我们发现2009年这种波动迅速下降。从图5-3关于最大值、最小值和平均值走势图可以看出，其中最大值在2008年波动较大，但是2009年迅速下降，最小值则基本上较为平稳，平均值的变化尽管比最小值波动大，但远不如最大值波动大，相对还是较为平稳。

因此，通过对人均转移支付的统计分析，表明四川省对县级的转移支付基本上是倾向于经济落后地区，特别是民族地区，而且各县级政府获得转移支付增长较为稳定。

表5-4　　　　　2003~2009年四川省县级政府人均转移支付统计　　　单位：元

县（市）	2003年	2004年	2005年	2006年	2007年	2008年	2009年
都江堰市	11594	15946	16651	19962	25950	123712	124499
金堂县	15211	17175	20046	25774	37699	51063	54377

续表

县（市）	2003 年	2004 年	2005 年	2006 年	2007 年	2008 年	2009 年
双流县	12661	12478	15756	15608	21617	31254	41243
郫县	12569	14808	16970	18389	18607	19785	37290
彭州市	13261	15552	17492	23259	26257	151147	94627
崇州市	10579	13313	16531	21689	34434	70208	65977
大邑县	16532	16566	21230	25582	32637	108131	87877
邛崃市	13531	17250	21265	25879	34768	68943	62559
浦江县	16701	18139	19241	29544	40661	51697	63693
新津县	13442	14863	18689	22842	33111	39924	43175
荣县	11352	16284	22238	29607	40766	48089	61192
富顺县	12161	15705	23892	29512	39438	49084	62029
米易县	21510	30634	31155	37104	46600	67688	84642
盐边县	24561	38882	36520	41429	49388	68337	95515
泸县	10365	14148	18264	23481	38273	43479	55950
合江县	11850	16757	21421	45358	42011	47630	61013
叙永县	13925	23000	25168	30709	39237	52193	71049
古蔺县	15932	21614	25064	32551	42687	58036	70437
广汉市	12884	13514	14128	20602	24981	111721	132277
绵竹市	15305	17309	19763	22976	25778	421911	186768
中江县	13682	19671	23700	32212	42167	146306	197678
什邡市	14641	16670	17930	22192	22292	262986	157424
罗江县	15291	20838	22280	33025	47307	257829	227899
江油市	10419	12560	15188	22241	35464	284603	196744
安县	13301	17665	24267	29192	39604	396660	270589
梓潼县	13655	17548	23037	32300	39373	226342	157709
平武县	19256	31700	36235	39624	53934	290038	217203
北川县	17895	31956	36347	39435	57819	415690	358519
三台县	11346	13364	19556	28076	43761	176995	162774
盐亭县	14373	20271	23522	32473	38817	175941	129569

续表

县（市）	2003 年	2004 年	2005 年	2006 年	2007 年	2008 年	2009 年
剑阁县	12463	18472	24771	32592	46551	174686	162379
旺苍县	11633	19481	22842	30640	39909	135949	187036
青川县	13542	24026	29820	38581	45637	282267	256853
苍溪县	13097	19217	24472	30947	42453	119823	132070
蓬溪县	14175	18625	24202	34866	43874	63808	69595
射洪县	12857	15860	20834	26880	39367	101913	84396
大英县	14584	19109	24840	33038	43334	72146	78379
资中县	12168	16772	21225	28595	38266	48641	55483
威远县	12935	14685	16791	22178	33090	39765	50287
隆昌县	11411	15380	17940	25283	37662	39811	51149
峨眉山市	14868	18453	20123	25494	25121	48328	39490
犍为县	15144	21137	22689	28486	36770	53625	59290
井研县	13957	18516	21203	27292	39562	56380	62030
夹江县	12477	13562	15821	25303	27174	68702	65831
沐川县	15170	25196	26590	35052	49423	70066	74761
峨边县	26980	35988	28702	36649	41791	69733	79394
马边县	21706	38393	34782	43500	49319	60079	92302
南部县	11224	15984	21909	31837	41907	72417	72585
营山县	10049	16182	21561	27009	38707	49773	60315
蓬安县	11361	15556	20272	26312	27184	52225	61237
仪陇县	13352	21498	35290	42198	43858	75120	70294
西充县	11061	15990	20393	27538	36936	56264	64743
阆中市	12447	17563	24114	30420	44058	92970	121044
宜宾县	12326	15223	20027	25129	39323	44002	59096
南溪县	13485	19558	22414	29801	41630	50459	66860
江安县	14390	18637	22927	29711	41764	52045	66603
长宁县	12726	22932	23902	28804	42903	53568	73218
高县	14509	22256	24094	29927	38471	48275	75520

续表

县（市）	2003 年	2004 年	2005 年	2006 年	2007 年	2008 年	2009 年
筠连县	14701	20929	22366	29645	33810	49553	71929
珙县	15390	18538	24168	30676	39427	50501	69019
兴文县	15495	24384	26480	33172	41188	55313	71630
屏山县	15884	24002	25752	33860	42468	53996	75082
岳池县	12464	17090	20718	29952	42023	52560	62866
武胜县	13388	16783	21051	28128	37000	48556	62325
邻水县	13002	23510	22615	29344	40783	46999	60548
华蓥市	16590	23380	26033	36144	47255	54632	91896
达县	11524	16386	22963	26798	38349	51118	63264
开江县	12234	20218	24469	29335	39494	50875	59039
宣汉县	13285	22989	26902	32650	43171	59036	78336
万源市	13316	21400	28768	35610	43148	56454	72532
大竹县	11025	16170	20385	27207	37376	48146	57889
渠县	11157	16770	21983	27731	39598	52958	59042
简阳市	12145	16465	21164	29695	42700	66186	62796
安岳县	12666	17895	22787	32183	43740	60134	66942
乐至县	12454	17948	24012	33287	41627	59599	71751
仁寿县	11289	15692	18353	26202	37375	94184	70008
彭山县	11811	15825	16247	22803	29586	46703	50139
洪雅县	14382	23222	21566	28442	32809	55703	67856
丹棱县	12493	19413	21993	26807	33423	61565	67053
青神县	13223	17774	18927	23822	31126	57737	66400
南江县	17494	25548	26683	37251	46256	100472	131571
通江县	15123	24154	29440	41737	51686	65273	80979
平昌县	16319	20917	25292	36053	44949	63378	73113
名山县	16670	26359	25326	35303	40132	109643	88652
荥经县	14433	22728	20539	25997	37833	60993	57811
汉源县	12711	24778	27531	38465	42440	176221	161836

续表

县（市）	2003 年	2004 年	2005 年	2006 年	2007 年	2008 年	2009 年
石棉县	14245	27327	25206	31723	34033	119806	183390
天全县	14591	32141	28838	34422	41939	79586	79652
芦山县	15399	31560	28956	37222	46157	97319	238542
宝兴县	19320	33349	27370	37211	41869	112880	183488
汶川县	18911	26596	28250	33987	44291	323490	306822
理县	30518	31277	41944	26907	40969	216514	369081
茂县	21563	40508	46612	73605	64868	303827	302877
松潘县	34390	48981	53881	49798	61354	151238	175675
九寨沟县	36475	49735	51260	45188	54100	169878	125474
金川县	29026	54211	58573	59005	69708	196242	169987
小金县	29401	47355	50282	50783	63810	185578	275608
黑水县	28353	48199	54271	55515	67181	202954	367497
马尔康县	37275	46291	48796	53358	73251	119923	139868
壤塘县	50640	55303	59457	61475	97478	118898	204115
阿坝县	36207	51622	63383	77357	108341	112214	172464
若尔盖县	33822	42551	61845	81725	114046	101352	145374
红原县	36715	53025	59935	45282	71514	103798	134467
康定县	30290	35579	54924	69331	92393	95615	111701
泸定县	24622	32542	40313	41955	54410	75083	96253
丹巴县	32050	44917	58486	51727	57851	95747	129437
九龙县	36965	41135	48072	50099	72740	74529	103933
雅江县	30028	51262	69954	82196	88486	130326	166242
道孚县	30346	40936	52162	56597	72771	95196	144427
炉霍县	29557	46874	53880	63794	77816	99927	124632
甘孜县	34259	51829	61876	62160	88613	111425	143542
新龙县	36972	58882	62871	74527	94876	113134	145675
德格县	60403	55995	76880	80701	104263	144073	171871
白玉县	66169	51520	86770	96532	117313	128164	176844

续表

县（市）	2003 年	2004 年	2005 年	2006 年	2007 年	2008 年	2009 年
石渠县	46651	51339	72148	80768	101770	155954	250594
色达县	55465	67475	85048	85078	113710	142487	197811
理塘县	44369	51204	59489	73855	94026	125070	161559
巴塘县	45909	42181	64083	59259	67244	99050	128094
乡城县	34677	60552	56633	56337	94004	114583	134917
稻城县	31897	53928	57024	66290	90761	118383	168597
得荣县	33130	64446	65597	68228	97599	140522	184847
西昌市	13051	19901	17720	24569	27908	38622	55841
木里县	28065	40600	55599	62885	71411	85896	111118
盐源县	18919	32630	37923	39097	42539	61990	75597
德昌县	18080	30209	27835	32823	41223	49435	69940
会理县	16636	21356	24115	29701	35481	85947	92829
会东县	13743	23487	25061	28911	38246	41950	71748
宁南县	16760	23293	23273	34808	46522	52058	77910
普格县	19955	33853	35282	40691	45203	61928	78311
布拖县	26417	41434	44126	52374	57961	77480	102075
金阳县	22199	38768	42096	51772	61941	70043	101587
昭觉县	24258	40783	41490	51225	66853	77288	98083
喜德县	20409	37342	40979	42583	56422	65231	117528
冕宁县	14371	22612	23928	30534	39343	50257	66911
越西县	19025	30580	37854	42188	52244	61765	80183
甘洛县	15742	28507	30449	38693	52144	57802	82864
美姑县	21174	37132	43848	47570	61913	74206	107473
雷波县	21438	31305	35457	37922	51499	59887	83928

资料来源：通过对《全国地市县财政统计资料》（2003～2009 年）计算得来。

表 5 – 5   2003 ~ 2009 年四川省各县级政府人均转移支付描述统计表   单位：元

年份	最大值		最小值		最大值/最小值	平均值	标准差
2003	白玉县	66169	营山县	10049	6.6	19706	10778
2004	色达县	67475	双流县	12478	5.4	27885	13478
2005	白玉县	86770	广汉市	14128	6.1	32425	16310
2006	白玉县	96532	广汉县	15608	6.2	38676	16291
2007	白玉县	117313	郫县	18607	6.3	49831	21031
2008	绵竹市	421911	郫县	19785	21.3	102357	76616
2009	理县	369081	郫县	37290	9.9	115117	69599

资料来源：通过对《全国地市县财政统计资料》（2003 ~ 2009 年）计算得来。

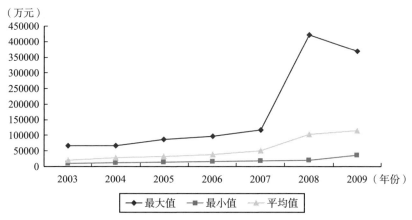

图 5 – 3   人均转移支付最大值、最小值和平均值走势

5.5   四川省县级政府转移支付后的
最终财力差异分析

    县级政府转移支付前的初始财力差异是县级政府自有财力形成的差异，受到县级区域人口、地理环境、产业结构等多方面因素的影响，而县级政府转移支付后的最终财力差异则受到转移支付制度的影响，也是衡量转移支付均等化效果的一个重要参考量。根据前面公式可知，转移支付后

可支配财力等于本年支出，所以，本书将县级政府的最终财力以本年支出来表示，再以财政供养人数计算加权平均变异系数，以此来衡量各省内县级政府转移支付后最终财力差异状况，转移支付后以财政供养人口加权的变异系数计算公式为：

$$CV_1 = \frac{\sqrt{\sum_{i=1}^{n} (Y_i - \bar{Y})^2 \frac{P_i}{P}}}{\bar{Y}} \quad (5-2)$$

式中，Y_i 表示转移支付后第 i 县以财政供养人口平均的可支配财力，$\bar{Y}$ 表示转移支付后全省各县人均可支配财力的平均数，P_i 表示第 i 县财政供养人口，P 表示全省各县财政供养人口，$\frac{P_i}{P}$ 表示第 i 县财政供养人口占全省各县级财政供养人口的比重。

通过公式计算，可以得到转移支付后最终财力差异加权变异系数和最终财力差异变化趋势图，如表 5-6 和图 5-4 所示。从变化趋势来看，在考察期的 7 年时间内，四川省县际间最终财力差异的变异系数变化较为平稳，在 2008 年地震前基本上都维持在 0.3 左右，尽管受到 2008 年地震影响后最终财力差异出现了一个年度较大的增长，但是 2009 年就迅速回落，表明四川省县际间财力差异一直处于较为稳定的水平。从转移支付前后四川省县际间财力差异变异系数变化来看，根据表 5-1 和图 5-1 可知，四川省县际间初始财力差异最低年份为 0.76，最高则达到 1.20，表明四川省县际初始财力差异处于一个较高的水平。但根据转移支付后四川省县际间最终财力差异变异系数看，最小值为 0.28，最大值为 0.62，相对于转移支付前财力差异大大缩小，说明四川省通过对县级政府的转移支付将县际间财力差异收敛得较好，转移支付的均等化效果较为明显。

表 5-6　　2003~2009 年四川省县际间最终财力差异的人口加权变异系数

	2003 年	2004 年	2005 年	2006 年	2007 年	2008 年	2009 年
系数	0.32	0.33	0.33	0.28	0.28	0.62	0.44

资料来源：通过对《全国地市县财政统计资料》（2003~2009 年）计算得来。

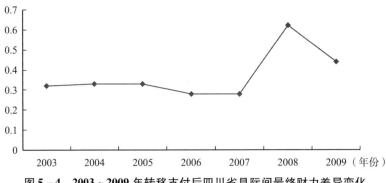

图 5 - 4 2003~2009 年转移支付后四川省县际间最终财力差异变化

5.6 四川省转移支付对县级财政均等化效应分析

转移支付后省内县级最终财力差异的人口加权变异系数主要衡量的是该省内县级政府获得转移支付后，将省内的县际初始财力差异调控到何种程度，该系数越大表明观察值之间的离散程度越大，它不能反映转移支付前后变化程度。另外，转移支付后的人口加权变异系数小，也并不一定表明转移支付的均等化效果好，因为有可能转移支付前省内县际初始财力差异系数本来就不大，所以，仅凭转移支付后省内县级最终财力差异的人口加权变异系数大小，并不能真实反映各省转移支付对县级财政均等化的作用。因此，本书采用转移支付的均等化效果系数来衡量转移支付对县级政府的均等化效应，该系数计算公式为：

$$TE = (CV_0 - CV_1)/CV_0 \qquad (5-3)$$

该系数是转移支付改变的省内县际财力差异程度与省内县际初始财力差异之间的比值，该系数既可为正也可为负，该系数为正说明转移支付缩小了省内县际原有的财力差异，系数为负说明不但没有缩小省内县际间财力差异反而扩大了，该系数越大说明转移支付的均等化效果越好。

表 5 - 7 给出了 2003~2009 年均等化效果系数，由于系数全部为正数，说明四川省对县级政府转移支付对县级初始财力差异起到了缩小的作用，具有一定的均等化效果。根据图 5 - 5 可知，从均等化效果系数的变化看，2003~2007 年间，该系数一直在增加，说明这期间四川省对县级政府转移支付的均等化效果在不断加强。但 2008 年均等化效果系数出现了一个大幅度下降，这主要的原因在于"5·12"地震后，四川省获得的转

移支付规模大幅增长，其中专项转移支付数额更是大幅增加，非地震灾区的转移支付并没有大幅度增长，这就使四川省内转移支付均等化效果有所下降，但随后 2009 年均等化效果系数开始上升，这表明"5·12"地震对四川省县级政府转移支付均等化效果的影响在逐渐减弱。

表 5 - 7　　　2003 ~ 2009 年四川省县级政府转移支付均等化效果系数

	2003 年	2004 年	2005 年	2006 年	2007 年	2008 年	2009 年
系数	0.58	0.61	0.65	0.72	0.77	0.45	0.56

资料来源：通过对《全国地市县财政统计资料》（2003 ~ 2009 年）计算得来。

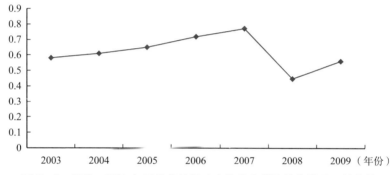

图 5 - 5　　2003 ~ 2009 年四川省县级政府转移支付均等化效果系数走势

5.7　本章小结

本章利用四川省 138 个县（市）级政府数据就转移支付均等化效果进行分析，首先测算了四川省各县级政府转移支付前的初始财力差异人口加权变异系数 CV_0，并计算出四川省 138 个县（市）级政府获得转移支付总量以及以财政供养人口计算的人均财政转移支付量，然后测算了四川省各县级政府转移支付后的最终财力差异人口加权变异系数 CV_1，最后计算出了四川省县级政府转移支付均等化效果系数 TE。根据测算结果，可以得出如下结论：

第一，通过对 2003 ~ 2009 年四川省县级政府间初始财力差异变异系数进行测算，发现四川省转移支付前县级政府初始财力差异较大，并且呈现逐年增长的趋势，最高值达到 1.2，最低值也有 0.76，表明四川省各县级地区经济发展水平差异较大。从四川省各县获得的转移支付总量和人均转移支付量来看，其中民族地区和欠发达地区无论是转移支付总量还是人均量都远远高于经济发达的地区，特别是成都周边的县（市），如双流、郫县等。四川省各县初始财力差异大的原因可能和四川省省情有关，四川是一个多民族地区，加上西部大开发对资源更多地集中在成都及周边地区，导致四川省不同地区经济发展水平差异较大，一是民族地区与非民族地区经济发展的差异，二是成都周边地区与其他地区经济发展的差异，这些都导致了四川省各县政府初始财力差异较大。

第二，通过对四川省转移支付后各县（市）政府最终财力差异变异系数的测算，发现观察期 2003～2009 年内转移支付后四川省各县（市）政府间财力差异大大下降，最大值由原来的 1.2 下降到 0.62，最小值由原来的 0.76 下降到 0.28，表明四川省通过对县（市）政府转移支付很好地控制了省内县级政府间财力差异。

第三，通过对均等化效果系数进行测算，发现观察期 2003～2009 年内该系数都为正，且大多在 0.5 以上，表明四川省通过对县级政府转移支付来均衡县级政府财力差异效果明显，转移支付均等化效果较好。

第6章

转移支付与县级基本公共服务均等化——基于四川省 138 个县（市）数据的实证分析

6.1 引　言

　　1994 年分税制改革建立转移支付制度以来，大规模的转移支付成为中央政府平衡地方政府财力和实行财政政策的重要工具，转移支付也同时成为地方政府财政支出的重要资金来源。1994 年以来，中央对地方的转移支付平均占到地方财政支出的比重大约约 47% 多，而在县级政府这一比重超过了 50%，在一些西部地区（特别是贫困的县一级政府）地方财政支出对转移支付的依存度超过了 70%（李永友、沈玉平，2009）。另外，近年来中央在增加转移支付规模同时也实现了转移支付类型的多样化，其中一般性转移支付项目多达 15 项，专项转移支付则几乎涵盖了所有支出项目。如此大规模和多样化的转移支付是否对地方财政收支产生影响，又是否会影响到地区经济增长和社会福利①？

　　关于转移支付对财政收入的影响主要是就转移支付对地方征税努力效应的探讨，目前理论上对这一问题还存在一定争议，主要表现为转移支付

---

　　① 转移支付对地方财政收支的影响可以从两个方面：一是转移支付对地方财政努力的影响，国内外学者研究表明转移支付可能会在一定程度上抑制地方财政努力，即存在"粘蝇纸"效应，而地方财政努力又会影响到地方财政收入，进而影响到地方提供基本公共服务的水平；二是转移支付对地方财政支出偏好的影响，转移支付改变了地方政府的财政预算约束，在分权体制下对地方政府的财政支出决策产生影响，地方政府的财政决策主要是通过财政支出水平和结构变化来影响区域经济增长和社会福利。

对地方收入努力的作用是刺激还是替代效应（World Bank，1992）[①]。国内外学者就这一问题进行了深入研究。一方面，有学者认为如果中央政府对地方政府有大规模的转移支付，在资金分配时并没有考虑地方收入努力程度，便会产生替代效应。另一方面，有学者认为地方政府为了提供更多更好的公共服务，转移支付可能会促使地方增加收入努力程度，特别是对于需要地方配套的转移支付类型（Manasan，1995），这便会产生刺激效应。国内也有学者对此做了相关研究，乔宝云（2006）、张恒龙（2007）对我国转移支付与地方财政努力进行了实证研究，结论都表明我国转移支付对地方财政努力存在不利影响，抑制了地方财政努力，即主要表现为替代效应，而且不同类型的转移支付的影响不尽相同，不同区域的财政努力在转移支付影响下也存在一定差异。李永友（2009）关于转移支付与地方财政收支决策的实证研究也表明，地方政府收支决策对不同类型转移支付的反应存在显著差异，李建军（2012）就转移支付对地方税收征管努力的实证研究同样表明，转移支付对地方税收征管存在"粘蝇纸"效应。因此，地方政府从中央政府获得转移支付会使其降低财政努力，从而使得地方政府自有财力减少，便会削弱中央政府转移支付的政策效果，也会影响地方政府支出规模和结构，进而会影响到地方公共服务的供给。

转移支付直接改变地方政府可支配的财力，对地方财政支出影响相对地方财政收入更显著，主要表现为对地方财政支出总量和结构两个方面的影响。一方面，中央对地方政府大规模的转移支付可能会刺激地方财政支出过度扩张，即存在"粘蝇纸"效应，因为地方政府获得中央转移支付后，会使得地方居民产生"财政幻觉"，认为获得转移支付后公共服务的成本大部分由其他地区的居民所承担，促使地方居民低估公共服务"价格"，从而产生对公共服务的过度需求，这种对公共服务过度需求与地方官员预算最大化行为结合，很可能会导致地方公共服务的过度供给（Winer，1983，Dollery & Worthington，1995）[②]。另一方面，转移支付同样会影响地方财政支出结构，在中国这样一个地区间财政能力差异巨大且转移支付制度不规范的国家，再加上中国地方政府官员是对"上级负责"而非对本地居民负责，上级政府对地方政府官员的考核主要是以经济增长为核

[①] 刺激效应是指中央对地方转移支付激励地方增加收入努力程度，增加了征税的积极性，替代效应是指地方政府在接受中央转移支付后，把转移支付收入作为地方财政收入的替代，降低本地征税的努力，更多地靠上级转移支付。

[②] 卢盛峰：《转移支付与地方政府支出行为——基于中国地市面板数据的实证分析》，载《湖北经济学院学报》2011 年第 5 期。

心指标，且对地方政府官员的任免具有绝对权威情况下，转移支付给地方带来的财力的增加，可能更多地投入到经济领域而非民生领域，这就会在一定程度上导致财政支出结构扭曲，政府支出偏向于经济建设领域。中国改革开放以来，中国为什么拥有了良好的基础设施的主要原因就在于地方政府在财政支出上更倾向于生产性支出而非公共服务领域（张军等，2007；傅勇，2007，2010；尹恒等，2011）。国内学者也就转移支付对地方政府财政支出影响进行了深入研究，如乔宝云、平新乔、傅勇、尹恒等，得出的结论表明财政分权体制下转移支付使地方财政支出出现结构性扭曲，尽管地方政府支出规模不断扩大，但是主要是在增加建设性支出和政府消费性支出，而民生类支出相对增长缓慢。关于中国地方政府财政支出偏向于生产性支出的特征，在不同层级地方政府都非常显著，对这方面原因的解释国内学者已经达成了较为一致的认识，即认为财政分权体制与政治集权体制相结合的作用，会导致政府财政支出偏好的扭曲（周黎安，2004，2007；张军，2007；傅勇，2007；尹恒，2011）。

国内外学者的既有研究表明中国地方政府支出存在偏向性，但是这些研究更多是以省级数据为基础进行了分析，县级政府的支出责任与省级政府存在明显的差别①，县级政府对上级的转移支付依赖程度更高。因此，本章希望通过理论分析财政分权下转移支付对地方政府支出行为的作用机制，并对转移支付与县级基本公共服务均等化进行实证分析，在此基础上发现导致县级政府财政支出偏向的根本原因，并探讨增强县级政府满足本地居民公基本公共服务需求的财政激励机制。

6.2　转移支付与地方政府支出偏好理论分析

传统的文献关于公共产品供给的研究时，一般将政府作为一个整体来考虑，这就无法分析政府支出偏好的变化及差异，如萨缪尔森（Samuelson，1954，1955）、蒂布特（Tiebout，1956）等都没有考虑公共产品供给中政府的偏好问题。布坎南（Buchanan，1962）继承了维克赛尔的思想，在公共产品供给中引入公共决策机制，主张通过民主政治程序来提高公共产品供给效率，并形成了公共选择理论。公共选择理论假定政治市场上的

---

① 尹恒、朱虹：《县级财政生产性支出偏向研究》，载《中国社会科学》2011 年第 1 期。

参与者同样也是理性的"经济人"，追求其自身效用最大化，作为政治市场中的官僚是公共产品供给的主体，官僚的效用函数中不仅仅是关注本地居民对公共产品的需求，而且更多的是关注自身的偏好，如薪酬、声望地位等，这促使官僚产生追求预算最大化的行为，为本部门或地区争取更多的预算资金[①]。因此，关于政府支出偏好才被学者所关注，如贝斯利和科特（Besley & Coate, 1997）以选民偏好的不一致为前提，通过建立民主政治的经济模型来分析财政分权下地方政府偏好与公共产品供给关系，之后，他们又在 2003 年进一步考察了政府偏好不一致及政治投票权如何决定公共品供给效率问题，并在此基础上给出了如何确定最优分权程度的分析框架[②]，还有一些其他学者对此做了相关研究，如奥斯本和斯利温斯基（Osborne & Slivinski, 1996）、班丹和穆克吉（Bandhan & Mookerjee, 1998）、加塔克（Ghatak, 2001）等。第二代财政分权理论则更是将研究重心放在财政分权体制下地方政府行为以及如何激励地方政府推动转型和增长，对于财政分权—地方政府行为—公共产品供给进行了系统深入的研究，认为财政分权会导致地方政府财政竞争，这种竞争往往会导致地方政府支出结构的扭曲，地方政府支出偏好的改变又影响到公共服务的有效供给。相关学者对财政分权下地方政府支出行为也进行了深入的研究，如朱拉斯卡亚（Zhurarskaya, 2000）、法盖（Faguet, 2004）、沙安文（Shah, 2004）、津井（Tsui, 2008）等，国内学者如乔宝云等（2005）、平新乔（2006）、傅勇（2007, 2010）、张军（2007）、尹恒等（2011）等，普遍得出的结论都表明财政分权导致地方政府支出出现偏差，短期内地方政府更倾向于将财政资金投入经济性领域而非公共服务领域。

对于中国而言，改革开放以来我国地方政府公共支出结构也发生了很大的变化，其中经济建设性支出和政府消费性支出占地方财政总支出的比重越来越高，并且呈不断上升的趋势，民生类的义务教育、医疗卫生、社会保障等支出占地方财政总支出的比重较低，且呈逐年下降的趋势，中国地方政府公共支出结构的变化，到底是民众需求偏好拉动的还是政府供给行为推动的？要解答这个问题就要研究转型时期中国地方政府支出偏好的形成机制，这种形成机制是在中国分权改革体制下对地方政府的激励机制

---

① Niskenan, W. Bureaucracy and Representative Government ［M］. Chicago：Aldine. 1971：24 – 30.

② 丁菊香、邓可斌：《政府偏好、公共品供给与转型中的财政分权》，载《经济研究》2008年第 7 期。

导致的。尽管财政分权使得地方政府具有相对独立的经济地位，但是中央政府对地方政府官员晋升具有绝对权威，在以经济增长为核心的考核机制下，地方政府面临着财政和政治上的双重激励，共同促使地方政府为发展本地经济而展开标尺竞争，为了吸引外来资金，地方政府支出偏向于加大基础设施建设等公共投资领域，而严重忽视公共服务领域的投入。另外，由于中国幅员辽阔且区域间经济发展极为不平衡，地区间财政分权程度也存在显著差异①，表现出来的是中国地方政府的支出偏好也存在一定地区差异。经济发达地区由于经济发展水平相对较高，财力更为雄厚，在加强基本建设等公共投资的同时，也在不断加强公共服务支出水平。欠发达地区经济发展水平较为落后，并且财政能力有限以及财政支出规模较小，地方政府有更强烈的动机发展本地经济，在经济建设方面的财政投入必然挤占与民生相关的公共服务支出。

中国分税制改革使得中央政府财力不断增加而地方政府财力压缩，但中央政府和地方政府之间的事权则是反向变动，这就导致了中央政府与地方政府之间出现了纵向财政失衡，基本公共服务均等化的实现需要转移支付来均衡地区间财力差异。中国的实际情况是，目前大多数地方政府的收入不能满足财政支出需求，严重依赖于中央转移支付，特别是县级政府对上级转移支付的依赖程度更高。因此，转移支付对于地方政府的支出偏好会产生一定程度的影响，主要产生三种效应：一是刺激效应，即由于地方政府获得转移支付后可支配财力增加，会刺激其增加某方面的公共支出；二是替代效应，是指地方政府某个项目获得了转移支付资金支持，原来在这个项目的自有财政资金则用于别处；三是挤出效应，即转移支付使地方政府不但没有增加，反而减少了某项支出的总体规模②。

中国的县级政府（特别是欠发达地区）大多都是"吃饭"财政，自有财力能保证其运转就不错了，甚至有的县级政府连运转也保证不了。中央和省级政府为了实现基本公共服务均等化目标，逐年加大对县级政府的财力性转移支付力度，由于相对于专项转移支付资金而言，财力性转移支付资金并没有明确具体用途，对其也没有考核和监督机制，县级政府则拥有对这类资金无约束的自主支配权，这部分资金的使用在一定程度上更加

---

① 由于分税制改革只是规范了中央与地方的财政关系，而省以下各层级政府间财政关系并没有规范，这就导致不同省份的财政分权程度也有所不同，这也会导致不同地方政府的支出偏好存在一定的地区差异。

② 曾明、张光、江依妮：《转移支付对县级公共支出的影响》，载《教育与经济》2008 年第 2 期。

能够反映县级政府支出偏好。因此，在以经济增长为目标的县级政府官员考核机制下，县级政府对没有约束的财力性转移支付资金往往被挪占，并没有用于基本公共服务的投入，而是用于经济建设领域的投入或者政府消费型支出，最终偏离了中央政府转移支付政策目标，难以实现基本公共服务均等化的预期目标。伏润民等（2008）通过对县级政府转移支付资金使用的实际调研发现，一些长期接受一般性转移支付的县级政府，是否将转移支付资金用于基本公共服务领域值得怀疑①。因此，中国县级政府大量财政收入来源于上级转移支付，一般性转移支付为县级政府财政支出行为扭曲提供了财力空间，如何在财政分权体制下设计具有激励约束的转移支付体系，对于规范县级政府支出行有着重要的作用，有利于实现上级转移支付的政策目标，即实现基本公共服务均等化。

6.3 县级转移支付、"省直管县"改革与基本公共服务均等化

改革开放以来的"放权让利"改革在财政层面上导致了中央政府与地方政府之间财力的不对称，分税制改革以前，中央财政收入所占比重远低于地方财政收入所占比重，出现了藏富于民和藏富于地方的现象，这使中央政府出现财政困境，不得不向有些地方政府借款，不利于改革开放的推进以及削弱了中央宏观调控的能力。为了扭转这个局面以及依据建立社会主义市场经济体制改革目标的要求，1994年进行了分税制改革，其中非常重要的一个目的是提高中央财政收入占全国财政收入的比重。这一财政体制改革使得中央财政收入大幅度提升，占到全国财政收入比重在50%以上，并且在随后的财政体制调整过程中，中央进一步集中了财力②。就财政支出而言，地方政府支出比重达到80%以上（宋小宁、陈斌、梁若冰，2012），中央承担的支出责任远小于地方政府。因此，分税制改革导致了中央与地方政府之间财权与事权的严重不匹配，地方政府财力不足将会成为制约地方政府提供基本公共服务的主要障碍，目前我国地方政府财政收支缺口高达30%左右，要弥补地方政府财力缺口需要中央政府大量的转移

---

① 伏润民、常斌、缪小林：《我国省对县（市）一般性转移支付的绩效评价——基于DEA二次相对效应模型的研究》，载《经济研究》2008年第11期。

② 如2002年的所得税分享改革，使得中央政府进一步集中了财力。

支付。针对县级政府来说，财政收入比重更小而财政支出责任更大，县级政府财力缺口更大，对转移支付的依赖程度更高，有的贫困县甚至90%的财政收入都依赖于上级转移支付。原因在于，分税制改革规范了中央与省级政府之间的财政关系，但是省以下财政体制并没有明确规定，因此大多数省级政府都比照中央与省之间的模式来设计省以下财政体制，这就导致省以下财政体制在财政收入方面进一步的集权。财政支出方面进一步分权①，从而导致最底层的县级政府财政收支缺口远高于省、市一级，普遍出现县级财政困境，很多县级政府都是"吃饭财政"，基本上没有太多的财力用于提供基本公共服务。

分税制改革导致县级财政自给率弱化，相关学者研究表明分税制改革以后中央政府财政自给率不断提升，目前已经达到 2.4 左右，地方政府的财政自给率则不断下滑，从分税制改革前的 1.0 左右跌到目前的 0.6 左右，其中县级政府财政自给率则是各层级政府中最低，近年来一直在 0.4~0.5②。县级财政自给率低导致县级财政困难，导致县级政府对于辖区内基本公共服务的供给显得力不从心，严重影响到地方社会经济发展以及基层政权的稳定。因此，通过上级转移支付弥补县级财力缺口，有利于县级政府为辖区居民提供基本公共服务。分税制改革以来，中央为了均衡地区间财力差异，促进基本公共服务均等化，逐步建立和完善了转移支付制度，现行中央对地方转移支付主要有一般性转移支付和专项转移支付。

对县级政府而言，对转移支付的依赖程度比省和市级政府更大，县级政府获得转移支付主要从以原体制补助和税收返还、增加工资补助、结算补助、专项转移支付为主，一般性转移支付在县级则只起到辅助性作用③，转移支付资金则来自不同级别的上级政府，包括中央、省和市三级。但实际上，县级转移支付中的大部分都来源于中央财政，主要分为两种情况：一是中央直接对县的转移支付，二是中央通过省对县的转移支付④。中央

---

① 本书作者在对四川省南充市某区财政局进行调研时与财政局相关部门人员进行座谈，了解到该区在增值税返还上，本来按照规定应该是25%的比重，但是由于省市进一步的集中财力，最后实际上增值税返还比重只占到10%左右，同时他们也谈到很多市的支出责任要求区里完成，可以看出，县区层级政府的财力被进一步集中，而支出责任往往又进一步被下放，从而导致其财力缺口更大。

② 佚名：《1990~2009年我国各级政府财政自给能力情况表》，载《地方财政研究》2010年第9期。

③ 说明县级转移支付中，弥补县级财政缺口，促进基本公共服务均等化的一般性转移支付比重过低。

④ 侯一麟、王有强：《中国县级财政研究》，商务印书馆2011年版。

对县级政府转移支付包括一般性转移支付和专项转移支付，其中一般性转移支付主要是为了保障县级基本财力需要，专项转移支付则比较繁杂且金额大小不一，但所占比重较高。中央除了直接对县级政府进行转移支付外，大部分还是通过省级财政对县进行转移支付，并要求省级政府确保对县的转移支付资金保障，有时还要求省级政府给予一定的配套措施。但与此同时，省级政府在获得中央对县的转移支付资金后，往往根据自身的需要先满足本级财政支出，出现了截留中央转移支付资金的现象。另外，不仅仅是省级政府存在截留，市一级政府也存在截留对县级转移支付资金的现象，在我国实行"省直管县"改革以前，实行的是"省管市，市管县"体制。也就是说，省对县级的转移支付必须经过市级财政，市级财政也会在一定程度上克扣上级对县级的转移支付资金，挪用、占用发展县域经济的资金，出现"市压县""市卡县"的现象普遍存在。有学者研究表明，市对县级转移支付资金截留的比重比省级截留更大。省和市一级对县级转移支付的截留极大地影响了县级预算收入确定性预期的形成以及预算安排的独立性，不利于县级政府有效提供基本公共服务。

中国大约有70%的人口生活在县级区域，并且长期以来县级政府承担者大量的基础教育、医疗卫生、环境保护、社会保障与就业等基本公共服务的供给任务，县级政府财政困难导致其基本公共服务供给严重不足，影响了地方经济社会的综合发展。如何化解县级政府财政困难成为学术界和政府部门非常关注的一个问题，中央政府为了缓解县级财政困难不断加大对县级政府的转移支付，期望通过转移支付制度来提升县级政府供给基本公共服务的能力。但不论是有关学者的研究还是实际情况都表明，转移支付尽管对缓解县级政府财政困难起到了一定作用，但是均等化效果并不明显（尹恒等，2007，2009，2011），而且县级基本公共服务的供给也并没有得到有效的改观。转移支付对于县级基本公共服务均等化效应绩效不佳，主要有两个方面的原因：（1）转移支付对县级政府均等化效应不明显，通过本书前面相关分析可知，有三个方面因素可能导致转移支付对县级政府均等化效应不佳。一是转移支付结构不合理，其中均衡性转移支付所占比重过低，税收返还比重过高不利于均等化县级政府财力。二是中央对县级转移支付受到省和市级政府层层截留，导致实际到县级政府的转移支付资金过低。三是专项转移支付尽管在一定程度上有利于地方政府提公共服务，但是专项转移支付项目设计交叉重复且分配极为不规范，并且专项转移支付大多需要地方政府提供配套资金，对地方财政形成较大压力，最终使资金使用效率低下且损失严重，并没有真正提升县级政府基本公共服务供给能力①。（2）县级政府存在生产性支出偏向，尽管财权和事权的不匹配被认为是制约地方政府供给基本公共服务的主要障碍，但通过本书前面的研究发现，地方政府支出偏好也在一定程度上影响着基本公共服务的有效供给。县级政府财政支出存在明显的生产性偏向，在对县级政府官员以经济增长为核心指标的考核机制下，县级政府在保证基本运转的情况下，有着将财政资源更多的投向经济建设领域的严重倾向，这也是导致县级政府基本公共服务供给不足的一个重要原因。

鉴于县级财政困难成为地方财政运行中一个突出的问题，再加上我国县级基本公共服务非均等化现象严重，为了缓解县级政府财政困难，提升县级政府供给基本公共服务的能力，自 20 世纪末 21 世纪初，就有学者提出了"省直管县"改革，希望通过"省直管县"改革缓解县级财政困难。1992 年浙江省出台《关于扩大十三个县市部分经济管理权限的通知》，浙江省进行了"省直管县"改革的试点，使浙江省成为我国县域经济最发达的省份，这就促使了财政部从 2002 年开始在部分省份进行"省直管县"改革的试点。尽管"省直管县"改革是中央政府为了缓解县级财政困难，促进县级政府实现基本公共服务均等化的改革措施，但是针对"省直管县"改革是否能有效解决县级财政困难并促进基本公共服务均等化，国内学者有着赞同和反对两个观点。支持者（贾康、白景明，2002；傅光明，2006；杨志勇，2009；才国伟、黄亮雄，2010；刘佳南等，2011）认为"省直管县"改革减少了地方政府层级，提高了县级财政地位，能够有效地促进了县域经济发展②。反对者（陈翻，2009；庞明礼等，2009）认为"省直管县"改革有可能抽空我国中等城市发展成长的血液，严重阻碍我国的城市化进程，并且不一定能真正解决县级财政困难，并且会加大省级政府配置省内公共产品的负担等问题③。可见，"省直管县"改革对于县级政府财政会产生一定的影响，那么"省直管县"改革是否能有效促进县级政府基本公共服务的有效供给？鉴于此，本章以四川省县级数据为基础对转移支付与县级基本公共服务均等化进行实证分析，希望能对转移支付

---

① 宋小宁、陈斌、梁若冰：《一般性转移支付：能否促进基本公共服务供给？》，载《数量经济技术经济研究》2012 年第 7 期。

② 刘佳、马亮、吴建南：《省直管县改革与县级政府财政解困——基于 6 省面板数据的实证研究》，载《公共管理学报》2011 年第 3 期。

③ 才国伟、张学志、邓卫广：《"省直管县"改革会损害地级市的利益吗？》，载《经济研究》2011 年第 7 期。

与地方政府行为以及县级基本公共服务均等化进行一个实证考察。

6.4　转移支付与县级基本公共服务均等化实证分析

如前所述，我国县级转移支付主要包括财力性转移支付和专项转移支付，本书财力性转移支付是指专项转移支付以外不限定用途的转移支付，其目的是为了弥补地方财力缺口，从而促进基本公共服务在地区间的均等化，主要包括一般性转移支付、民族地区转移支付、农村税费改革转移支付、调整工资转移支付、县乡奖补转移支付以及其他财力性转移支付。专项转移支付是中央政府为实现特定的宏观政策或事业发展战略目标，以及诱导下级政府支出某种特定公共物品，给予地方政府的补助资金，地方需要按照规定用途使用。但目前我国专项转移支付由于分配不透明不规范且资金投入分散，导致地方政府纷纷"跑部钱进""跑厅钱进"，最终导致资金分配不稳定且资金使用效率低下。可见，尽管财力性转移支付和专项转移支付都有促进地方政府提供公共服务的作用，但由于专项转移支付存在诸多问题，且很多专项转移支付需要地方配套，使县级政府在专项转移支付分配上处于不利地位，专项转移支付资金不稳定，县级转移至实现基本公共服务均等化更多依赖于财力性转移支付。鉴于此，本部分主要就财力性转移支付中的一般性转移支付与县级基本公共服务供给关系进行实证分析，并对分析结果进行稳健性分析，试图探讨转移支付与县级基本公共服务均等化之间的逻辑关系。

6.4.1　模型设定与数据说明

6.4.1.1　模型设定

由于地方政府基本公共服务的供给是通过地方政府财政支出来反映的，如县级政府的基本公共服务主要包括基础教育、医疗卫生、社会保障和就业等方面，地方政府支出决策是动态而非静态的，而且基本公共服务支出一般具有需求的刚性，县级政府当期财政支出决策会受到上期财政支出的影响。因此，本部分主要采用动态面板数据模型估计财力性转移支付对基本公共服务供给的影响，模型公式为：

$$\ln BasicServ_{it} = c + \alpha_1 \ln GelTransfer_{it} + \alpha_2 \ln SpecTransfer_{it} + \alpha_3 \ln GelBudget_{it}$$
$$+ \alpha_4 \ln InfraSpend_{it} + \alpha_5 \ln AdminSpend_{it} + \beta_i + v_{it} \qquad (6-1)$$

6.4.1.2　变量定义

（1）基本公共服务。尽管国内学者关于基本公共服务并没有一个一致的定义，但是基本认为满足人基本生存权和发展权的相关公共服务都应该被认为是基本公共服务，根据中共中央以及中央政府的相关文件要求，在结合县级财政支出责任，本部分将县级基本公共服务主要界定为基础教育、医疗卫生和社会保障三个方面，并用这三类公共服务的财政支出总和作为县级基本公共服务供给的一个数量衡量。

（2）一般性转移支付。分税制改革后我国建立了过渡期转移支付用于均衡地方政府财力，后来经过不断调整和改革，2002 年所得税分享改革将其改为一般性转移支付，2009 年又将其改为财力性转移支付，主要包括一般性转移支付、民族地区转移支付、农村税费改革转移支付等内容。

（3）控制变量。为了更明确地反映财力性转移支付与县级基本公共服务之间的关系，本部分设定了四个控制变量，即专项转移支付、一般预算收入、基本建设支出、行政管理支出。专项转移支付很大一部分也会被用于基本公共服务领域，其对基本公共服务供给有着重要影响，将其作为控制变量以分离其对基本公共服务供给的影响。一般预算收入包括县级政府的税收收入和各类非税收入，是县级政府可支配的自有财力，也会影响其基本公共服务的供给，将其作为控制变量分离其产生的影响。基本建设支出和行政管理支出是县级政府的经济建设和消费性支出，由于财力性转移支付没有规定具体用途，有可能被县级政府用于这两类支出，进而影响基本公共服务的供给，故将其作为控制变量。

6.4.1.3　数据说明

本部分主要是就县级转移支付与县级基本公共服务均等化关系进行的实证分析，这里的县级政府主要是指县、县级市、旗三种类型，不包括市辖区，主要是因为市辖区和县存在较大差异，而且市辖区的基本公共服务又常由市政府统一规划、统一供给，市辖区相对县政府来说自主权小得多。本书以四川省县级数据进行实证分析，通过对四川省县级政府的转移支付和基本公共服务供给数据进行整理分析，运用的数据主要来自《全国地市县财政统计资料》，由于数据的可获得性，再加上考虑到转移支付政策调整影响，而且 2007 年后进行了政府预算收支科目分类改革，使前后统计口径出现了差异，所以，本部分选择 2002 ~ 2006 年四川省 138 个县（市）级政府的数据进行实证分析。

6.4.2 实证分析结果

对于县级政府而言，基本公共服务主要包括教育、医疗卫生和社会保障三个项目，本章在实证分析中首先以三个项目之和作为基本公共服务来进行总量指标的实证分析，解释变量为基本公共服务总量的自然对数，然后分别对教育、医疗卫生和社会保障作为县级基本公共服务度量进行分项的实证分析，均采用固定效应进行 FE – OLS 进行估计，估计结果如表 6 – 1所示。

表 6 – 1   转移支付对公共服务供给的影响：基于四川 138 个县（市）的回归结果

变量	lnservice 基本公共服务	lnsecurity 社会保障	lneducation 教育服务	lnhealth 医疗卫生
	Fixed-effects	Fixed-effects	Fixed-effects	Fixed-effects
C 常数项	3.7412 *** (17.46)	- 0.8358 * (- 1.66)	3.6616 *** (17.26)	1.1766 *** (3.31)
lGtransfer 一般转移支付	0.0577 *** (6.32)	0.6036 *** (2.82)	0.0545 *** (6.03)	0.0752 *** (4.98)
lStransfer 专项转移支付	0.2040 *** (8.99)	0.2537 *** (4.75)	0.1793 *** (7.98)	0.2373 *** (6.31)
lbudgetrev 预算收入	0.0769 *** (3.74)	0.2531 *** (5.24)	0.0878 *** (4.31)	- 0.0631 * (- 1.85)
lconexp 建设支出	0.0132 (1.40)	0.0042 (0.19)	0.0141 (1.51)	0.0409 *** (2.62)
ladmexp 管理支出	0.2646 *** (7.58)	0.3163 * (- 1.66)	0.2452 *** (7.09)	0.4281 *** (7.40)
F 检验	11.66	11.21	14.85	6.02

续表

变量	Inservice 基本公共服务	Insecurity 社会保障	Ineducation 教育服务	Inhealth 医疗卫生
	Fixed-effects	Fixed-effects	Fixed-effects	Fixed-effects
Hausman 检验	72.81	57.11	204.45	72.78
R^2	0.7238	0.4526	0.6991	0.6045
F – statistic	286.71	90.45	254.19	167.24
样本量	690	690	690	690

注：***、**、*分别表示在 1%、5% 和 10% 的置信水平下显著；小括号内报告的为 t 值。

根据表 6 - 1 估计结果所示，一般性转移支付对四川省县级基本公共服务的收入供给弹性为 0.0577，并且统计结果高度显著。结果显示，四川省一般性转移支付对县级基本公共服务的收入供给弹性较小，当县级政府一般性转移支付增长 1%，会带来基本公共服务支出增长仅为 0.0577%，这个效果是微不足道的，表明四川省县级基本公共服务支出对一般性转移支付极度缺乏弹性。也就是说，上级政府对县级政府的转移支付并没有导致县级基本公共服务以对应比重的增加，在一般性转移支付未规定具体用途的情况下，地方政府有将其用于提供基本公共服务之外的经济建设或者行政管理等方面的动机，实证分析结果也显示了实际存在这种政府行为。

本部分还分别对三类基本公共服务支出进行了估计，根据表 6 - 1 估计结果可知，统计结果都是高度显著的。一般性转移支付对社会保障公共服务的收入弹性为 0.6036，并且统计结果高度显著，说明四川省对县级政府的一般性转移支付导致社会保障支出的增加，转移支付对社会保障公共服务均等化效果较好，促进了社会保障公共服务的供给。一般性转移支付对教育公共服务的收入弹性为 0.0545，统计结果高度显著，但只有0.0545，当一般性转移支付增长 100% 只能带来教育公共服务支出增长仅为 5% 左右，表现为极度缺乏弹性的，表明四川省对县级政府的一般性转移支付对教育服务均等化效果较差，并没有促进县级教育公共服务的供给。一般性转移支付对医疗卫生公共服务的收入弹性为 0.0752，统计结果高度显著，但也只有 0.0752，同样也是缺乏弹性的，表明一般性转移支付对医疗卫生公共服务的均等化效果不佳，也没有对医疗卫生公共服务的供给产生促进作用。

综上所述，实证分析结果显示，四川省对县级政府的一般性转移支付对社会保障的收入弹性系数达到 0.6 左右，较好地促进了社会保障的供给。这可能与四川省是一个多民族地区的基本情况有关系，四川省政府为了维护社会稳定，特别是民族地区的稳定，在社会保障支出上相对于其他支出投入更多，其中县级政府特别是民族地区的县级政府将获得一般性转移支付更大力度的投入到了社会保障支出中。但根据一般性转移支付与教育和医疗卫生公共服务的是估计结果可以看出，其对县级政府的一般性转移支付对教育和医疗卫生的收入弹性系数分别为 0.0545 和 0.0752，是极度缺乏弹性的，表明一般性转移支付对教育和医疗卫生公共服务供给基本上没有促进作用，表明县级政府并没有将一般性转移支付用于增加教育和医疗卫生支出。可见，实证分析结果表明，四川省县级政府转移支付对基本公共服务供给均等化效果极为有限，尽管较好地促进了社会保障的供给，但可能主要是由于四川是一个民族地区较多的省份，为了维护社会稳定特别是民族地区的稳定，出于政治因素的考虑，这些地方的县级政府将转移支付中一部分资金用于社会保障支出。但县级政府转移支付对教育和医疗卫生供给并没有促进作用，这进一步说明了县级政府转移支付对社会保障供给具有促进作用有部分因素是出于维护民族地区稳定的原因，而实际上四川省县级政府财政支出中还是存在支出偏向。

6.4.3 稳健性分析

前面的分析是以四川省 138 个县（市）级政府的数据为基础进行的实证分析，但是由于四川省地域广阔且存在较多的民族自治地区，县域之间经济发展水平差异较大，经济发达的县域，特别是成都周边的县级政府，如双流、郫县等地区，经济发展水平高，财政能力强，对转移支付的依赖程度较低。而有一些贫困的县（市），特别是民族地区的县级政府，自有财力非常有限，基本上连运转都不能够维持，对转移支付的依赖程度非常大，不管从转移支付总量还是人均转移量都远远高于其他地区。因此，四川省 138 个县（市）由于经济发展水平的差异，各个县在基本公共服务供给上对转移支付的依赖程度差异较大，为了能更好地说明四川省县级政府一般性转移支付对基本公共服务供给的影响，出于稳健性考虑，本书选取了四川省 33 个贫困县样本来进行估计，结果如表 6－2 所示。

从表 6－2 估计结果看，以四川省 33 个贫困县数据为样本进行估计得出的结果与运用四川省全部 138 个县级数据为样本进行的估计结果有一定的差异。首先，以三项基本公共服务之和作为解释变量进行估计时，全样本下的一般性转移支付对县级基本公共服务收入弹性的估计结果仅为0.0577，以贫困县数据进行的估计结果则上升为0.1769，表明在贫困县一般性转移支付对基本公共服务的促进作用好于全省各县的总体情况。这又在一定程度上说明了，相对于贫困县来说，有一部分县级政府将一般性转移支付用于基本公共服务领域以外，转移支付对基本公共服务供给的作用受到地方政府支出行为的影响。其次，从分项估计的结果来看，一般性转移支付对社会保障公共服务的弹性系数相比全样本下的估计值有大幅度的下降，教育和医疗卫生公共服务的弹性系数则有了一定程度的提升。但是从具体的弹性系数数值上来说，社会保障、教育和医疗卫生分别为0.1777、0.1738和0.2843，表现出来都是缺乏弹性的，也就是说，在贫困县尽管县级政府一般性转移支付对基本公共服务供给的促进作用除了社会保障外，都比全样本下更大，但是其无论是总体还是分项的基本公共服务促进作用都不明显。综上所述，相对于四川省其他县（市），贫困县的基本公共服务供给对一般性转移支付的依赖程度要高得多，但是估计结果又显示，在贫困县依然没有发现一般性转移支付对基本公共服务供给有明显的促进作用。

表6－2   转移支付对公共服务供给的影响：基于四川省
33 个贫困县市的回归结果

变量	lnservice 基本公共服务	lnsecurity 社会保障	lneducation 教育服务	lnhealth 医疗卫生
	Fixed-effects	Fixed-effects	Fixed-effects	Fixed-effects
C 常数项	3.7254 *** (6.93)	1.7404 (1.23)	3.1949 *** (4.54)	3.1914 *** (3.30)
lGtransfer 一般转移支付	0.1769 *** (5.02)	0.1777 ** (1.97)	0.1738 *** (3.77)	0.2843 *** (4.49)
lStransfer 专项转移支付	0.1120 ** (2.59)	0.0576 (0.51)	0.1167 ** (2.06)	− 0.0010 (− 0.01)
lbudgetrev 预算收入	0.1035 ** (2.54)	− 0.0444 (− 0.41)	0.1618 *** (3.08)	− 0.1725 ** (− 2.35)
lconexp 建设支出	− 0.0006 (− 0.05)	0.0103 (0.30)	− 0.0033 (− 0.19)	0.0309 (1.31)

续表

变量	lnservice 基本公共服务	lnsecurity 社会保障	lneducation 教育服务	lnhealth 医疗卫生
	Fixed-effects	Fixed-effects	Fixed-effects	Fixed-effects
ladmexp 管理支出	0. 2259 *** (2. 72)	0. 3619 * (1. 66)	0. 1867 * (1. 72)	0. 3315 ** (2. 22)
F 检验	7. 98	20. 59	5. 51	5. 29
Hausman 检验	57. 97	47. 88	116. 74	19. 76
R^2	0. 8590	0. 4478	0. 7825	0. 7070
F – statistic	154. 7	13. 59	91. 38	61. 28
样本量	165	165	165	165

注: *** 、 ** 、 * 分别表示在1%、5%和10%的置信水平下显著；小括号内报告的为 t 值。

6.5　本 章 小 结

本章通过理论分析发现，转移支付对地方政府财政支出行为产生一定程度影响，进而影响到地方政府基本公共服务的有效供给。中国分税制改革使得中央政府财力不断增加而地方政府财力压缩，但中央政府和地方政府之间的事权则是反向变动，目前大多数地方政府的收入不能满足财政支出需求，严重依赖于中央转移支付，特别是到了县级政府对上级转移支付的依赖程度更高。中国大约有70%的人口生活在县级区域，并且长期以来县级政府承担者大量的基础教育、医疗卫生、环境保护、社会保障与就业等基本公共服务的供给任务，分税制改革导致县级政府财权和事权严重不匹配，导致县级政无法有效供给基本公共服务。因此，转移支付制度对于县级政府基本公共服务供给是否具有促进作用？

本章以四川省138个县（市）数据为基础，并且以教育、医疗卫生和社会保障作为度量县级政府提供的主要基本公共服务，运用 FE – OLS 估计方法就转移支付与县级基本公共服务供给进行实证分析。以四川省33个国家级贫困县数据进行稳健性分析，发现一般性转移支付对于四川省县级政府基本公共服务的供给是极度缺乏弹性的。一般性转移支付对四川省所有县（市）来说，其增长1%仅能带来基本公共服务支出0.0577%的增长，对贫困县则能带来基本公共服务支出0.1769%的增长。从县级基本公共服务分项的回归分析结果可以看出，一般性转移支付增长对社会保障支出的影响要大于教育和医疗卫生，在贫困县这种差异有所缩小。这可能是由于社会保障关系到社会稳定，对当地政府官员的仕途有很大的影响，地方政府官员在基本公共服务各类项目中更加注重对社会保障支出的倾斜。另外，根据回归结果可知，相对于一般性转移支付而言，专项转移支付更有利于促进基本公共服务有效供给。

　　根据实证分析结果可知，尽管转移支付在理论上有利于平衡地区间财政能力差异，有利于促进地方政府提供基本公共服务，但是由于在经济增长作为政府官员核心考核指标的政治晋升模式下，地方政府官员有明显的生产性支出的偏向。另外，由于上级政府对下级政府基本公共服务绩效的评价难以测度，同时缺乏对地方政府行为的有效约束机制，仅仅依靠不断增加对地方政府转移支付力度，并不是解决地方政府有效供给基本公共服务的充分条件。因此，在以基本公共服务均等化为目标的转移支付制度设计中，上级政府对下级政府的转移支付应该兼顾对地方政府的财政激励，通过财政激励来促进地方政府税收努力的提高。另外，增加对地方政府行为的约束，优化地方政府财政支出结构，将更多的财政资金用于基本公共服务领域，还要激励地方政府增加基本公共服务供给的努力程度，并将其作为政府官员政绩考核的指标之一，作为均衡性转移支付资金分配的考量依据。

第7章

构建兼顾均等与财政激励的转移支付制度

7.1 转移支付制度的激励机制分析

7.1.1 转移支付制度的激励与约束问题分析

政府间财政转移支付制度是财政分权体制的重要组成部分,也是中央政府激励和约束地方政府行为的重要政策工具,转移支付的规模和结构对地方政府收支行为产生不同程度的影响,地方政府行为又直接关系到转移支付制度的有效性以及地方政府支出责任的有效履行。传统财政分权理论假定地方政府是"利他主义"的,地方政府在获得转移支付资金时,财政收支行为都不产生机会主义行为,既不会降低财政努力或隐瞒自身收入获得更多转移支付,也不会出现财政支出的偏向,转移支付制度并没有过多涉及激励与约束问题。但在财政分权实践中,发现转移支付作为地方政府获得的一种无偿性收入,在信息不对称和监督约束机制不健全的情况下,地方政府普遍存在机会主义倾向。一方面,从转移支付对地方政府收入行为影响的角度,地方政府会利用信息优势隐瞒自己的真实收入,如将预算内收入变为预算外收入或制度外收入,或者降低财政努力程度而"藏富于民",将更多的收入留在当地,由此形成的财政收支缺口由上级政府支付来弥补,以减轻地方政府的工作负担和财政压力,保护本地区的利益。另一方面,从转移支付对地方政府支出行为影响的角度,地方政府无论获得什么类型的转移支付资金，都会增加地方政府财政支出弹性，转移支付对地方财政支出的"粘蝇纸"效应表明，对地方政府有扩大财政支出的激励，并且当地方政府对转移支付资金有较大自主权的情况下，还会出现财政支出结构的偏向。可见，转移支付对地方政府行为激励约束机制不健全，会导致转移支付政策效应无法有效发挥，地方政府行为也会出现偏差。国外学者和各国政府部门对转移支付制度的激励约束机制进行了深入研究并付诸实践，基于转移支付制度的效率和公平目标的权衡，有两种模式：一种模式是以效率为主导的转移支付激励约束机制研究，以美国和德国为代表；另一种模式是以公平为主导的转移支付激励约束机制研究，以澳大利亚和加拿大为代表。但这些国家的实践表明，无论是公平优先还是注重效率的转移支付制度都难以避免地方政府的机会主义行为，转移支付制度的激励约束机制在整个转移支付制度设计中具有重要的意义，是保障转移支付制度有效性的基础。

转移支付对地方政府行为的激励涉及正激励和负激励两个方面，转移支付制度设计的差异会导致其对地方政府收支行为产生不同的影响，这有赖于转移支付制度的激励约束机制和相关配套制度的完善。在财政分权实践中，转移支付制度的缺陷往往会对地方政府行为产生扭曲性激励，即地方政府为获得更多转移支付资金采取的策略性行为，通过各种不合意的手段来获得收入或者扩大支出，以谋取地方或者政府官员的经济和政治利益。在监督约束机制缺乏的情况下，上级对下级的转移支付还会产生预算软约束问题，由于能够获得上级转移支付，地方政府在财政支出上会出现扩张性冲动，转移支付可能会被地方政府用来弥补地方政府财政支出膨胀、管理效率低下导致财政支出扩大以及地方政府债务扩张等。转移支付的预算软约束导致地方政府机会主义和短期行为，最终会带来地方财政支出规模无序扩大、财政资金使用的低效率和地方政府债务过度等问题，影响地方财政可持续性。转移支付对地方政府的负激励和预算软约束都是由于地方财政收入来源变化，其产生取决于地方政府获取转移性收入的策略和能力，当地方政府意识到中央政府对其承诺的可行度较高或者地方政府具有获取转移性收入的政治或者经济途径，就会引发地方政府的机会主义行为，转移支付就会对地方政府产生负激励，同时也会伴随着预算软约束问题①。

---

① Marianne Vigneault, Grants and Soft Budget Constraints, in Robin Boadway and Anwar Shah (eds), "Intergovernmental Fiscal Transfers: Principles and Practice", The World Bank, 2007.

　　在转移支付制度设计中如何建立对地方政府行为的有效激励并且避免对地方政府产生预算软约束，是建立转移支付激励约束机制的核心。为了达到这一目标，主要是通过对转移支付资金来源、转移支付结构优化、资金分配方法、绩效评价体系以及附加和配套措施来实现。财政体制和政治体制相伴而生，中央政府往往通过转移支付和政治晋升机制来对地方政府官员进行财政和政治的双重激励，在转移支付的激励约束机制设计中同时应该考虑政治体制对地方政府行为的激励，只有建立两者相容的激励机制才能真正实现转移支付激励效应。

　　首先，在转移支付的激励机制设计中应该对地方财政努力产生正向激励。转移支付首要目标是公平，在激励机制设计中需要兼顾公平的考虑，应该基于地方政府客观现实为基础，同时考虑地方政府财政努力，建立转移支付的绩效评价制度来规范地方政府行为。不过这里涉及一个难题，对地方政府绩效评价标准的选择问题，评价标准越客观，对地方政府行为评价越准确，转移支付制度的激励效应就越强，但由于地方政府财政行为有时难以量化或者由于信息不对称导致了测度不准确等问题，这是转移支付制度激励机制设计的难题。鉴于对地方政府绩效评价的困难，上级政府往往以地方政府以往的业绩衡量其绩效，地方政府意识到其努力将会导致绩效标准提高，往往会通过降低自身财政努力的策略行为，导致了转移支付激励机制失效。另外，转移支付还可能会产生"棘轮效应"[①]，转移支付是财政分权体制下地方政府间财政不均衡的平衡机制，通过中央政府集中更多财力，将发达地区财政收入再分配给贫困地区，以避免地区间财政差距的扩大。如果经济发达地区预测到自身征税越多上缴越多，就会隐瞒自身实际收入和降低财政努力以减少与中央的贡献数额，就出现"棘轮效应"。

　　其次，转移支付激励机制设计时，应该考虑对地方政府财政支出的正向激励，减少转移支付对地方财政支出的"粘蝇纸"效应和"价格效应"导致的政府扩张。一方面，转移支付作为地方政府收入来源，相对于地方政府的税收收入而言，转移支付收入是由辖区以外的居民负担，这就阻断了本地居民负担和财政支出成本之间的联系。课税权与支出权的分离，导致了本地纳税人对财政支出真实成本感受变得模糊，在参与地方政府对本地财政支出决策时，低估了公共服务供给的成本，当地方政府财政支出扩

---

① 谢京华：《政府间财政转移支付制度研究》，浙江大学出版社 2011 年版。

张更能获得辖区居民的赞同①。另一方面，转移支付会对地方财政支出结构产生影响，根据公共选择理论假定地方政府官员是理性的"经济人"，作为独立的利益主体，在财政资金使用上会在当地居民偏好、自身利益偏好和上级政府偏好之间进行权衡，当地方政府获得转移支付资金时，财政自主性和地方政府偏好决定了地方财政支出结构。由于地方政府财政支出行为还受到政治激励的影响，在联邦制国家，地方政府官员主要对本地居民负责，当地方政府获得转移支付资金后，出于政治利益考虑，为了获得本地居民的支持会将财政资金更多用于当地居民偏好领域。但我国地方政府官员晋升主要由上级政府决定，对地方政府官员的政绩考核是晋升的主要指标，考核指标就会引导地方政府财政支出行为，在以经济增长作为主要考核指标的引导下，就会导致地方政府将更多的财政资源用于经济建设领域，当地居民偏好的民生领域支出的不足，地方财政支出就会出现经济性偏向。

7.1.2　转移支付促进基本公共服务均等化的激励问题分析

公共财政体制下，地方政府主要职能是为社会公众有效提供基本公共服务，但由于地方政府财政能力差异、基本公共服务供给成本差异以及地方政府行为偏向等因素影响，导致地方财政支出结构失衡，不利于基本公共服务均等化的实现，需要通过转移支付制度来激励基本公共服务的有效供给。转移支付在促进基本公共服务均等化时，制度设计主要面临两个方面的激励问题：一是转移支付实现地方财力均等化的同时，应该兼顾对地方财政努力的激励。当地方财政努力程度存在差异时，通过转移支付来追求地方财政资源分配的绝对平等，如果财政努力不足的地区获得更多转移支付，会降低财政资金使用效率，可能会导致基本公共服务水平更大的不均衡②。二是转移支付对地方政府基本公共服务供给意愿的激励，转移支付实现了地方政府财力均等化的前提下，转移支付应该激励地方政府提供基本公共服务的意愿，提升地方政府对当地居民的回应性，增进地方政府基本公共服务供给的合意性，是基本公共服务均等化的基本保障。

---

① 毛捷、吕冰洋、马光荣：《转移支付与政府扩张：基于"价格效应"的研究》，载《管理世界》2015 年第 7 期。

② 龚锋、卢洪友：《机会平等与财政转移支付》，载《财经问题研究》2010 年第 11 期。

　　具体而言，转移支付在制度设计中实现财政均等的同时如何兼顾财政激励，涉及转移支付规模与结构、转移支付资金分配机制、转移支付资金使用绩效评价等方面。转移支付资金规模和结构的稳定性，有利于地方政府形成对所获转移支付的资金规模和结构的合理预期，当地方政府获得转移支付资金规模较为稳定，且资金如何使用的规定也较为明确，地方政府财政支出行为就会更为合理，而非短期化行为。转移支付资金分配方式会影响到地方政府获得转移支付的稳定性，如果转移支付资金分配采用"因素法"并基于客观公式计算，地方政府对自身所获得的转移支付资金规模和结构就会较为明确，在资金使用上安排就会更合理。如果转移支付资金分配是基于上下级政府之间的讨价还价，由于转移支付受到政治谈判等因素的影响，地方政府无法准确获悉转移支付资金规模，预算安排就会存在较大的不确定性，不利于基本公共服务有效供给。因此，在转移支付制度设计中，应该通过规模和结构的稳定性以及资金分配方式的规范性，来激励和约束地方政府的支出行为。一方面，应该基于财政均等和财政激励要求，建立转移支付资金稳定增长机制，并优化转移支付结构。通过规范的资金分配方式，主要以标准公式来计算各地区各类转移支付资金规模，在资金分配公式中考虑地方财政努力，从而引入竞争机制，增加转移支付制度的财政激励效应。另一方面，转移支付资金使用绩效在一定程度上影响基本公共服务均等化，转移支付增加了地方提供基本公共服务的财政能力，但地方政府财力增加不一定就会带来基本公共服务供给水平的增加，转移支付资金绩效评价是激励地方政府提高基本公共服务供给方面的效率的重要机制。可以通过建立转移支付资金绩效评价跟踪机制以及地方政府公共服务供给的绩效评价机制，并将转移支付资金分配与地方政府转移支付资金使用绩效联系起来，这样就使得绩效导向的转移支付将地方政府获得转移支付资金规模与基本公共服务所要达到的目标和结果相联系。可见，绩效导向的转移支付为地方政府提供了正激励，并且提升了对结果负责的绩效文化[①]。

　　① Anwar Shah, 2007, "A Practitioner's to Intergovernmental Fiscal Transfers", in Robin boadway and Anwar Shah (eds), Intergovernmental Fiscal Transfers: "Principles and Pranctice", The World Bank, pp. 9 – 15.

7.2　中央对地方转移支付制度优化路径：基于财政均等与财政激励双重目标

7.2.1　构建兼顾均等与财政激励转移支付制度的路径分析

分税制改革以来，转移支付制度作为我国财政体制的重要组成部分，对政府间纵向和横向财力均等化、促进基本公共服务均等化以及政府各种政策目标的实现发挥着不可或缺的作用。与此同时，中国财政转移支付存在制度缺陷，在实现财政均等化目标和对地方政府行为激励方面都不尽如人意，中国转移支付制度效率有待进一步提高，这就需要对中国转移支付制度进行优化，构建兼顾均等与财政激励的转移支付制度，实现转移支付制度财政均等和财政激励的双重目标。党的十八届三中全会提出"推进国家治理体系和治理能力现代化"，财政定位也随着发生变化，将财政定位为"国家治理的基础和重要支柱"，财政改革的方向为建立现代财政制度，我们应该基于国家管理到国家治理理念的转变来重新认识财政。党的十九大进一步明确了现代财政制度构建的首要任务是"建立权责清晰、财力协调、区域均衡"的中央与地方财政关系，理顺中央与地方政府关系，发挥中央和地方的积极性，财政体制改革的重心是要重构政府间财政关系，促进政府效率的提升。转移支付作为财政分权体制的重要组成部分，也是分权治理的重要机制，良好的转移支付制度是政府间财政关系协调的基础，转移支付制度改革也将成为推进我国财政体制改革的突破口。

中国现行转移支付是上级政府影响和控制下级政府的工具，制度功能定位更多是满足上级政府管理的需要，在信息不对称和地方竞争的环境下，自上而下的转移支付制度形成机制以及对地方政府监督约束的不足，造成了转移支付的激励效应缺失，降低了转移支付制度的公平与效率目标，并且导致了财政资源分配的失衡。基于国际经验，转移支付作为财政分权体制下政府间财政收入分配关系的协调机制，良好的转移支付制度应该具备财政均等化和财政激励的双重目标，在制度设计和机制选择上应该包括三个层面的内容。第一个层面是转移支付制度的功能定位，中国从国家管理到国家治理理念的转变，转移支付在功能定位上也应该是提高地方政府公共服务供给的激励，最终实现基本公共服务均等化。第二个层面是转移支付资金规模的大小确立，转移支付资金规模的确定应该在资金需求和可能之间寻求平衡，既要避免在发达地区引起课税成本过分偏离公共服务收益，又要避免在不发达地区诱发道德风险和机会主义行为。第三个层面是转移支付的资金分配方式和分配依据的选择，转移支付作为政府间财政资金再分配机制，在资金分配方式和分配依据选择上，关键在于对上下级政府间意愿冲突进行有效协调，并促成上下级政府在公共服务供给上的协同激励①。

可见，良好的转移支付制度应该实现政府间财政均等的同时产生财政激励效应，促进基本公共服务均等化的实现，在对中国现行转移支付制度优化过程中，转移支付制度的目标定位为兼顾财政均衡与财政激励双重目标。如图 7－1 所示，基于转移支付制度设计的基本原则和中国现实，构建兼顾财政均等与财政激励的转移支付制度，制度设计主要需要明确几个方面的问题：一是地方政府需要干什么事，即政府间事权和支出责任的合理划分；二是政府需要花多少钱，即履行支出责任的财力需求；三是地方政府实际有多少钱，即地方自有财力测算，包括税收收入和非税收入的测算；四是地方政府是否财政努力，基于财政激励考虑，对地方税收努力和公共服务供给努力进行评估；五是应该如何进行转移支付，涉及中央对地方以及省以下转移支付制度的构建。具体而言，构建兼顾财政均衡与财政激励的转移支付制度，制度设计基本路径如下：第一步，基于公共服务特性和均等化要求以及中国现实为基础，在各级政府间合理划分事权并界定支出责任；第二步，估算地方政府履行事责的财力需要；第三步，基于共享税收收入、地方税收入、非税收入等对地方政府财政能力进行估算；第四步，根据财政努力测度方法并构建转移支付制度绩效评价体系，对地方财政努力和转移支付绩效进行评价，据此测算出地方政府真实的财力缺口，作为转移支付资金分配的现实依据；第五步，基于财政均等和激励双重目标对转移支付制度优化设计，基于事权与支出责任划分、财力需求测算、实际收入测算、财政努力评估，对转移支付制度从规模、结构、资金分配方式、资金使用管理等方面进行系统的制度设计。

---

① 李永友：《国家治理、财政改革与财政转移支付》，载《地方财政研究》2016 年第 1 期。

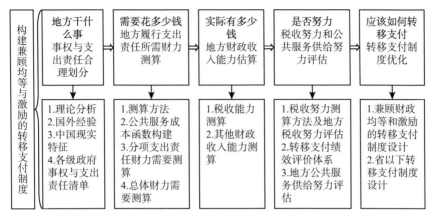

图 7 - 1　构建兼顾财政均等与财政激励转移支付制度基本路径

7.2.2　中央对地方财政转移支付制度优化的着力点

第一，事权与支出责任的合理划分。事权合理划分是财政分权体制的起点，基于事权合理划分来界定各级政府支出责任，并合理划分财权，通过转移支付制度来实现分权体制下各级政府事权、支出责任、财权和财力的协调和匹配，保障财政分权体制下各级政府有效运行和职能的实现。事权是各级政府所承担的提供公共服务的基本职责，支出责任是政府履行事权应承担的财政支出义务，一是"政府应该做什么"的问题，二是"需要花多少钱"的问题，事权划分是界定支出责任的前提，支出责任是履行事权的保障，两者之间是相辅相成的关系。中国分税制以来，首先是政府与市场关系界定不清楚，导致了政府事权界定不合理，然后事权在各级政府之间划分不合理，进而支出责任划分不合理，事权与支出责任的错配和误配严重，导致了政府职能"越位"与"缺位"严重，削弱了财政治理能力，并且增加了财政风险①。政府间转移支付制度设计，首先要明确事权在各级政府间的合理划分，由于中国的分税制改革重点是财权的划分，事权和支出责任并没有有效的界定，导致了中央和地方事权与支出责任的不匹配、不规范，影响了财税体制的运行效率并阻碍了财税体制的改革效果。为了深化财税体制改革，党的十八届三中全会提出了"健全中央和地方财力与事权相匹配的体制"，随后，《国务院关于推进中央与地方财政事

---

①　卢洪友、张楠：《政府间事权与支出责任的错配与匹配》，载《地方财政研究》2015 年第 5 期。

权和支出责任划分改革的指导意见》为中央和地方事权与支出责任合理划分提供了指导，并要求到 2020 年形成中央与地方事权与支出责任划分的清晰框架。

根据财政分权理论，政府间事权和支出责任的划分应该遵循信息优势、规模经济和满足辖区居民偏好作为基本原则，根据公共产品受益空间范围和政府层级，可以将事权划分是中央事权、地方事权以及中央与地方共同事权。外交、国防等全国性公共产品供给属于中央事权，支出责任在中央，警察、消防等地方性公共产品供给属于地方事权，支出责任在地方，外溢性较强的公共产品供给应该由中央和地方共同承担事权，支出责任也应该共同负责①。中国事权与支出责任划分的现实是，支出过度分权导致了地方政府特别是基层政府是事权和支出责任主要履行者，中央政府通过转移支付来补偿下放给地方政府的支出责任，规模庞大和结构不合理的转移支付直接影响着地方政府行为，导致了各级政府间支出责任履行不到位等现象严重，基本公共服务均等化难以实现。基于国家治理现代化的内在要求，集合中国当前事权与支出责任划分的现实问题，在各级政府间合理划分事权与支出责任具有重要的现实意义。

首先，要合理界定政府与市场关系，基于市场原则确立政府边界，基于政府边界界定政府事权范围，保证事权范围的相对明确和稳定。在国家治理视角下，政府应该以公共利益最大化作为公共权力配置的基础，以此界定政府职能，与公共利益相关的职责就应该是政府事权。其次，将事权在各级政府之间合理划分，现实中事权在各级政府之间合理划分并不是一件容易的事情，事权划分的原则众多，不同的原则导致事权配置存在差异，根据中国现实和《国务院关于推进中央与地方财政事权和支出责任划分改革的指导意见》提出的事权划分五原则，基于公平、效率和激励的要求，政府间事权划分的流程如图 7-2 所示。最后，基于事权的划分原则来调整政府间支出责任，当前中国事权与支出责任调整的重点是将属于上级政府事权上移，如义务教育、医疗卫生、社会保障等属于中央政府事权和支出责任的应该上移。事权和支出责任的划分有纵向和横向两个维度，纵向维度是指要基于公共产品的层次性将公共产品供给职责在各级政府之间合理划分，横向维度是指在各级政府事权和支出合理划分的基础上，基于效率原则，将一级政府的事权和支出责任在不同部门之间合理划分，这

---

① 马万里：《政府间事权与支出责任划分：逻辑进路、体制保障与法治匹配》，载《当代财经》2018 年第 4 期。

对于合理界定部门职能明确权责利关系具有重要的意义。当然，政府间事权和支出责任的划分是一个动态的过程，随着社会经济发展，政府职能演变导致事权范围的变化，事权也会在各级政府之间动态调整，支出责任的划分也随之而调整。

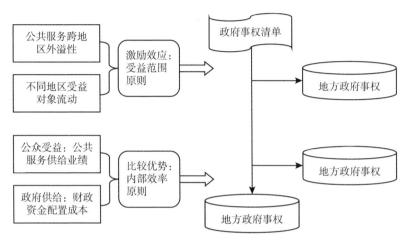

图7-2　政府间事权配置流程

资料来源：缪小林、付申才、张蓉：《国家治理视角下政府间事权配置研究 ——基于分工思想的公共利益最大化目标理念》，载《财政科学》2018年第6期。

第二，财力与支出责任的匹配，需要测算地方财政履行支出责任所需财力和地方实际财力。事权和支出责任合理划分基础上，要保障事权有效运行和支出责任有效履行，需要形成与支出责任相匹配的财力，财力与支出责任的匹配也是财政体制有效运行的基本保障。一方面，事权与财权相对应，一级政府一级事权对应一级财权，财权是一级政府筹集收入的权利。在发达国家主要是税权，发展中国家由于存在大规模的非税收入，财权就包括税权和非税收入权利，当然主要是税权，财权大小反映了一级政府财政自主程度。另一方面，与支出责任相对应的是财力，由于一级政府可能承担上级政府的事权的支出责任，导致了一级政府总的支出责任大于本级政府事权的支出责任，上级政府对下级政府的转移支付来平衡这种支出责任与财权的不匹配，转移支付就构成了政府的收入来源。财权和转移支付收入共同构成了一级政府的财力，而财力与支出责任的匹配，是确保一级政府有效履行事权完成支出责任的基础，如图7-3所示。我国现行财政体制下，政府间财力配置主要包括以税收为主的初次财力分配和以转移支付为主的二次财力分配。在目前中国地方税体系缺失的情况下，地方政府没有独立稳定的税收来源，转移支付成为地方政府重要收入来源，特别是落后地区对转移支付依赖性非常大，财力与支出责任的有效匹配更多依靠转移支付制度。因此，在合理划分事权与支出责任基础上，重构与各级政府事权和支出责任性匹配的转移支付制度，对于当前中国保障各级政府支出责任和事权有效运行具有重要的意义。

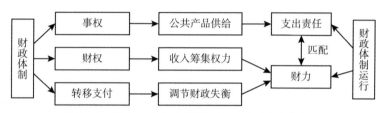

图 7 - 3　财力与支出责任项匹配下的财政运行机制

资料来源：马万里：《政府间事权与支出责任划分：逻辑进路、体制保障与法治匹配》，载《当代财经》2018 年第 4 期。

　　具体而言，政府间财力与支出责任有效匹配要依赖转移支付制度的完善。从技术角度来说，还需要对地方履行支出责任财力的具体测算，在考虑地区间地理自然环境、人口特征和聚散程度、社会习俗、价格因素等存在较大差异基础上，对地方政府财力需要进行系统测算。对地方和全国性基本公共服务按照标准化供给水平，并考虑各类影响公共服务供给成本的基本因素，构建纳入成本和人口两个变量的实现地方支出责任的财力需要函数，采用分项目分别测算再加总方式，测算本级政府所需财力。由于地方财力由自有收入和转移支付收入两部分构成，转移支付资金分配时还需要测算出地方政府实际财力，就需要对地方政府的财政能力进行测算。基于地方政府财政收入来源于税收、非税收入等，可以利用相关技术方法对对增值税、个人所得税、企业所得税等地方税收收入主要来源税种以及其他地方性税种进行估算，同时对地方政府的非税收入、政府性基金收入等税收以外的财政收入进行估算，测算出本级政府实际收入，作为转移支付资金分配的依据。

　　第三，财政努力评估与转移支付绩效评价，在转移支付制度中引入激励因素。通过对地方政府履行支出责任财力和地方政府实际财力测算基础上，核算出地方政府财力缺口，弥补地方财力缺口是均等化目标转移支付资金分配的重要依据。一方面，转移支付作为地方财力来源，对地方财政努力会产生一定程度的影响，地方政府如果通过降低财政努力来扩大财力缺口获得更多转移支付，可能会导致经济发展水平相当的地方政府由于财政努力程度不同，而获得不同水平的转移支付支付，就会削弱转移支付均等化效应，并且降低转移支付资金分配效率。另一方面，基本公共服务均等化还受到公共服务供给努力程度的影响，主要涉及公共服务供给效率问题，具有相同财力的地方政府由于公共服务供给努力程度不一样，也可以导致公共服务供给水平的差异，转移支付在资金使用时还需要对绩效进行评价。由于政府间财政均等只是实现基本公共服务均等化的前提条件，地方政府财政努力最终会影响到基本公共服务的供给效率，在转移支付制度设计中应该引入激励因素，提高转移支付资金分配和使用的绩效。

转移支付资金分配应该考虑地方财政努力，在财政资金分配上倾向于税收努力程度更高的地区，增加转移支付对地方税收努力的激励。对地方财政努力度进行有效的评估，建立规范的财政努力评估指标和方法，利用计量经济学和相关计量软件进行测算评估，根据地方实际财政努力和财政努力对地方真实财政缺口进行测算，作为转移支付资金分配的重要依据。另外，转移支付资金分配时还应该考虑地方公共服务供给的努力程度，通过建立转移支付资金使用的绩效评价机制，来对转移支付资金使用进行跟踪评价。以西方国家财政支出绩效评价的 3E 原则（经济性、效率性和效果性）为指导，分别从地方政府公共服务供给资金配置和提升状况效率两个方面，来构建基本公共服务努力程度评价指标体系，对转移支付资金使用进行有效的跟踪评价，并将绩效评价结果作为转移支付资金分配重要依据，提高转移支付资金激励的有效性。

第四，基于财政均等和财政激励目标，整合和调整转移支付结构以及资金分配方式。良好的转移支付制度应该具备财政均等和财政激励双重目标，但是转移支付制度功能或目标的实现最终需要通过制度设计来实现，具体要体现在转移支付规模的调整和结构的优化两个方面。一方面，从转移支付规模的角度来说，并不是转移支付规模越大越好，而是基于地方政府真实财政收入能力基础上，有效弥补地方财力不足。应该基于对地方财政收入和财政支出的有效测算，在兼顾地方财政努力的基础上核算出地方财政真实财力缺口，确定转移支付规模。同时，也应该考虑社会经济发展变化和制度改革等因素，导致地方政府事权和支出责任的调整对所需财力影响以及地方财政收入能力变化等因素，建立转移支付规模的稳定增长机制，保障转移支付财政均等化目标的实现。另一方面，从转移支付结构优化来说，涉及转移支付类别结构的优化调整和转移支付地区配置结构的优化调整。基于各级地方政府事权和支出责任的划分，为了保障不同类型事权的有效履行，转移支付类别结构应该进行优化，优化调整的方向应该是：一是进一步削减税收返还规模；二是提高一般性转移支付规模；三是基于现实需要动态调整专项转移支付规模；四是探索建立分类转移支付，实现一般性转移支付和专项转移支付有效整合。转移支付制度的类别结构应该与相应的事权对应，如果是为了执行中央政策意图涉及的具体公共服务，应该通过专项转移支付来补偿委托给地方的支出责任。如果是以基本公共服务均等化为目标的事权和支出责任，应该通过一般性转移支付和具有补偿功能的特定转移支付来实现。如果是外溢性较强的事权由中央和地方共同承担，但由于地方政府在该类事权上缺乏积极性，应该建立相应的激励性转移支付来增加地方政府履行该类事权对应支出责任的积极性①。针对目前我国一般性转移支付和专项转移支付存在边界界定不清和交叉问题，同时为了更有效发挥转移支付的激励约束功能，可以探索建立分类转移支付，将一般性转移支付和专项转移支付中在资金使用方向上有限定但又没有具体用途限定的项目整合为一类，分类转移支付既赋予地方政府一定的自主性，又通过规定使用方向有一定的限制性，具有较好的激励约束功能。基于转移支付的类别选择有针对性的资金分配方式，也是转移支付有效性保障的前提，一般性转移支付和分类转移支付具有较强的均等性目标，应该采用"因素法"利用标准公式进行资金分配，专项转移支付往往具有特定目标与特定项目挂钩，主要采用项目法来进行资金分配，激励性转移支付则可以采用竞争性资金分配方法。另外，基于转移支付类别结构调整和地区配置不均衡等问题，应该对转移支付的地区配置结构进行优化调整，调整的基本原则是：一是逐步改变转移支付向东部发达地区倾斜的现状，通过削减税收返还规模和调整专项转移支付的分配来实现；二是提高一般性转移支付比重和补偿性转移支付，增加中西部地区转移支付规模，实现转移支付在地区间配置的大体均衡。

---

① 缪小林、付申才、张蓉：《国家治理视角下政府间事权配置研究——基于分工思想的公共利益最大化目标理念》，载《财政科学》2018 年第 6 期。

7.3　兼顾均等与财政激励目标的一般性转移支付制度改革

7.3.1　中国现行一般性转移支付解析

一般性转移支付的主要功能是实现均等化，又称为均等化转移支付，主要体现在两个方面：一是实现地区间财力均等化，包括纵向政府间财政均等化和横向政府间财力均等化；二是实现基本公共服务均等化。中国现行一般性转移支付是由分税制改革后建立的过渡期转移支付制度演变而来，中国的分税制改革是财权上移的同时事权却下移，导致了中央和地方政府间事权和财权不匹配，中央政府为了缓解纵向财政不均衡的问题，1995 年开始实施过渡期转移支付制度。由于当时中央政府财力有限以及为了推进分税制财政体制改革，过渡期转移支付是在不调整地方政府既得利益前提下，中央政府用于调整地方之间利益格局的工具，主要是向经济落后地区特别是民族地区倾斜，资金分配采用客观因素法并采用统一的公式来计算，以各地标准财政收支差额作为资金分配依据，体现了公平和公正的原则，是具有均等化功能的转移支付。1998 年党中央明确提出"逐步建立公共财政制度"为中国财政改革指明了方向，基于建立公共财政体制要求和中国社会经济发展中基本公共服务供给缺失严重等问题，党的十七大提出了"围绕基本公共服务均等化和主体功能区建设，完善公共财政体系"。按照公共财政体制要求和实现基本公共服务均等化目标需要，转移支付制度进一步体现了均等化功能，转移支付制度结构不断调整和优化，其中税收返还比重逐渐下降，具有均等化功能的财力性转移支付比重大幅增加。

2002 年中央政府出台了《财政部关于 2002 年一般性转移支付办法》的文件，将"过渡期转移支付"更改为"一般性转移支付"，一般性转移支付目标定位为实现地区间财力均等化，逐步实现地方政府基本公共服务供给能力的均等化。一般性转移支付在制度设计时候遵循公平、公正、客观的原则，资金分配采用"因素法"和客观公式计算，并建立一般性转移支付资金规模增长机制，同时资金分配向中西部地区和老少边地区倾斜，一般性转移支付的均等化功能明显增强。为了适应社会经济环境变化的需要，中央又增加了多项具有均等化功能的专项转移支付，主要包括民族地区转移支付、调整工资转移支付、农村税费改革转移支付、县乡奖补转移支付和其他财力性转移支付，并将一般性转移支付和其他专项转移支付统称为"财力性转移支付"。2009 年中央对转移支付收支科目进行重大调整，将"财力性转移支付"更名为"一般性转移支付"，将原"一般性转移支付"更名为"均衡性转移支付"。因此，目前中国一般性转移支付主要由均衡性转移支付和其他各类独立子项目构成，但一般性转移支付下面的项目功能定位都是均等化，其中均衡性转移支付相对其他自项目均等化目标更明显，完全按照均等化转移支付的一般公式进行资金分配，并且对资金使用没有任何限制，主要功能就是解决地区间财力差异。一般性转移支付下的其他子项目大多是国家出台重大政策或者社会经济发展过程中出现的一些特殊问题时，为了保证政策顺利实施和缓解矛盾而设立的，资金上都没有采用公式法，并且有一些子项目还对资金用途有限定，均等化功能相对有限。

　　我国现行一般性转移支付构成较为复杂，但功能定位较为明确，即均衡地方政府财力差异，促进各地实现基本公共服务均等化。但从一般性转移支付均等化效应来看，并没有达到预期效果，财力均等化和基本公共服务均等化并不明显。根据国内学者研究发现其原因主要有两个方面：一是一般性转移支付规模有限导致均等化效果不佳；二是一般性转移支付资金在分配和使用的效率较低，导致了均等化效果被削弱。另外，也有学者对一般性转移支付对地方政府行为影响研究，发现一般性转移支付不利于地方财政努力，对地方政府行为激励不足，甚至出现了反向激励，抑制了地方政府积极性，不利于基本公共服务均等化。一方面，由于我国现行一般性转移支付构成项目过多，在总资金规模有限的情况下，最具均等化功能的均衡性转移支付规模有限，其他子项目很多都不是采用公式法分配，导致了资金分配并不一定倾斜于财力弱的地区。均衡性转移支付基于地方标准财政收支差额来分配资金，由于地方标准财政收入和标准财政支出核算不准确，导致均衡性转移支付非但没有向财力较弱地区倾斜，反而倾斜于财力较强的地区[①]，这些因素都大大削弱了现行一般性转移支付财力均等化效果。由于地方政府为了获得更多财力性转移支付，往往会隐瞒真实的

---

　　① 贾晓俊、岳希明：《我国均衡性转移支付资金分配机制研究》，载《经济研究》2012 年第 1 期。

财政收入或者通过降低财政努力来扩大财力缺口，在信息不对称的情况，中央政府无法有效测算地方标准财政收入，就会导致了一般性转移支付将资金分配给财力较强或者财政不努力地区，无法真正实现财力均等化。另一方面，由于一般性转移支付在资金使用上大多没有具体限制，地方政府拥有较大的自主权，地方政府官员为了晋升，会将财政资源更多地投入能带来政绩的经济性领域，而非基本服务领域，导致了财力均等化的同时，由于财政支出偏向不能有效实现基本公共服务均等化。另外，地方政府在基本公共服务供给过程中的资金使用效率也会影响到基本公共服务均等化，如果转移支付资金分配给公共服务供给不努力的地区，不断不会促进基本公共服务均等化，反而会进一步扩大基本公共服务供给的不均衡。可见，一般性转移支付制度设计时，不仅要注重财政均等化功能，还应该兼顾财政激励目标。

基于传统的财政分权理论和发达国家均等化转移支付制度设计的经验，均等化转移支付制度设计时，在考虑地方财政收入能力和公共服务支出需求双重需求标准，还要考虑公共服务成本支出和财政收入在内的双重制约标准①。中国一般性转移支付要更好地实现财政均等化功能，需要进行制度体系优化，主要涉及三个方面：一是要建立一般性转移支付规模的稳定增长机制，规模的扩大是提升一般性转移支付均等化效果的前提，近年来的税制改革将财力进一步集中到中央，中央应该将更多的财力用于一般性转移支付。吴俊培等②（2016）提出在我国建立一般性转移支付基金制度，将一般性转移支付资金集中统一分配，有利于实现财力均等化和基本公共服务均等化。二是一般性转移支付结构应该调整和整合，由于现行一般性转移支付除了均衡性转移支付外，还有十多个子项目，这些子项目在资金分配和使用上并不完全体现均等化目标，而且有些子项目兼顾专项转移支付性质，可以设立专门的分类转移支付，将一般性转移支付中均等化较强的项目可整合为一个项目，并严格按照公式法进行分配，其他类别子项目可以划分为分类转移支付项目，根据其特征采用不同的资金分配方法。三是一般性转移支付资金分配中考虑引入财政激励因素，考虑地方财政努力和公共服务供给努力，中国一般性转移支付财力均等化和基本公共服务均等化效果不明显，其中有一个方面的原因在于对地方政府财政激励

---

① 陈旭佳：《中国均等化财政转移支付制度研究》，暨南大学博士学位论文，2012 年。

② 吴俊培、郭柃沂：《关于构建我国一般性转移支付基金制度的可行性研究》，载《财贸经济》2016 年第 12 期。

不足，地方财政努力不足导致转移支付资金分配效率较低，地方政府基本公共服务供给不努力导致转移支付资金使用效率较低，都不利于均等化效应实现。

7.3.2 兼顾均等与财政激励目标的一般性转移支付制度设计

一般性转移支付主要目标是为地方政府实现基本公共服务均等化提供资金保障，基本公共服务供给水平主要以人均财政支出水平来衡量，基本公共服务均等化为目标的一般性转移支付通过调节地区间财政收入和财政支出差距来实现地区间财力均等化，要真正实现基本公共服务均等化，还需要实现不同地区人均财政支出均等化。因此，一般性转移支付在制度设计时，要基于地方政府财政收入能力和财政支出需求，并且综合考虑地方政府基本公共服务供给成本差异和地方财政能力差异的约束，同时还应该明确地方财政努力的影响。基于均等化转移支付制度基本框架、发达国家经验和中国现实情况，中国一般性转移支付制度优化应该遵循基本要求的同时考虑中国国情，对一般性转移支付制度进行优化设计。由于中国目前一般性转移支付制度主要由均衡性转移支付和其他十多个子项目构成，如前所述，一般性转移支付首先应该进行对子项目进行整合，我们这里所阐述的一般性转移支付制度设计主要是针对以规范的公式法进行资金分配的一般性转移支付，即对原一般性转移支付进行整合后应该如何设计规范的一般性转移支付制度。

首先，建立均等化转移支付制度的预算体制，来规范一般性转移支付公式核算中的地方标准财政收支科目。一般性转移支付是通过测算地方标准财政收入和标准财政支出来衡量地方财政缺口，并据此进行转移支付来实现地区间财力均等化，但这种机制是假定地方政府收支规范性和合理性基础上。中国现行财政体制下，地方政府财政收支规范化程度较低，基于客观因素测算的地方政府标准财政收入和标准财政支出和实际收支会存在较大差异，以此为基础来测算地方财政收支缺口并进行转移支付，必然导致一般性转移支付均等化效应大打折扣。鉴于此，中国一般性转移支付制度设计时，首先要规范地方政府收支行为，通过政府预算制度和相关法律确立应纳入一般性转移支付制度的财政收入和支出种类，以减少地方政府收支行为不规范和政府政策对地方政府标准财政收支测算的干扰，提高一般性转移支付制度的有效性。

其次，建立规范的地方标准财政收入和标准财政支出测算基础，准确核算出地方财政收支缺口。地方标准财政收入测算应该以潜在财政能力原则进行测算，发达国家在进行地方标准财政收入测算时主要以税收收入来测算，但中国地方政府除了有税收收入外还有大量非税收收入，如果仅仅以税收为基础测算地方财政收入，会大大低估地方财政收入能力。中国一般性转移支付在测算地方潜在收入时，应该包括地方标准税收收入能力和地方标准非税收入能力测算两个方面。中国一般性转移支付在测算地方标准财政支出时，由于一般性转移支付主要目的是为了实现基本公共服务均等化，要以基本公共服务的范围和均等化标准来测算地方标准财政支出。地方财政支出除了基本公共服务之外，还有大量其他类型支出，特别是中国地方政府热衷于经济建设支出，哪些财政支出应该纳入基本公共服务范围以及基本公共服务供给水平都会影响到具体的支出需求测算。当然，在地方标准财政支出测算时，还要考虑各地区特定要素对基本公共服务财政支出需求的影响，如人口因素、地理环境因素、社会习俗等。

最后，中国一般性转移支付制度设计时，应该考虑地方财政努力和基本公共服务供给努力，将财政激励引入纳入转移支付公式中，构建兼顾财政激的一般性转移支付制度。一方面，由于转移支付可能会地方财政努力，乔宝云、张恒龙等学者的研究已经证实中国转移支付不利于地方财政努力，如果两个地区税基相当，一般性转移支付在资金分配时，不考虑地方财政努力，就会导致转移支付资金更多分配给财政不努力的地区，不利于一般性转移支付均等化目标实现。另一方面，转移支付对地方基本公共服务供给效率也会产生影响，拥有同等财力和相同基本公共服务需求的地区，如果基本公共服务供给努力程度不一样，最终基本公共服务供给水平也会不一样，一般性转移支付如果更多地分配给公共服务努力程度较低的地区，会进一步加大地区间基本公共服务供给的不均衡。

基于财政均等目标，一般性转移支付根据公式法来测算地方财政收支缺口，中央对地方转移支付资金规模依据地方财政收支缺口来确定，具体计算公式为：

$$TG_i = TE_i - TX_i \tag{7-1}$$

式中，TG_i 表示地区 i 的财政收支缺口，TE_i 表示地区 i 的标准财政支出总额，TX_i 表示地区 i 标准财政收入总额，当一个地区标准财政支出大于标准财政收入，存在财力缺口才能获得一般性转移支付资金。尽管式（7-1）非常简单，但其体现了一般性转移支付均等化的资金分配原则，一个地区获得均等化的一般性转移支付资金规模与该地区标准财政收入成反比，与该地区标准财政支出成正比。

首先，地方财政标准收入和地方财政标准财政支出的核算，对一般性转移支付资金分配有着最为重要的影响，在对地方标准财政收支测算时，要基于中国当前财政体制对地方政府收支行为的影响。一方面，地方政府税收潜在收入测算要基于中国现行主体税收划分，地方标准税收收入能力可以划分为十四项税收收入能力进行测算，具体计算公式为：

$$TR_{ik} = T_{ik} \times Y_{ik} \qquad\qquad (7-2)$$

式中，TR_{ik}为地区 i 的 k 税种的潜在税收收入，T_{ik}为地区 i 的 k 税种的代表性税率，Y_{ik}为地区 i 的 k 税种的税基。测算出来地区各税种的潜在税收收入后，再将地方政府各项税收潜在收入加总得到地方潜在税收收入，计算公式为：

$$TR_i = \sum TR_{ik} \qquad\qquad (7-3)$$

地方政府非税收入测算基于各地方非税收入构成进行分别测算，测算公式为[①]：

$$TR'_{ik} = T'_{ik} \times Y'_{ik} \qquad\qquad (7-4)$$

式中，TR'_{ik}为地区 i 的 k 非税项目的潜在收入，T'_{ik}为地区 i 的 k 非税项目的代表性收入率，Y'_{ik}为地区 i 的 k 非税项目的收入基础。测算出地区各非税项目的潜在收入后，再将地方政府各项非税项目潜在收入加总，得到地方潜在税非税收入，计算公式为：

$$TR'_i = \sum TR'_{ik} \qquad\qquad (7-5)$$

在测算出地区潜在税收收入和潜在非税收入以后，将两者加总得到地区标准财政收入，计算公式为：

$$TX_i = TR_i + TR'_i \qquad\qquad (7-6)$$

另一方面，地方标准财政支出的测算涉及基本公共服务供给的范围、供给水平以及影响基本公共服务供给成本的因素等，建立以基本公共服务均等化为目标的标准财政支出测算公式。综合考虑上述因素的情况下，其计算公式为：

$$TE_i = \sum TE_{ix} = TE_{ix1} + TE_{ix2} + \cdots + TE_{ixn} \qquad\qquad (7-7)$$

式中，TE_{ix}为地区 i 考虑了均等化影响因素的不同类型基本公共服务财政

---

① 陈旭佳：《中国均等化财政转移支付制度研究》，暨南大学博士学位论文，2012 年，第 90 页。

支出测算数额，影响因素主要包括人口、土地面积、气候、交通状况、人均 GDP、财政供养人口、受教育平均年数、民族地区因素、老少边穷地区因素等，不同的影响因素对基本公共服务成本支出影响不一样，给予的权重也不一样①。

其次，由于不同地区之间财政能力差异和基本公共服务供给成本差异，基于标准财政收支核算出来的财力缺口不利于基本公共服务均等化，还应该考虑地区间差异。一般性转移支付资金分配公式应调整为：

$$TG_i = (TE_i - TX_i) \times \delta \qquad (7-8)$$

式中，δ 为转移支付系数，转移支付系数是在资金分配时综合考虑某地区提供基本全国标准基本公共服务水平的成本差异以及该区域与全国平均财力水平相比的财力差异系数而得来的，某地区获得转移支付资金多少，是该地区财政收支缺口与转移支付系数的乘积。可见，地方政府标准财政收支的测算以及转移支付系数，成为影响一般性转移支付资金分配的关键因素。转移支付系数主要由基本公共服务支出水平差异和地区财力差异两个部分构成，地方标准财政支出和地方标准财政收入可以写成全国平均水平和地区差异系数相乘的形式，则有：

$$TE_i = TE \times \lambda_i ; \quad TX_i = TX \times \phi_i \qquad (7-9)$$

式中，TE 全国平均标准财政支出，λ_i 为地区 i 基本公共服务供给的成本差异系数，TX 为全国平均标准财政收入，ϕ_i 为地区 i 的财力差异系数。可见，依据式（7-9）可将式（7-1）改写为：

$$TG_i = TE \times \lambda_i - TX \times \phi_i \qquad (7-10)$$

通过对式（7-10）变换可得：

$$TG_i = (TE - TX) + TE \times (\lambda_i - 1) + TX \times (1 - \phi_i) \qquad (7-11)$$

式（7-11）反映了地方财力缺口的构成，主要由三个部分构成。式（7-11）右边第一项为全国标准财政收支差额导致的转移支付资金需求，是中央主导的均等化转移支付，资金主要由中央政府提供。式（7-11）右边第二项为某地区与全国平均水平基本公共服务供给的成本差异，如果某地区基本公共服务供给的成本超过了全国平均水平，该地区就会获得由于成本差异产生的转移支付资金需求，式（7-11）右边第三项是由财力差异导致的转移支付资金需求。可见，均等化转移支付资金分配要求对财

---

① 张恒龙、秦鹏亮：《转移支付、财政激励与基本公共服务均等化目标匹配》，载《改革》2012 年第 9 期，第 56 页。

力越弱以及成本差异越大的地区分配更多的转移支付资金①。

上述一般性转移支付标准财政收支核算是建立在地方政府财政努力一致假设前提下，在公式中没有考虑财政激励问题。但实际上转移支付对地方政府行为产生不同影响，地方政府财政努力程度也不一样，如果不考虑地方政府收支行为的影响，一般性转移支付资金分配就会偏离均等化目标。转移支付对地方政府行为的激励涉及收入和支出两个层面：一方面，地方征税努力程度会影响到地方标准财政收入的测算，转移支付资金分配中如果不考虑地方征税努力就会低估地方财政收入，就会导致一般性转移支付不断无法均衡地方财力，还会增加中央财政负担。另一方面，以基本公共服务均等化为目标的一般性转移支付，还应该考虑对地方政府基本公共服务供给努力的激励，这又涉及基本公共服务供给意愿和供给效率两个方面。在一般性转移支付公式设计中，把供给意愿和供给效率作为资金分配的重要依据，可以更有效激励地方政府增加基本公共服务供给努力，是一般性转移支付实现基本公共服务均等化的保障。因此，在一般性转移支付制度设计中，兼顾财政均等和财政激励双重目标，在不扭曲地方财政努力和基本公共服务供给努力的情况下，通过转移支付资金的合理分配，促进地区间财力均等化的同时，增进地方政府基本公共服务供给的合意性和有效性②。

具体而言，在转移支付资金分配公式设计中，应该加入地方征税努力和公共服务供给努力的激励因素。

第一，要在地方标准财政收入测算中加入地方征税努力因素，根据国内学者对征税努力衡量的研究，主要参照按照巴尔（Bahl，1971，1972）的研究思路，通过计量模型估算出地方预期财政收入，然后将预期财政收入和地方实际财政收入进行对比，作为对地方征税努力的评价，计算公式为：

$$\omega_i = \frac{TR_{i1}}{TR_{i2}} \qquad (7-12)$$

式中，ω_i 为地区 i 地方财政努力程度评价指标，TR_{i1} 为地区 i 实际财政收入，TR_{i2} 为地区 i 预期财政收入。通过建立地方财政努力评价指标，并对

---

① 贾晓俊、岳希明：《我国均衡性转移支付资金分配机制研究》，载《经济研究》2012年第1期，第20页。
② 龚锋、卢洪友：《机会平等与财政转移支付》，载《财经问题研究》2010年第11期，第62页。

各地区进行排序，在转移支付公式中考虑地方财政努力因素，可将转移支付公式调整如下：

$$TG_i = (TE_i - TR_i) \times \delta + TR_i \times \omega_i \times k_i \qquad (7-13)$$

式中，k_i 为以 ω_i 为指标衡量的地区 i 的财政努力排名系数。因此，调整后的转移支付需要对各地区的财政努力程度进行排序，并将排名系数作为资金分配考虑的一个因素。同时，对排名靠前的地区给予奖励，排名靠后的地区给予惩罚，这样就在转移支付公式设计中引入了竞争机制，在一定程度上具有财政激励效应。这里要注意的问题是，中国地方财政收入包括税收收入和非税收收入，我们这里只考虑对地方征税努力的激励，不考虑对地方非税收入征收的激励。

第二，还需要在一般性转移支付资金分配公式中考虑地方政府公共服务供给努力程度的激励因素，地方政府基本公共服务供给努力的衡量要依据转移支付资金绩效评价，将地方政府以往年度转移支付使用绩效作为以后年度资金分配的依据。一般性转移支付制度设计中如果引入地方公共服务供给努力因素，其公式可以调整为：

$$TG_i = (TE_i - TX_i) \times \delta \times z_i + TR_i \times \omega_i \times k_i \qquad (7-14)$$

式中，z_i 为反映地方政府公共服务供给努力程度的系数，以一般性转移支付资金使用绩效评价为基础设定。

综上所述，兼顾财政均等和财政激励双重目标的一般性转移支付制度设计，更有利于实现基本公共服务均等化，其中式（7-1）是均等化为单一目标的一般性转移支付资金分配公式，式（7-8）则考虑了地区间基本公共服务供给成本差异和地区间财力差异的影响，加入了转移支付系数进行调整，更有利于一般性转移支付均等化目标的实现。仅仅以均等化为目标的一般性转移支付由于受到地方政府收支行为的影响，可能无法真正实现基本公共服务均等化，需要再资金分配公式中考虑对地方政府收支行为激励，式（7-13）加入了地方政府征税努力的激励因素，式（7-14）加入了地方政府公共服务供给努力的激励因素。当然，我们这里主要是针对规范的一般性转移支付制度设计的研究，就目前找国一般性转移支付构成项目来说，主要是针对均衡性转移支付公式设计而言，一般性转移支付中的其他类子项目不一定完全适用。但如前所述，中国一般性转移支付制度改革方向为将现行一般性转移支付进行整合归并，最终应该形成较为单一一般性转移支付，其他子项目可以与专项转移支付进行整合，或者重新设立分类转移支付，采用切实有效的资金分配方式。

7.4 兼顾财政激励目标的专项转移支付制度

7.4.1 中国专项转移支付激励问题分析

从理论上来说，专项转移支付（有条件补助）比一般性转移支付（无条件补助）更有利于地方政府增加特定公共服务供给，一般性转移支付主要目标是实现地区间财力均等化，由于一般性转移支付对地方政府公共服务供给存在激励缺失，财力均等化并不一定会带来基本公共服务供给增加。在财政分权国家，无论是联邦制还是单一制国家，中央政府普遍利用专项转移支付来实现自身政策目标，同时对地方政府行为进行控制，专项转移支付对地方财政支出具有一定的激励效应。鲍德威（Boadway）指出中央政府往往有条件的转移支付来减少财政分权下地方政府决策对全国性效率和公平目标的不良影响①，沙安文（Shah）也认为专项转移支付对地方政府公共服务供给更具激励效应，中央政府可以通过对特定公共服务提供资金补助，并要求地方政府给予配套资金来引导地方政府将财政资金用于公共服务供给，还可以通过专项转移支付来对公共服务供给标准进行设定来促进地方公共服务的供给②。由于专项转移支付承载着中央政府的政策目标，当中央政府政策目标多元化的情况下，专项转移支付并不一定能够有效激励地方政府增加公共服务供给，如果地方政府能够采取各种手段来改变专项转移支付资金的用途，就会进一步削弱专项转移支付的激励效应。麦奎尔（Mcguire，1979）美国州和地方政府专项转移支付是都被挪用挤占进行了实证研究，发现有70%的地方政府存在挪用专项转移支付的情况③；赞比利（Zampelli，1986）、迈耶斯（Meyers，1987）、艾拉（Islam，1998）分别对美国、加拿大等国在公共服务相关领域的专项转移支付资金使用进行了实证分析，同样发现了存在31%～70%不等的挪用比

① Boadway, R, Grants in a Federal Economy: A Conceptual Perspective. in Intergovernmental Fiscal Transfers: Principles and Practice 55－74. Washington, D. C.: The World Bank, 2007.

② Shah, A, A Practitioner's Guide to Intergovernmental Fiscal Transfers. in Inrergovernmental Fiscal Tranfers: Principles and Practice 1－54. Washington, D. C.: The World Bank, 2007.

③ Mcguire M C, The analysis of federal grants into price and income components fiscal federalism and grants-in-aid. Washinton, D C: The Urban Institute, 1979.

重。另外，专项转移支付背后还蕴含着不同利益主体政治目的，如美国的专项转移支付将政治家、利益集团以及地方政府官僚等利益主体连接在一起，体现的是一种多主体的利益分赃政治，这种专项资金支付在资金分配、使用和管理上可能都会导致激励效应的偏差。可见，专项转移支付在世界各国普遍存在被挪用挤占的现象，再加上专项转移支付蕴含的政治逻辑，如果专项转移支付资金的分配和使用过程中存在不规范行为，就会存在激励不足，导致无法促进激励地方政府公共服务供给的积极性。

中国式分权体制下对地方政府官员以经济增长作为主要考核指标，地方政府在经济增长和民生发展之间选择时，更偏向于经济增长而忽视民生发展，地方政府在财政支出排序上优选选择经济建设领域而非基本公共服务领域，上级政府会根据自身政策目标偏好，通过转移支付结构的调整来影响下级政府的财政支出行为。由于专项转移支付可以使上级政府锁定下级政府的优先发展目标，上级政府往往会加大专项转移支付力度，来均衡地方政府在经济发展和民生发展目标的选择①。在中央和地方政府激励结构存在较大差异的现实下，在地方政府财政资金使用存在短期利益偏好的情况下，中央政府为了有效激励地方政府，选择了专项转移支付来激励约束地方政府财政支出行为。从中国专项转移支付规模的增长和项目构成来看，逐渐加大了对教育、医疗、社会保障等基本公共服务领域的投入和环境保护、节能减排以及农村基础设施建设等有利于长远发展的领域，体现了中央政府激励地方政府以民生为主的财政支出选择。在还无法完全转变以经济增长为导向的政绩考核机制和地方"吃饭财政"困扰下，专项转移支付可能是目前制度环境下均衡地方政府目标的重要制度选择②。

中国的专项转移支付规模庞大，并且承载着中央政府多重目标，中国专项转移支付按照支出责任划分，主要有以下三类：一是属于中央政府事权的专项转移支付，又分为中央事权但委托地方履行支出责任而给予的转移支付和地方政府执行中央政策意图给予的转移支付。前者基于公平或效率原则，中央政府将自身事权委托地方政府行使给予地方政府的专项资金，保障中央事权支出责任的有效履行。后者是中央部分政策需要地方代为行使，如部分调控政策和维护社会稳定等方面的职责，这些政策的实施需要财政支出，中央为了保障地方政府有效执行其政策，而给予地方政府

① 吕冰洋、毛捷、马光荣：《分税与转移支付结构：专项转移支付为什么越来越多?》，载《管理世界》2018 年第 4 期。
② 李谭君、文超：《财政分权、激励结构与专项转移支付》，载《当代财经》2010 年第 9 期。

的专项资金。二是属于中央和地方共同事权的专项转移支付，对于一些外溢性较强的公共产品的供给，如果让地方政府独立承担支出责任，就会导致该类公共产品供给不足，无法满足社会公共需要。这类公共产品支出责任应该由受益地方政府和中央政府共同承担，但具体由地方政府来提供该类公共产品，这就需要中央政府通过专项转移支付来履行其支出责任。三是属于地方政府事权范围的专项转移支付，基于公平考虑，一些偏远落后地区在收入水平、生产和生活条件方面远低于发达地区，为了缩小收入分配差距和经济发展差距，中央政府针对这些地方政府职责范围内的事权进行专项转移支付。

从政治逻辑来说，尽管中国专项转移支付在资金分配和使用过程中存在诸多问题，但其在转移支付中的比重一直居高不下，理论界和政府部门对专项转移支付的批评和质疑并没有导致其规模的大幅减少，其重要的原因在于中国专项转移支付同样也承载着许多政治考量的因素。具体而言，中国专项转移支付的政治因素主要体现在三个层面[1]：一是中央集权的强化，中央政府通过分税制改革集中了财权，但事权主要由地方政府来承担。尽管地方政府税收收入减少，但转移支付收入增加，如果中央再通过转移支付将集中的财力给予地方自主支配，就会大大弱化中央政府的集权。中央政府要实现真正的集权，不但收入上要集权，财政支出上也要集权，在分权体制下，中央政府在财政支出上对地方政府的控制，只能依赖于专项转移支付，专项转移支付资金分配中中央政府具有主导地位，当地方政府对专项转移支付依赖程度增加，中央政府的权威和地位就得到巩固。二是部门利益的保留，中国的部门预算改革、国库集中支付、政府采购制度等改革，使部门的大部分支出都受到了财政管理和监督，大大削弱了部门在财政资金分配和使用上的决策权，触动了各部门的利益。为了有效推进财政管理体制改革，通过保留部分部门利益获得它们对改革的支持，各部门在专项转移支付上的资金分配权利就是保留部门利益的体现，通过对专项转移支付的分配，各部门可以实现自己的政策目标，加强对下级部门的控制，从而保持自己的权威。三是加强对下级政府支出责任的控制，获得社会公众的政治支持。中国地方政府官员在政治晋升锦标赛的驱动下，往往会将自主决策的财政资金投入到能够带来政治和经济利益的领域，大量的财政资金用于政绩工程、面子工程和经济建设领域，但随着社

① 周美多、颜学勇：《中国专项转移支付的政治逻辑：问题、原因与出路》，载《当代财经》2008年第9期。

会经济发展和居民收入水平的增加，老百姓对教育、医疗卫生、社会保障、环境保护等公共服务领域的支出需求不断增加，公共服务领域的缺失引发了一系列社会问题。在地方政府对公共服务供给意愿不足的情况下，中央政府唯有通过专项转移支付加强对地方政府支出责任的控制，保障地方政府将财政资金用于公共服务领域，缓解社会发展过程中的矛盾，获得社会公众的政治支持。

　　无论是基于财政分权体制下财力与支出责任匹配的要求，还是出于政治因素考量，中国的专项转移支付都是中央政府对地方政府支出行为进行控制的重要工具，这一政策工具对地方政府财政支出结构具有一定的激励效应，能够引导地方政府将更多的财政资源投入到基本公共服务领域。如前所述，中央政府和地方政府作为独立的利益主体，在财政支出上的偏好存在较大的差异，中央政府通过专项转移支付控制和激励地方政府支出行为，在存在信息不对称和监督约束机制不健全的情况下，可能会导致专项转移支付对地方政府支出性的激励不足或者激励扭曲。另外，中国专项转移支付规模庞大，项目繁多，其在资金分配和管理上存在诸多缺陷，进一步弱化了专项转移支付对地方政府的激励。当前中国专项转移支付对地方政府支出行为激励中存在哪些方面的不足，这是在专项转移支付制度设计时必须要考虑的现实问题。第一，专项转移支付资金的分配效率低下，可能对地方政府支出产生扭曲激励。由于专项转移支付资金分配呈多头管理，专项转移支付资金被诸多部门掌控，项目审批权存在交叉重复问题。在资金分配与预算脱节的情况下，各部门具有较大的决策权，地方政府为了获得专项转移支付资金纷纷"跑部钱进"，导致了资金分配严重缺乏公平和效率性。在地方政府获得了专项转移支付资金后，由于缺乏对资金使用的监督管理，专项转移支付资金被截留和挪用现象严重，导致了专项转移支付对地方政府基本公共服务供给激励不足或者激励扭曲。第二，专项转移支付资金使用效率较低，导致了专项转移支付资金使用的"公地悲剧"。在现行转移支付资金分配和管理体制下，地方政府有动力争取更多的专项资金，但对提高专项资金的使用效率动力不足，在资金分配上重复申请交叉申请等现象严重，在资金使用上挤占挪用普遍存在，在缺乏监督约束机制情况下，专项转移支付资金使用效率低下，导致了对地方政府支出行为的激励扭曲。第三，部分专项转移支付资金要求地方政府提供配套资金，在财权事权不匹配情况下，对地方政府形成较大财政压力，专项转移支付无法有效均衡地方政府财力，不利于基本公共服务均等化。

综上所述，专项转移支付通过规定其资金用途，如果资金分配和监督管理制度较为完善的情况下，专项转移支付对地方政府支出行为具有一定的激励效应，有利于中央政府政策目标和基本公共服务均等化的实现。但现实中，中国专项转移支付在资金分配、管理和监督机制上存在诸多问题，专项转移支付对地方政府支出行为存在激励不足，甚至激励扭曲的问题，专项转移支付备受社会各界的诟病。有人提出应该用一般性转移支付来取代专项转移支付，但在中国当前政治经济体制下，中央政府和地方政府支出偏好存在巨大差异，大部分规定用途的专项资金变为地方自主决定的资金，这部分资金可能同样会出现使用的无效。所以，我们认为，在中国地方政府政府官员政治考核仍以经济增长为主要指标和财政资金使用仍以地方政府行政主导的情况下，不适宜将大量专项转移支付资金转为一般性转移支付。可以对专项转移支付进行整合，建立处于专项转移支付和一般性转移支付之间的分类转移支付，但更为重要的是，要建立专项转移支付资金分配和使用的激励机制。

7.4.2 兼顾财政激励的专项转移支付制度改革与重构

党的十九大报告提出了建立"权责清晰、财力协调、区域均衡"政府间财政关系，并把其作为现代财政制度构建的基础。基于党中央"推进国家治理体系和治理能力现代化"对财税体制改革的总体要求，并结合中国当前专项转移支付存在的现实问题，从理念转变、体系设计和配置措施来对专项转移支付制度进行改革和重构，建立兼顾财政均等和财政激励双重目标的专项转移支付制度。首先，以"国家治理"作为专项转移支付制度改革的基本制度理念。国家治理是社会公共利益在各层级政府之间实现"共治"，专项转移支付作为实现国家治理基础的财政制度组成部分，应回归于国家治理的初衷，既要体现中央和各级地方政府的政策意图，更要满足社会公众对公共利益的诉求。基于国家治理理念下的专项转移支付制度改革，应该体现绩效、放权和科学三个方面的理念。其次，要以基本公共服务均等化为目标，就政府间行为激励和利益因素，确立专项转移支付项目设定的甄别原则，形成科学合理的专项转移支付体系。基于政府间事权和支出责任的合理划分，以外溢性、信息复杂度和激励相容三大甄别原则，作为专项转移支付项目减并的主要依据，确立中央事权、中央与地方共同事权、地方事权，并据此来设立专项转移支付项目，使其更具科学性。最后，引入分类转移支付，重构转移支付体系，建立"四位一体"的专项转移支付资金配置体系。对当前一般性转移支付和专项转移支付项目交叉等问题，引入分类转移支付项目，实现一般性转移支付、分类转移支付和专项转移支付三位一体的制度体系，实现转移支付制度财政均等和财政激励目标，提升转移支付制度的有效性。在资金配置上，建立甄别机制、分配机制、绩效管理机制和监督保障机制在内的"四位一体"专项转移支付支付资金配置体系。

具体而言，构建兼顾财政均等和财政激励专项转移支付制度，可以从以下几个方面来改革和重构：

第一，完善专项转移支付的甄别机制，并建立专项转移支付的动态调整机制①。在有效界定政府职能基础上，以事权和支出责任在政府间合理划分为基本依据，以外溢性、信息复杂度和激励相容三大原则，形成专项转移支付的甄别机制。通过专项转移支付甄别机制，对现有和新增专项转移支付项目进行甄别，对转移支付项目进行有效归类，同时建立专项转移支付的设立、整合和退出的动态调整机制。首先，建立专项转移支付的设立评估机制。基于专项转移支付的甄别机制，对专项转移支付项目进行有效甄别后，再依据设立机制确定项目是否设立。专项转移支付的设立评估机制，主要包括评估范围、评估期限、评估程序和评估体系四个方面。项目主管部门按规定提出新增设立专项转移支付项目的申请，相关部门对专项转移支付项目进行评估，对经济、社会和民生有重要影响的专项转移支付项目还应该组织专家评审、征询民意或委托第三方机构评审。其次，建立专项转移支付整合机制，对已有项目进行甄别后，通过整合机制进行重新归并分类，进一步优化转移支付项目结构。针对我国专项转移支付种类繁多、交叉重叠、覆盖面广等问题，利用专项转移支付整合机制，对其进行评估整合优化。专项转移支付项目的整合评估，主要内容为政策目标和资金用途评估、实施过程评估和资金监管评估，通过整合评估保障专项转移支付资金有效使用和绩效目标的实现。最后，建立专项转移支付退出机制，优化专项转移支付资金配置效率，提高专项转移支付资金使用效益。专项转移支付退出机制对所涉项目进行甄别后，进行退出机制评估，主要评估的项目包括需要延期的专项转移支付项目、政策目标以完成的项目、与中央既定目标偏离的项目、绩效达不到规定的项目、资金使用和管理存

---

① 云南省财政厅课题组：《国家治理视角下专项转移支付：改革与重构》，载《预算管理与会计》2018 年第 10 期。

在严重违纪的项目等，由相关部门提供评估资料，由财政部门进行评估并报同级政府批准后，对相关专项转移支付项目予以取消。

第二，建立科学规范的专项转移支付资金分配机制。从技术和流程来说，专项转移支付的分配机制涉及分配方法的确定与选择和分配方法的具体设计两个层面，两者可以有效地提高专项转移支付资金分配的合理性和稳定性，从而提高专项转移支付资金分配效率。首先，基于专项转移支付目标和性质差异，有针对性地选择不同的资金分配方法，目前专项转移支付资金分配方法主要有项目法分配、因素法分配和竞争性分配。如果属于中央委托地方的中央事权，专项转移支付应该具体到项目，应该选取项目法进行分配。如果属于中央与地方共同事权，该类专项转移支付兼具一般性转移支付性质，地方政府在项目实施上更具有优势，应该选择因素法进行分配。如果属于分类转移支付，应该基于效率倾向还是公平倾向选择不同的分配方法，效率倾向的转移支付选择竞争性分配方法，公平倾向的选择因素法分配。其次，要对专项转移支付资金分配方法的关键要件进行优化设计。项目分配法应该建立项目库，实施动态的项目库管理，在资金分配时审核专项资金与申报项目的匹配性，并对专项资金进行全过程绩效管理，将绩效评价作为下一年度资金分配的依据。因素法分配资金要结合专项资金使用的目标，确定影响资金分配的主要因素和相应权重，保证资金分配与目标导向的一致性，将专项资金使用绩效评价结果作为资金分配的依据。竞争性分配法是在专项转移支付资金分配中引入竞争机制，将资金分配从"一对一"转为"一对多"选择性审批安排，建立"多中选好，好中选优"的项目优选机制，提高专项资金的分配和使用效率。基于公平考虑，专项转移支付在资金分配中，应优先保障基本公共服务领域、外溢性公共项目、重大自然灾害救助等领域，并且在资金分配中向西部地区和农村地区倾斜。另外，还要加强专项转移支付资金分配的预算管理，由于专项转移支付资金分配以部门为依托，大部分专项转移支付资金打包到部门预算中，导致了专项转移支付资金预算透明度低，应该将专项转移支付资金的支付方和接受方进行精细化管理，使专项转移支付资金接受严格的预算管理。

第三，建立专项转移支付资金的绩效管理机制。近年来，针对中国财政资金使用效率低下的问题，在借鉴发达国家绩效管理改革经验基础上，中央和财政部一直在不断推动政府绩效管理改革，为了有效提升专项转移支付资金使用效率，应探索建立专项转移支付资金的绩效管理机制。通过设定绩效目标、进行绩效考核以及绩效评价结果的应用，实现对专项转移支付资金全过程的绩效管理，涉及专项资金的分配、下达、使用等过程，持续提升专项转移支付资金使用绩效。首先，专项转移支付资金绩效管理的目标是要保障专项资金政策意图的实现。专项转移支付绩效管理应该以绩效目标为载体来实施绩效管理，在确立总的绩效目标基础上，将绩效目标分解为年度绩效目标，并在资金分配时将绩效目标下达到资金使用部门，明确具体项目的绩效目标，作为对资金使用部门绩效评价的依据。其次，专项转移支付绩效管理要依赖准确的绩效评价，科学合理的绩效评价体系是基础，核心在于绩效评价指标的设计。专项转移支付资金绩效评价主要包括专项资金的专款专用程度、专项资金使用的社会效益和专项资金使用的经济效益三个方面的评价，可以设定三类一级指标，再根据不同的专项资金使用方向来设计具体的二级和三级指标，并对不同指标设定不同权重。最后，专项转移支付资金绩效管理应该覆盖资金运行的全过程。专项资金在项目实施过程中实行全过程绩效监督，在将绩效目标分解并下达到各资金使用部门基础上，在预算执行上强化绩效跟踪，对在资金使用过程中出现的偏离绩效目标的情况，要及时采取相应措施进行纠正，并对各部门资金使用进行客观的绩效评价，将绩效评价结果与专项转移支付资金分配挂钩，形成以目标结果为导向的激励约束机制。

第四，建立专项转移支付资金监督约束机制，并实行问责制。由于专项转移支付资金实施主体涉及众多部委，资金分配不规范不透明，不利于监督管理，为了规范专项转移支付资金的管理和使用，应该建立专项转移支付资金监督约束机制。首先，应该强化对专项转移支付资金的管理和控制，可以设立一个专门的机构来对分散的专项资金进行集中管理，提高专项转移支付资金的分配和使用效率，增加专项资金的透明度并降低监管难度。其次，应该建立专项转移支付进行全方位和多主体参与的监督体系。一方面，建立多位一体的监督机制，并努力实现监督工作的经常化和制度化，实现事前、事中和事后的全过程监督。另一方面，专项资金的监督参与主体应该多元化，包括法律监督、制度监督、人大和政协监督以及社会舆论监督，其中特别是要加强人大的预算监督功能，加强人大预算修正权，能对政府内部形成有力的制衡机制，有利于地方政府在资金使用时考虑辖区居民的偏好。最后，建立专项转移支付资金使用的问责制。根据专项转移支付资金的绩效评价，对专项资金是否被专款专用以及专项资金的社会经济效益等作出科学合理的界定，对没有按照专项资金规定用途使用资金，或者专项资金使用效率低下的相关责任人给予行政处罚，并且将专项资金使用的绩效考评作为政府官员晋升的考核因素，这样能够在一定程度上激励地方政府官员将专项资金用于规定用途并提高使用的效率。

7.5 完善省以下转移支付制度探析

7.5.1 中国省以下转移支付制度的现状及问题分析

省以下转移支付制度是省以下政府间财政资金再分配的平衡机制，省以下财政管理体制重要组成部分，以省以下地方政府间财力差异为基础，以实现地方基本公共服务均等化为主要目标。1994 年分税制改革确立中央对省对转移支付制度，但并没有涉及省以下政府间转移支付制度，省以下转移支付在没有规范性约束下，各省根据 1995 年中央对省的《过渡期转移支付办法》并结合本地实际来设计省以下转移支付制度。由于分税制改革只规范了中央对省的财政体制，省以下财政体制缺乏统一规范的设计，不同的省份在省、市、县、乡四个层级的财政管理体制上各有特色，直接影响到了省以下转移支付制度的规范性。分税制改革在对中央与省之间财政体制规范时，主要是对财权进行了划分而事权划分不明确，最后呈现的是一种财权上移和事权下移的中央与省级政府的财政关系，省级政府在对省以下财政体制设计时大多比照中央与省的模式，只是具体的形式存在一定差异。目前，省对市（县）的财政体制主要有分税加共享型、分税加增量分成型、分税加共享及增量分成型、分税加增长分成型四类，市对县的财政体制主要有市帮县型、市"刮"县型和市县平衡型三类，县对乡镇财政体制主要有统分结合型体制、统收统支型体制、原包干型体制和相对规范的分税制四类。由于省以下财政管理体制不规范导致了诸多问题，直接影响到省以下各级政府特别是基层政府的财政运行，中国现行财政体制下各级政府的财政状况被生动描述为"中央财政喜气洋洋，省市财政满满当当，县级财政紧紧张张，乡镇财政哭爹喊娘"①。省以下财政管理体制不健全导致了基层特别是县级政府财政困难，县级政府直接向全国约 70% 的

① 赵晓宏：《省以下财政体制改革构想》，载《山东社会科学》2008 年第 11 期。

居民提供大部分基本公共服务，直接影响到了基层政权的稳定和基本公共服务均等化的实现，是当前社会发展面临的重要问题。党的十七大报告提出了"完善省以下财政体制，增强基层政府提供公共服务能力"的目标，省以下转移支付制度对保障基层政府运转和实现基本公共服务均等化的重要作用。

尽管各省省以下财政管理体制存在一定差异，省以下转移支付制度也不尽相同，但由于各省省以下转移支付制度大体结构比照中央对省的转移支付，省以下转移支付也主要包括税收返还、一般性转移支付和专项转移支付三大类，只是在具体项目上可能存在一些差异性。省以下转移支付主要目标体现在三个方面[①]：一是保障型转移支付，主要是均衡市县间财力差异，解决基层政府"吃饭和运转"问题，按照因素法以公式测算地方标准财政收支缺口，并给予相应补助；二是激励型转移支付，通过转移支付提供奖惩机制，调动实现发展经济以及控制财政供养人员的积极性等激励性目标，主要包括支持县域经济发展转移支付、县市财政收入激励性转移支付、财政改革和管理激励性转移支付等具体项目；三是政策性转移支付，这类转移支付主要是为了保障地方政府重点领域的财政支出，贯彻中央和省政府的重大政策在地方的落实，如义务教育、公检法司政策性转移支付等。从省以下转移支付运行效果来看，由于其规模、结构和运行方式都极为不规范，导致了无论是从公平还效率都不尽人意，并且在转移支付过程中存在严重的截留、挪用等问题，进一步弱化了转移支付的效果，并且导致了处于最基层的县级政府财政困难，影响了基本公共服务均等化的实现。

基于我国省以下转移支付实际运行情况和效果来看，省以下转移支付普遍存在以下几个方面的问题：一是省以下转移支付没有法律规范、随意性大且透明度低。我国省以下转移支付没有明确的法律依据，缺乏约束性，资金分配很多是通过讨价还价或寻租方式，与公共服务提供的数量和质量也不相关，并且缺乏公开透明性，不利于监督资金分配的公正性和资金使用的效率，并且容易导致寻租行为[②]。二是资金分配方式有待规范，"因素法"转移支付在执行中未知因素过多，实际操作难以规范，资金拨付渠道也不通畅。省以下转移支付资金分配中，一般性转移支付尽管采用

[①] 湖北省财政厅课题组：《完善省以下财政转移支付制度的研究——以湖北省为例》，载《经济研究参考》2010 年第 4 期。

[②] 王爱君：《省以下转移支付制度探讨》，载《中央财经大学学报》2011 年第 4 期。

"因素法"，但由于信息不对称和数据统计问题，再加上一些未知因素影响，导致了地方标准财政收支核算不准确，无法真正实现通过客观公式进行资金分配。省以下的专项转移支付更是管理混乱，由于专项转移支付以项目为依托，导致了多部门对省以下存在专项转移支付，专项转移支付资金政出多门，项目申报和拨款方式也不规范，"跑部钱进"成为普遍现象。三是省以下转移支付结构不合理，协调性差。为了获得地方政府对分税制改革的支持，中央对地方的转移支付制度设计遵循的是"存量不动，增量调整"的方式，这种思想指导下的省以下转移支付同时存在存量调节和增量调节两套转移支付系统。但在实际运行中，大部分资金都是用于存量调节，增量调节比重较小，省以下转移支付制度表现为"分级包干"体制和分税制财政体制安排转移支付的混合体，使省以下转移支付制度协调性差。从转移支付结构来看，省以下转移支付制度中财力性转移支付比重过低，而税收返还和专项转移支付比重较高，对地方政府财力均等化作用有限，弱化了省以下地方政府的财政自主权。四是省以下转移支付的监督激励机制缺乏。由于没有建立省以下转移支付资金使用的绩效评价机制，导致了省以下转移支付的激励效应缺失，由于大多数省份更倾向于将转移支付分配给财政收入增长快的地区，但对基层政府的减支和提高资金使用效率的地区相对忽视，反而激励了地方政府为了获得更多转移支付采取各种不合规甚至不合法的手段增加财政收入，造成了企业负担过重甚至财源枯竭。另外，由于对转移支付资金缺乏绩效评价和监督，地方政府官员的"晋升锦标赛"导致了转移支付资金被挪用现象严重，大量资金投入到经济建设领域，导致了转移支付资金使用与基本公共服务供给数量和质量不挂钩，不利于基本公共服务均等化的实现。

7.5.2 完善省以下转移支付制度的目标和基本原则

省以下转移支付是省以下财政管理体制的重要组成部分，主要目标是改善民生实现社会福利最大化。具体而言，就是要通过省以下转移支付平衡地方政府间财力，特别是要缓解基层主要是县级政府的财政困难问题，并最终推进基本公共服务均等化。省以下转移支付改革的目标可以划分为三个层次：第一个层次的目标是基本目标，要确保城乡居民能够享受到最低标准的基本公共服务，保障居民的基本权利；第二个层次的目标是通过转移支付实现省以下各级政府间财政再分配的公平有效，优化地区间资源配置；第三个层次的目标是最高目标，是转移支付制度功能和作用的集中体现，即要实现全国社会经济协调和均衡发展，各地区各阶层的居民都能够享受到较高水平的基本公共服务，实现社会资源配置的优化和社会福利的最大化。省以下转移支付多层次目标的实现需要不断调整和完善省以下财政管理体制，构建公平与效率兼顾、均等与激励兼顾以及激励相容的转移支付制度体系，由低到高逐步实现各层次目标。针对中国省以下转移支付制度的现状，当前省以下转移支付制度改革应该以基本公共服务均等化作为主要目标，通过完善现行转移支付制度来逐步解决基本公共服务供给中存在的问题，最终实现基本公共服务均等化，保障居民享受到基本权利。

因此，省以下转移支付制度构建应该有明确的思路以及制度框架，并且遵循科学性和符合现实的基本原则。根据财政分权中关于转移支付制度的基本理论，并结合中国省以下财政管理体制现状，我国省以下转移支付制度构建应该遵循如下基本原则：

一是遵循中央统驭和因地制宜相结合的原则。中国地域广阔区域差异大，财政管理体制应该既要考虑统一性又要考虑地方特殊性，省以下转移支付制度构建中也应该遵循这个基本原则。这就要求省以下转移支付制度构建中遵循中央对地方财政管理体制的基本框架，保证中央在整个财政管理体制中的权威性。同时，鉴于各省在经济发展水平、地理环境等方便存在一定差异，各省在省以下转移支付构建中，可以基于中央的要求并考虑地方差异性，在中央统驭情况下，因地制宜的完善省以下转移支付制度。另外，在省以下转移支付具体实施过程中，应该具有一定的弹性，中央可以设定一些特别程序应对实施过程中的特殊情况，当省以下转移支付出现低效率等现象，并严重影响转移支付政策效应时，中央政府可以绕过省对县级政府实行转移支付。

二是遵循公平优先，兼顾效率的原则。转移支付的首先目标是公平，省以下转移支付制度构建中应该以公平为基础，更多强调的是均等性和公平性，实现省内各级政府财政均等以及基本公共服务的均等化。但同时也应该兼顾效率，政府间财力均等化并不一定保障财政资金使用就是有效的，省以下转移支付应该在实现财力均等化的同时，考虑资金使用效率，通过转移支付资金使用绩效评价并实行问责，建立对下级政府的激励约束机制。因此，省以下转移支付制度设计中，在资金分配中引入激励因素，建立资金使用的绩效评价机制，最大限度地实现转移支付制度公平与效率的平衡。

三是遵循规范化、法治法和公开透明原则。一方面，要制定和完善相关的法律法规来明确和规范省以下转移支付的资金分配、资金使用、绩效考核、监督管理等方面的行为，实现省以下转移支付制度的法治化和规范化运行。另一方面，省以下转移支付制度运行中的资金来源、资金分配、使用等环节要保证公平、公正和公开，增加转移支付制度运行的透明度，减少各种主观因素对转移支付制度的影响，并且接受人大、社会公众和相关主体的监督。

四是制度设计上要遵循完整性和科学规范性。首先，构建完整省以下转移支付制度体系，也就是省以下转移支付制度结构应该是多种类型的有机结合，并且省以下转移支付制度还应该建立配套的激励机制，即转移支付的绩效评级体系，增加省以下转移支付制度财政激励效应。其次，保证省以下转移支付制度的科学规范性，主要体现在不同类型转移支付的资金分配方式要客观公正。一般性转移支付应该严格按照公式法进行测算，尽量减少外部因素的影响，专项转移支付应该建立完善的项目申报审批制度，并建立科学规范的绩效评价体系对其资金使用进行评价，并作为资金分配的依据，增加专项转移支付资金分配的公正性。

7.5.3 完善省以下转移支付制度基本思路与具体建议

省以下转移支付制度在整个转移支付制度体系中具有重要的作用，是联结中央与基层政府的桥梁，制度设计首先要遵循中央与地方政府之间转移支付制度的基本框架和要求，但由于各省之间又存在着巨大差异，主要体现在经济发展水平、地理资源环境、行政管理体制、社会习俗等方面，在省以下转移支付制度设计时，各省需要根据自身情况体现差异性。基于我国省以下转移支付制度存在的主要问题，完善我省以下转移支付制度的基本思路如下：

一是鼓励各省积极进行省以下财政管理体制改革，推进省以下转移支付制度改革试点，构建符合各省自身需要的省以下转移支付制度。各省情况差异较大，我们认为并不是所有省份都要实行统一的财政管理体制和转移支付制度，各省可以根据自身实际情况，来进行省以下转移支付制度改革试点，形成具有地方特色的转移支付制度，如浙江、湖北等地都在不断地对省以下转移支付制度进行试点改革，取得了一些成功经验。

二是省以下转移支付制度设计中应该注重效率和激励。尽管转移支付主要目标是公平和均等，如果仅仅注重公平和均等而忽视了效率与激励，有可能最终影响到转移支付目标的实现。省以下转移支付制度设计，应该引入效率和激励因素，建立激励约束机制，使得转移支付制度对地方政府不仅仅具有输血功能，还应该有造血功能。可以通过建立转移支付与财政收入增长的关联机制、转移支付与财政收支平衡的关联机制、建立激励性转移支付制度等措施，鼓励省以下各级政府发展经济做大蛋糕、做大财政供养系数、保障政策要求的重点指出等。

三是强化省以下转移支付资金的财政支出绩效和责任管理，提高资金使用效果。在转移支付资金分配时，完善以奖代补政策，建立转移支付资金使用的绩效评价体系，将转移支付资金分配与各地转移支付资金使用绩效挂钩，加强对转移支付资金财政支出的绩效管理，确保转移支付资金使用效率。另外，建立省以下转移支付资金分配和使用的责任管理制度，遵循"谁出政策，谁拿钱"的原则，杜绝"上级政府出政策，下级政府掏腰包"的不合理现象①，这样才能保证省以下转移支付制度的有效性。

建立规范的省以下转移支付制度是一个长期目标，需要通过不断地进行调整和完善现行转移支付制度，最终构建兼顾均等和财政激励双重目标的制度体系。针对当前我国省以下转移支付制度普遍存在的问题，应该从以下几个方面进行具体的改进：

一是逐步加大省以下转移支付的规模，建立转移支付稳定增长机制。一方面，要积极向中央争取转移支付资金，省以下转移支付资金来源由中央对省的转移支付和本省对下的转移支付两个部分构成，由于省级财政能力有限，大多数省份特别是中西部省份对下的转移支付资金有限，就需要积极争取中央财政的支持。另一方面，省以下转移支付也不能完全依赖于中央的转移支付，各省级政府应该积极扩大自身财力，努力扩大省以下转移支付资金来源渠道，可以通过支持经济发展来扩大财源、加强税收征管、将预算外资金纳入预算内等方式来确保转移支付资金的稳定增长。

二是优化省以下转移支付结构，规范资金分配方式。首先，要对省以下转移支付项目进行减并整合，取消名不符实或过时的项目，归并重复交叉的项目，省以下转移支付最终主要以一般性转移支付和专项转移支付两大类，然后在两大类转移支付项目下面根据需要进行设定具体项目。另外，实现省以下转移支付规模结构的合理化，逐步提高一般性转移支付比

① 李波、陈明：《省以下财政转移支付的效率因子：以湖北省为例》，载《山东经济》2009年第 1 期。

重，降低专项转移支付比重。根据各省实际和省以下转移支付改革经验，一般性转移支付目前主要可以设定三大类，主要为均衡性转移支付、激励性转移支付和政策性转移支付。一般性转移支付应该以均衡性转移支付为主，其比重应该最大，主要是为了保障县级财政履行基本职责的财力。激励性转移支付主要来源于增量资金，其目标促进县域经济发展和激励县级政府增加财政努力度以及提高资金使用效率。政策性转移支付主要目标是为了保证上级政策的有效执行，将上级政府政策目标和各县市现实结合作为资金分配的依据，通过该类转移支付来对县级财政支出起到引导作用，优化其财政支出结构。专项转移支付则主要是为具有战略意义的区域性或地方性重点公共项目、促进各地区协调发展、调整产业结构、推行国家出台新政策等方面的项目提供资金支出，在一定程度上有利于基本公共服务均等化的实现，在制度设计中对支出标准要进行科学界定，并设定准入条件。其次，要加强省以下转移支付资金分配中"因素法"的技术研究，提高可操作性。应该建立科学规范的各类转移支付项目的计算方法和依据，提高"因素法"的科学性，在利用公式法计算项目资金规模时，要科学准确的确定相关因素，减少资金分配的随意性。

三是构建省以下转移支付制度的激励约束机制。首先，在省以下转移支付资金分配过程中要考虑对地方政府的激励，将税收努力和公共服务供给努力纳入转移支付资金分配中来，将部分资金以激励性转移支付来进行分配。一方面，要建立对地方政府财政努力的评估机制，将地方财政努力程度作为资金分配的依据，避免出现将转移支付资金分配给财政不努力地区。另一方面，建立转移支付资金使用的绩效评价体系，根据转移支付资金支出的性质和范围设计效益评价指标，运用成本收益、因素分析等评价方法，对转移支付资金使用过程中的经济效益、社会效益、微观效益、宏观效益等进行综合评价，并将转移支付资金使用绩效评价与资金分配挂钩，建立相应的激励机制。其次，要建立省以下转移支付约束机制，强化对转移支付的监管，保证转移支付资金分配和使用的合规性。第一，要加快省以下转移支付制度的法律法规建设，通过法律来确保转移支付制度的有效运行。第二，加强财政部门和审计部门对转移支付资金的监督作用，财政部门可以监督专门针对转移支付资金监督机构，对转移支付资金进行事前、事中和事后全过程的监督，同时审计部门对转移支付资金使用进行审计，加强对转移支付资金的监督管理。第三，加强人大和社会监督，财政部门应该定期向社会公开转移支付资金分配和使用的信息，提高转移支付制度的透明度，及时接受人大和社会各界的监督。第四，建立财政转移支付责任追究机制，通过人大、审计、财政等相关部门监察，对转移支付过程中出现的问题，无论是哪一级都要实行严格的问责制度，从而确保转移支付制度取得良好的效果。

四是省以下转移支付制度配套措施的完善。省以下转移支付制度是省级财政管理体制的重要组成部分，制度设计要与省以下财政管理体制向适应，只有相关配套措施的完善，才能确保省以下转移支付制度的合理性和有效性。首先，应该合理划分事权与财权，基于政府与市场的关系合理界定政府职能，依据政府职能界定事权并在中央与地方之间进行划分，基于事权划分来界定支出责任，最后来划分财权和确定财力，作为转移支付资金分配依据。其次，完善省以下的财政管理体制，进一步推进和完善"省直管辖"和"乡财县管"的体制，通过财政体制改革推进省以下转移支付制度的规范性。

参 考 文 献

[1]［印度］阿玛蒂亚·森：《论经济不平等：不平等之再考察》，王利文、于占杰译，社会科学文献出版社 2006 年版。

[2] 奥斯特罗姆：《公共事务的治理之道——集体行动制度的演进》，余逊达等译，上海三联书店 2000 年版。

[3] 大卫·休谟：《人性论》，关文运译，商务印书馆 1980 年版。

[4]［美］费雪：《州和地方财政学》，吴俊培总译校，中国人民大学出版社 2000 年版。

[5] 傅勇：《中国式分权与地方政府行为：探索转变发展模式的制度型框架》，复旦大学出版社 2010 年版。

[6] 侯一麟、王有强：《中国县级财政研究》，商务印书馆 2011 年版。

[7] 胡德仁：《中国地区间财政均等化问题研究》，人民出版社 2011 年版。

[8]［瑞典］林达尔：《货币和资本理论的研究》，陈福生等译，商务印书馆 2000 年版。

[9] 李萍、许宏才：《中国政府间财政关系图解》，中国财政经济出版社 2006 年版。

[10] 马海涛、姜爱华：《政府间财政转移支付制度》，经济科学出版社 2010 年版。

[11] 马斯格雷夫：《财政理论与实践（第五版）》，邓子基、邓力平译校，中国财政经济出版社 2003 年版。

[12] 庇古：《福利经济学》，朱泱等译，商务印书馆 2006 年版。

[13] 任强：《公共服务均等化问题研究》，经济科学出版社 2009 年版。

[14]［英］斯蒂芬·贝利：《地方政府经济学：理论与实践》，左昌盛等译校，北京大学出版社 2006 年版。

[15] 谢京华：《政府间财政转移支付制度研究》，浙江大学出版社 2011 年版。

［16］项中新：《公共服务均等化：基础、理念与制度安排》，中国经济出版社 2000 年版。

［17］阎坤：《中国县乡财政体制研究》，经济科学出版社 2006 年版。

［18］安体富、任强：《公共服务均等化：理论、问题与对策》，载《财贸经济》2007 年第 8 期。

［19］安体富、任强：《中国公共服务均等化水平指标体系的构建——基于地区差别视角的量化分析》，载《财贸经济》2008 年第 6 期。

［20］包曙光：《转移支付财力均等化效应研究——基于中国县级数据的实证分析》，载《经济问题探索》2016 年第 7 期。

［21］蔡跃洲：《转型社会中财政对收入分配的影响——基于我国不同发展阶段的理论实证》，载《财经研究》2008 年第 11 期。

［22］才国伟、张学志、邓卫广：《"省直管县"改革会损害地级市的利益吗?》，载《经济研究》2011 年第 7 期。

［23］储德银、邵娇：《财政纵向失衡与公共支出结构偏向：理论机制诠释与中国经验证据》，载《财政研究》2018 年第 4 期。

［24］成刚、萧今：《省以下财政分权、转移支付与基础教育供给——基于 1994~2001 年江西省县级数据的分析》，载《教育与经济》2011 第 1 期。

［25］成丹：《政府间转移支付制度优化——基于转移支付效果的分析》，载《地方财政研究》2017 年第 9 期。

［26］陈斌开、林毅夫：《发展战略、城市化与中国城乡收入差距》，载《中国社会科学》2013 年第 4 期。

［27］陈建东、蒲冰怡、程树磊：《财政转移支付均等化效应分析——基于基尼系数分解的视角》，载《财政研究》2014 年第 10 期。

［28］陈抗、Arye L. Hillman、顾清扬：《财政集权与地方政府行为变化——从援助之手到攫取之手》，载《经济学季刊》2002 年第 10 期。

［29］陈戈止：《公平、公正和效率的联想》，载《天府新论》2003 年第 1 期。

［30］陈旭佳：《中国均等化财政转移支付制度研究》，暨南大学博士学位论文，2012 年。

［31］常修泽：《中国现阶段基本公共服务均等化研究》，载《中共天津市委党校学报》2007 年第 2 期。

［32］丁焕峰、曾宝富：《基本公共服务均等化研究综述》，载《华南

理工大学学报（社会科学版）》2010 年第 5 期。

[33] 丁菊香、邓可斌：《政府偏好、公共品供给与转型中的财政分权》，载《经济研究》2008 年第 7 期。

[34] 董艳梅：《中央转移支付对欠发达地区的财力均等化效应研究》，载《经济理论与经济管理》2013 年第 10 期。

[35] 方红生、张军：《中国地方政府竞争、预算软约束与扩张偏向的财政行为》，载《经济研究》2009 年第 12 期。

[36] 伏润民、常斌、缪小林：《我国省对县（市）一般性转移支付的绩效评价——基于 DEA 二次相对效益模型的研究》，载《经济研究》2008 年第 11 期。

[37] 伏润民、王卫昆、常斌、缪小林：《我国规范的省对县（市）均衡性转移支付制度研究》，载《经济学季刊》2011 年第 10 期。

[38] 付文林：《均等化转移支付与地方财政行为激励初探》，载《财贸经济》2010 年第 11 期。

[39] 付文林、沈坤荣：《均等化转移支付与地方支出结构》，载《经济研究》2012 年第 5 期。

[40] 傅勇、张晏：《中国式分权与财政支出结构偏向：为增长而竞争的代价》，载《管理世界》2007 年第 3 期。

[41] 傅勇：《财政分权、政府治理与非经济性公共物品供给》，载《经济研究》2010 年第 8 期。

[42] 范子英、张军：《粘纸效应：对地方政府规模膨胀的一种解释》，载《中国工业经济》2010 年第 12 期。

[43] 范子英：《中国的财政转移支付制度：目标、效果及遗留问题》，载《南方经济》2011 年第 6 期。

[44] 范子英、李欣：《部长的政治关联效应与财政转移支付分配》，载《经济研究》2014 年第 6 期。

[45] 谷成：《财政均等化：理论分析与政策引申》，载《经济理论与经济管理》2007 年第 10 期。

[46] 谷成：《基于财政均等华的政府间转移支付制度设计》，载《财贸经济》2010 年第 6 期。

[47] 谷成、曲红宝：《发展中国家政府间税收划分：理论分析与现实约束》，载《经济社会体制比较》2015 年第 2 期。

[48] 龚锋、卢洪友：《公共支出结构、偏好匹配与财政分权》，载

《管理世界》2009 年第 1 期。

[49] 龚锋、卢洪友：《机会平等与财政转移支付》，载《财经问题研究》2010 年第 11 期。

[50] 龚锋、李智：《"援助之手"还是"激励陷阱"——中国均衡性转移支付的有效性评估》，载《经济评论》2016 年第 5 期。

[51] 郭庆旺、贾俊雪：《中央财政转移支付与地方公共服务提供》，载《世界经济》2008 年第 9 期。

[52] 郭小聪、刘述良：《中国基本公共服务均等化：困境与出路》，载《中山大学学报（社会科学版）》2010 年第 5 期。

[53] 葛乃旭：《重建我国政府间转移支付制度的构想》，载《财贸经济》2005 年第 1 期。

[54] 管永彬：《财政分权、双重激励与地方政府供给偏好的异质性》，载《重庆师范大学学报（哲学社会科学版)》2012 年第 1 期。

[55] 胡斌、毛艳华：《转移支付改革对基本公共服务均等化的影响》，载《经济学家》2018 年第 3 期。

[56] 胡祖铨、黄夏岚、刘怡：《中央对地方转移支付与地方征税努力——来自中国财政实践的证据》，载《经济学季刊》2013 年第 2 期。

[57] 湖北省财政厅课题组：《完善省以下财政转移支付制度的研究——以湖北省为例》，载《经济研究参考》2010 年第 4 期。

[58] 解垩：《转移支付与公共品均等化分析》，载《统计研究》2007 年第 6 期。

[59] 江明融：《公共服务均等化论略》，载《中南财经政法大学学报》2006 年第 3 期。

[60] 贾晓俊：《促进公共服务均等化的均衡性转移支付改革方案设计》，载《财政研究》2011 年第 6 期。

[61] 贾晓俊、岳希明：《我国均衡想转移支付资金分配机制研究》，载《经济研究》2012 年第 1 期。

[62] 贾晓俊、岳希明：《我国不同形式转移支付财力均等化效应研究》，载《经济理论与经济管理》2015 年第 1 期。

[63] 贾晓俊、岳希明、王怡璞：《分类拨款、地方政府支出与基本公共服务均等化——兼谈我国转移支付制度改革》，载《财贸经济》2015 年第 4 期。

[64] 贾俊雪、郭庆旺、宁静：《财政分权、政府治理结构与县级财

政困难》，载《管理世界》2011 年第 1 期。

[65] 金兆怀、张友详：《县级财政困难的成因及对策分析——以山东省烟台市县级财政状况为例》，载《财政研究》2006 年第 9 期。

[66] 吕冰洋：《政府间税收分权的配置选择和财政影响》，载《经济研究》2009 年第 6 期。

[67] 吕冰洋、张凯强：《转移支付和税收努力：财政支出偏向的影响》，载《世界经济》2018 年第 7 期。

[68] 吕冰洋、毛捷、马光荣：《分税与转移支付结构：专项转移支付为什么越来越多?》，载《管理世界》2018 年第 4 期。

[69] 龚锋、卢洪友：《机会平等与财政转移支付》，载《财经问题研究》2010 年第 11 期。

[70] 卢洪友、陈思霞：《谁从增加的财政转移支付中受益——基于中国县级数据的实证分析》，载《财贸经济》2012 年第 4 期。

[71] 卢洪友、张楠：《政府间事权与支出责任的错配与匹配》，载《地方财政研究》2015 年第 5 期。

[72] 卢盛峰：《财政转移支付与地方政府支出行为》，载《湖北经济学院学报》2011 年第 5 期。

[73] 刘佳、马亮、吴建南：《省直管县改革与县级政府财政解困——基于 6 省面板数据的实证研究》，载《公共管理学报》2011 年第 3 期。

[74] 刘佳、吴建南、吴佳顺：《省直管县改革对县域公共物品供给的影响——基于河北省 136 县（市）面板数据的实证分析》，载《经济社会体制比较》2012 年第 1 期。

[75] 刘德吉：《基本公共服务均等化：基础、制度安排及政策选择——基于制度经济学视角》，上海社会科学院博士学位论文，2010 年。

[76] 刘士义：《财政转移支付制度的现实困境与改革路径研究》，载《财经问题研究》2018 年第 2 期。

[77] 刘溶沧、焦国华：《地区间财政能力差异与转移支付制度创新》，载《财贸经济》2002 年第 6 期。

[78] 刘尚希、李敏：《论政府间转移支付制度的分类》，载《财贸经济》2006 年第 3 期。

[79] 吕炜、王伟同：《发展失衡、公共服务与政府责任——基于政府偏好和政府效率视角的分析》，载《中国社会科学》2008 年第 4 期。

[80] 吕炜、王伟同：《我国基本公共服务均等化问题研究：基于公

共需求和政府能力视角的分析》，载《财政研究》2008 年第 5 期。

[81] 吕炜、王伟同：《我国基本公共服务提供均等化问题研究》，载《经济研究参考》2008 年第 34 期。

[82] 李波、陈明：《省以下财政转移支付的效率因子：以湖北省为例》，载《山东经济》2009 年第 1 期。

[83] 李万慧：《中国财政转移支付结构辨析及改革方向展望》，载《地方财政研究》2016 年第 11 期。

[84] 李永友、沈玉平：《转移支付与地方财政收支决策——基于省级面板数据的实证研究》，载《管理世界》2009 年第 11 期。

[85] 李永友：《国家治理、财政改革与财政转移支付》，载《地方财政研究》2016 年第 1 期。

[86] 李永友、张子楠：《转移支付提高了社会性公共品供给激励吗?》，载《经济研究》2017 年第 1 期。

[87] 李一花：《县级财政转移支付制度的均等化效果分析》，载《当代经济研究》2015 年第 2 期。

[88] 李建军、肖育才：《税收征管存在"粘蝇纸"效应吗》，载《南开经济研究》2012 年第 2 期。

[89] 李齐云、刘小勇：《分税制、转移支付与地区财政差距研究》，载《财贸经济》2009 年第 12 期。

[90] 李谭君、文超：《财政分权、激励结构与专项转移支付》，载《当代财经》2010 年第 9 期。

[91] 马海涛、李霁：《县级财政的现状与创新》，载《河北经贸大学学报》2004 年第 3 期。

[92] 马海涛、任致伟：《转移支付对县级财力均等化的作用》，载《财政研究》2017 年第 5 期。

[93] 马骏：《中央向地方的财政转移支付——一个均等化公式和模拟结果》，载《经济研究》1997 年第 3 期。

[94] 马拴友、于红霞：《转移支付与地区经济收敛》，载《经济研究》2003 年第 3 期。

[95] 马万里、李齐云：《从"援助之手"到"攫取之手"：地方政府行为差异的政治经济学分析》，载《财政研究》2017 年第 1 期。

[96] 马万里：《政府间事权与支出责任划分：逻辑进路、体制保障与法治匹配》，载《当代财经》2018 年第 4 期。

[97] 马昊、庞力:《中国县级财政制度的历史变迁与改革思路》,载《湖南师范大学社会科学学报》2010 年第 5 期。

[98] 毛捷、吕冰洋、马光荣:《转移支付与政府扩张:基于"价格效应"的研究》,载《管理世界》2015 年第 7 期。

[99] 缪小林、王婷、高跃光:《转移支付对城乡公共服务差距的影响——不同经济赶超省份的分组比较》,载《经济研究》2017 年第 2 期。

[100] 缪小林、付申才、张蓉:《国家治理视角下政府间事权配置研究——基于分工思想的公共利益最大化目标理念》,载《财政科学》2018 年第 6 期。

[101] 平新乔、白洁:《中国财政分权与地方公共品的供给》,载《财贸经济》2006 年第 2 期。

[102] 乔宝云、范剑勇、冯兴元:《中国的财政分权与小学义务教育》,载《中国社会科学》2005 年第 6 期。

[103] 乔宝云、范剑勇、彭骥鸣:《政府间转移支付与地方财政努力》,载《管理世界》2006 年第 3 期。

[104] 任超然、曾益:《转移支付纵向分配结构的财力均等化效应研究——基于省内县际差异的视角》,载《中央财经大学学报》2016 年第 8 期。

[105] 宋小宁、陈斌、梁若冰:《一般性转移支付:能否促进基本公共服务供给?》,载《数量经济与技术经济研究》2012 年第 7 期。

[106] 宋童文、邱旭东:《关于缓解县级财政困难的思考》,载《财经政法资讯》2008 年第 1 期。

[107] 陶然、刘明兴:《中国城乡收入差距、地方政府开支及财政自主》,载《世界经济文汇》2007 年第 2 期。

[108] 陶勇:《中国县级财政的困境与出路》,载《甘肃行政学院学报》2009 年第 2 期。

[109] 田发:《财政转移支付的横向财力均等化效应》,载《当代财经》2010 年第 4 期。

[110] 田发、苗雨晴:《央地间财政事权和支出责任划分:效应评估与政策引申》,载《财经科学》2018 年第 4 期。

[111] 唐钧:《"公共服务均等化"保障 6 种基本权利》,载《时事报告》2006 年第 6 期。

[112] 唐沿源:《转移支付与地方财政支出竞争——激励效应及中国

经验的检验》，载《云南财经大学学报》2015 年第 3 期。

[113] 汤学兵：《论中国区际间基本公共服务均等化的路径选择和保障机制》，载《财贸经济》2009 年第 7 期。

[114] 汪冲：《渐进式预算与机会主义——转移支付分配模式的实证研究》，载《管理世界》2015 年第 1 期。

[115] 王爱君：《省以下转移支付制度探讨》，载《中央财经大学学报》2011 年第 4 期。

[116] 王德祥、李建军：《人口规模、"省直管县"对地方公共品供给的影响——来自湖北省市、县两级数据的经验证据》，载《统计研究》2008 年第 12 期。

[117] 王国华、温来成：《基本公共服务标准化：政府统筹城乡发展的一种可行性选择》，载《财贸经济》2008 年第 3 期。

[118] 王华春、王圆圆：《转移支付对民族地区县级财力均等化影响研究》，载《新疆财经大学学报》2018 年第 2 期。

[119] 王广庆、王有强：《县级财政转移支付变迁：制度与分配》，载《经济学家》2010 年第 12 期。

[120] 王磊：《我国政府间转移支付制度对公共服务均等化的影响》，载《经济体制改革》2006 年第 1 期。

[121] 王鹏、杜婕、陈思、朱云飞：《以基尼系数为视角的财政转移支付均等化效果研究——基于吉林省的实证分析》，载《财政研究》2012 年第 6 期。

[122] 王谦：《城乡公共服务均等化的理论思考》，载《中央财经大学学报》2008 年第 8 期。

[123] 王瑞民、陶然：《中国财政转移支付的均等化效应——基于县级数据的评估》，载《世界经济》2017 年第 12 期。

[124] 王绍光：《中国财政转移支付的政治逻辑》，载《战略与管理》2002 年第 3 期。

[125] 王玮：《我国公共服务均等化的路径选择》，载《财贸研究》2009 年第 1 期。

[126] 王玮：《公共服务均等化：基本理念与模式选择》，载《中南财政政法大学学报》2009 年第 1 期。

[127] 王雍君：《中国的财政均等化与转移支付体制改革》，载《中央财经大学学报》2006 年第 3 期。

[128] 王秀文:《中国县级政府财政能力问题研究》,东北财经大学博士学位论文,2014 年。

[129] 吴俊培、郭枔沂:《关于建构我国一般性转移支付基金制度的可行性研究》,载《财贸经济》2016 年第 12 期。

[130] 吴强、李楠:《我国财政转移支付及税收返还变动对区际间财力均等化影响的实证研究》,载《财政研究》2016 年第 3 期。

[131] 项继权:《基本公共服务均等化:政策目标与制度保障》,载《华中师范大学学报(人文社会科学版)》2008 年第 1 期。

[132] 项继权:《我国基本公共服务均等化的战略选择》,载《社会主义研究》2009 年第 1 期。

[133] 徐莉莉:《我国基本公共服务支出省际差异的测定与评价》,载《统计与决策》2012 年第 4 期。

[134] 徐琰超、杨龙见、尹恒:《农村税费改革与村庄公共物品供给》,载《中国农村经济》2015 年第 1 期。

[135] 徐琰超、柳荻、杨龙见:《资源禀赋差异与地方政府支出偏向》,载《金融评论》2016 年第 4 期。

[136] 熊若愚、余萍:《促进县级基本公共服务供给:均衡性转移支付还是专项转移支付》,载《湖北经济学院学报》2017 年第 5 期。

[137] 谢芬、肖育才:《中国式分权、地方政府行为与基本公共服务均等化》,载《财政研究》2013 年第 11 期。

[138] 薛凤珍、蒙永胜:《转移支付与县级财政支出扩张——基于双向"粘蝇纸"效应的分析》,载《中央财经大学学报》2018 年第 7 期。

[139] 杨灿明、赵福军:《财政分权理论及其发展述评》,载《中南财经政法大学学报》2004 年第 4 期。

[140] 杨良松、余莎:《地方上级政府对转移支付的截留研究——基于省级和地级数据的实证分析》,载《公共管理学报》2018 年第 2 期。

[141] 袁飞、陶然、徐志刚、刘明兴:《财政集权过程中的转移支付和财政供养人口规模膨胀》,载《经济研究》2008 年第 5 期。

[142] 尹恒、康琳琳、王丽娟:《政府间转移支付的财力均等化效应——基于中国县级数据的研究》,载《管理世界》2007 年第 1 期。

[143] 尹恒、朱虹:《中国县级地区财力缺口与转移支付的均等性》,载《管理世界》2009 年第 4 期。

[144] 尹恒、朱虹:《县级财政生产性支出偏向研究》,载《中国社

会科学》2011 年第 1 期。

[145] 尹振东、汤玉刚：《专项转移支付与地方财政支出行为——以农村义务教育补助为例》，载《经济研究》2016 年第 4 期。

[146] 佚名：《1990～2009 年我国各级政府财政自给能力情况表》，载《地方财政研究》2010 年第 9 期。

[147] 云南省财政厅课题组：《国家治理视角下专项转移支付：改革与重构》，载《预算管理与会计》2018 年第 10 期。

[148] 曾国安、胡晶晶：《论中国城市偏向的财政制度与城乡居民收入差距》，载《财政研究》2009 年第 2 期。

[149] 赵永辉、付文林：《转移支付、财力均等化与地区公共品供给》，载《财政研究》2017 年第 5 期。

[150] 赵晓宏：《省以下财政体制改革构想》，载《山东社会科学》2008 年第 11 期。

[151] 张冬梅、李茂生、吴凡：《中央对民族地区转移支付和税收返还的效果评价与调整建议》，载《西南民族大学学报（人文社会科学版)》2018 年第 8 期。

[152] 张光：《转移支付对省内县际财政均等化的影响》，载《地方财政研究》2013 年第 1 期。

[153] 张恒龙、陈宪：《我国财政均等化现状研究：1994－2004》，载《中央财经大学学报》2006 年第 12 期。

[154] 张恒龙、陈宪：《政府间转移支付对地方财政努力与财政均等的影响》，载《经济科学》2007 年第 3 期。

[155] 张恒龙、秦鹏亮：《转移支付、财政激励与基本公共服务均等化目标匹配》，载《改革》2012 年第 9 期，第 56 页。

[156] 张军、高远、傅勇、张弘：《中国为什么拥有了良好的基础设施?》，载《经济研究》2007 年第 3 期。

[157] 中共河北省委党校课题组：《政府间财政转移支付理论研究》，载《经济研究参考》2006 年第 90 期。

[158] 郑垚、孙玉栋：《转移支付、地方财政自给能力与基本公共服务供给——基于省级面板数据的门槛效应》，载《经济问题探索》2018 年第 8 期。

[159] 朱柏铭：《从性价比角度看"基本公共服务均等化"》，载《财贸经济》2008 年第 10 期。

[160] 曾军平:《政府间转移支付制度的财政平衡效应研究》,载《经济研究》2000 年第 6 期。

[161] 朱玲:《转移支付的效率与公平》,载《管理世界》1997 年第 3 期。

[162] 曾明、张光、江依妮:《转移支付对县级公共支出的影响——以广东省为例》,载《教育与经济》2008 年第 2 期。

[163] 周飞舟:《分税制十年:制度及其影响》,载《中国社会科学》2006 年第 6 期。

[164] 周庆元、骆建建:《基于 DEA 理论的基本公共服务均等化指标体系构建及效率评价》,载《中南林业科技大学学报(社会科学版)》2011 年第 6 期。

[165] 周美多、颜学勇:《中国专项转移支付的政治逻辑:问题、原因与出路》,载《当代财经》2008 年第 9 期。

[166] 周美多、颜学勇:《省内转移支付均等化效应研究——政府间财政分配行为的视角》,载《公共行政评论》2010 年第 6 期。

[167] 周美多、颜学勇:《省内转移支付的财力均等化效应——基于 1999～2004 年县级数据的实证研究》,载《电子科技大学学报(社科版)》2011 年第 1 期。

[168] 朱润喜、王群群:《地方政府非正式财权、转移支付与公共服务均等化——基于中国省级面板门槛效应分析》,载《经济问题》2017 年第 5 期。

[169] 钟晓敏:《论政府间财政转移支付制度:一个可供选择的模式》,载《经济研究》1997 年第 9 期。

[170] Anwar Shah, A Practitioner's to Intergovernmental Fiscal Transfers. in Robin boadway and Anwar Shah (eds), Intergovernmental Fiscal Transfers: "Principles and Pranctice", The World Bank, 2007, pp. 9 – 15.

[171] Bahl R. W, A Representative Tax System Approach to Measuring Tax Effort in Developing Countries. Staff Papers, No. 1, Vol. 19, January 1972, pp. 87 – 124.

[172] Bird, Richard M., Threading the Fiscal Labyrinth: Some Issues in Fiscal Decentralization. National Tax Journal, Vol. 46, 1993, P. 217.

[173] Boadway, R. W., Intergovernmental Redistributive Transfers: Efficiency and Equity. in Handbook of Fiscal Federalism, Eds. By Ahmad,

Ehtisham and Giorgio Brosio, Edward Elgar Publishing Limited, 2006.

[174] Boadway, R, Grants in a Federal Economy: A Conceptual Perspective. in Intergovernmental Fiscal Transfers: Principles and Practice 55 – 74. Washington, D. C. : The World Bank, 2007.

[175] Brennan, G. , Buchannan J, The Power to Tax: Analytical Foundations of a Fiscal Consitution. Cambridge: Cambridge U. Press, 1980.

[176] B. Weingast, The Economic Role of Political Institutions: Market – Preserving Federalismand Economic Development. Journal of Law Economics and Organization, No. 1, Vol. 11, January 1995.

[177] Buchanan, J. M, Federalism and Fiscal Equity. The American Economic Review, No. 4, Vol. 40, Sep 1950, pp. 583 – 599.

[178] Buchanan, J. M, An Economic Theory of Clubs. Economica, Vol. 32, February 1965, pp. 1 – 14.

[179] Bucovetsky, S, Public Input Competition Journal of Public Economics, Vol. 89, 1995.

[180] Cooper, M. J. , H. Gulen, and A. V. Ovtchinnikov, Coporate Political Contributionand Stock Returns. Journal of Finance, No. 2, Vol. 65, February 2010, pp. 687 – 720.

[181] Dahlby and L. S, Wilson: Fiscal Capacity, Tax Effort, and Optimal Equalization Grants. The Canadan Journal of Economics, No. 3, Vol, 27, Aug 1994, pp. 657 – 672.

[182] Faguet, J. P. , Dose Decentralization Increase Government Responsiveness to Local Needs? Evidence from Bo-livia. Journal of Public Economics, Vol. 88, 2004, pp. 867 – 893.

[183] G. J. Stiglers. G. The Tenable Range of Functions of Local Government. Washing, D. C, 1957, pp. 213 – 219.

[184] Gramlich E M, Subnational Fiscal Policy. Perspectiveson Local Public Finance and Public Policy, No. 3, March 1987, pp. 3 – 27.

[185] Hayek, Friedrich A, The Use of Knowledge in Society. American Economic Review, Vol. 35, 1945.

[186] Inman, Robert P. , Federal Assistance and Local Services in the United States: The Evolution of a New Federalist Fiscal Order0, In Fiscal Federalism, Edited by Harvey Rosen, Chicago: University of Chicago Press,

1988, pp. 33 –74.

[187] Knight, Brain, Legislative Representation, Bargaining Power and the Distrubution of Federal Funds: Evidence from the U. S. Congress. Economic Journal, No. 118, Vol. 532, October 2008, pp. 1785 –1803.

[188] Levaggi, R., Decentralized Budgeting Procedures for Public Expenditure, Public Finance Review, Vol. 30, 2002, pp. 273 –295.

[189] M. Keen and M. Marchand, Fiscal Competition and the Pattern of Public Spending. Journal of Public Economics, Vol. 66, 1997.

[190] Marianne Vigneault, Grants and Soft Budget Constraints, in Robin Boadway and Anwar Shah (eds), "Intergovernmental Fiscal Transfers: Principles and Practice", The World Bank, 2007.

[191] Mcguire M C, The analysis of federal grants into price and income components fiscal federalism and grants-in-aid. Washinton, D C: The Urban Institute, 1979.

[192] Musgrave, R. A., The Thoery of Public Finance. New York: McGraw –Hill, 1959.

[193] Musgrave R. A., Who Should Tax Where and What? In C. Mclure (ed.), Tax Assignment in Federal Countries, Australian National University, 1983.

[194] Niskenan, W. Bureaucracy and Representative Government, Chicago: Aldine. 1971, pp. 24 –30.

[195] Oates, Wallace E., Fiscal Federalism. New York: Harcourt Brace Jovanovic, 1972.

[196] Qian, Y., and Barry R. Weingast, China's Transition to Markets: Market –Preserving Federalism, Chinese Style. Journal of Reform, No. 1, January 1996, pp. 149 –185.

[197] Qian, Weingast. B, Federalism as a Commitment to Preserving Market Incentives. Journal of Economic Perspectives, No. 11, November 1997.

[198] Qian, Y., and Gerald Roland, Federalism and the Soft Budget Constraint. The American Economic Review, No. 5, Vol. 88, May 1998, pp. 1143 –1162.

[199] Samuelson, Paul A, The Pure Theory of Public Expenditures. Review of Economics and Statistics, No. 4, April 1954, pp. 387 –389.

[200] Samuelson, Paul A, Diagrammatic Exposition of a Theory of Public Expenditure. Review of Economics and Statistics, Vol. 37, 1955.

[201] Shah, A. , Fiscal Decentralization in Developing and Transition Economies: Progress, Problems and the Promise. World Bank Policy Research Working Paper, No. 3282 , 2004.

[202] Stiglitz, J. E. and P. Dasgupta, Differential Taxation, Public Goods and Economic Efficiency. Review of Economic Studies, Vol. 38, 1971, pp. 151 – 174.

[203] Tiebout, Charles, A Pure Theory of Local Expenditure. Journal of Political Economy, Vol. 64, 1956, pp. 416 – 424.

[204] Tsui, K. Y. , Wang, Y. Q. , Decentralization with Political Trump: Vertical Control, Local Accountability and Regional Disparities in China. China Economic Review, Vol. 16, 2008, pp. 403 – 418.

[205] Wildasin, D. E. , Externalities and Bailouts: Hard and Soft Budget Constraints in Intergovernmental Fiscal Relations, unpublished paper, 1997.

[206] Zhurarskaya, E. V. , Incentives to Provide Local Public Goods: Fiscal Federalism, Russian Style. Journal of Public Economics, Vol. 76, 2000, pp. 337 – 368.

后　记

　　2020年是不平凡的一年，一场突如其来的疫情牵动全国上下，全国人民投入到一场没有硝烟的战争，我们不能像白衣天使一样参与战斗，只能以宅在家里的方式来默默支持。相信在党中央领导下，我们一起共克时艰，最终一定能够打赢这场战役！在此期间，本书书稿修改完成，期待早日出版，以此为中国抗疫加油！

　　本书是在国家社科基金项目研究报告基础上整理修改而成，2013年获得国家社科基金青年项目立项，在惊喜的同时也感觉到责任和压力，如何能够把课题按时保质完成，对于我来说具有较大的挑战。时至今日，尽管完成了国家社科基金项目并获得了结项，但无论从研究时间还是最终成果质量上来说，都有诸多不足和遗憾，值得我在以后的科研工作中不断改进和完善。不管怎么说，由于国家社科项目立项鞭策我不断在转移支付和基本公共服务供给两个重要的领域进行深入的探索，通过几年的集中研究，获得了多项课题立项、发表了多篇相关论文，并且由于对相关领域的拓展研究还完成了博士后研究工作，算是给自己几年研究付出的一个肯定。在研究中也发现了该领域研究的一些不足，明确了未来的方向，希望自己在未来研究过程中不断集中精力、提升研究能力，产生更多的研究成果，不辜负国家、社会、单位以及老师和学友对我期望和帮助。

　　本研究得到了诸多良师益友的帮助，才取得了一系列成果，感激之情难以言表。首先，要感谢我的博士生导师王国清教授，在博士期间得到了王老师孜孜不倦的教导，特别是在博士论文撰写过程中对我精心点拨，经常让我茅塞顿开，对我完成博士论文和国家社科项目有非常大的帮助。另外，在我人生困难之时，王老师和师母对我在学业和生活上给予了极大的宽容和关爱，让我感受到温暖和幸福，坚定人生目标。王老师的学识渊博、豁达开朗以及治学严谨等优秀品质对我在科研、教书育人和人生价值观上都有重大影响，不断激励着我进一步前行。

　　其次，还要感谢我的良师益友。他们是我的硕士生导师武汉大学原副校长吴俊培教授以及武汉大学卢洪友教授和刘穷志教授，硕士期间刚步入财政学专业学习期间，他们的教导让我对财政学专业有了更多的认知，坚定了我坚持在这一领域研究的信心，也引导我走入高校教师这个行业。还有我的硕士同学西南财经大学李建军教授，在我的研究过程中遇到一些困难都会与他探讨，他总是无私给予我帮助，进一步坚定了我的信念，他在研究中的很多品格值得我永远学习。西南财经大学王文甫教授、张伦伦副教授等也给予了我很多帮助，我的博士后合作导师四川大学公共管理学院姜晓萍教授和四川大学公共管理学院的夏志强教授在我博士后期间给予我很多的启迪和帮助。

　　最后，要感谢我的家人。要感谢我的妻子，她的理解、支持、鼓励和宽容，给我创造了最好的条件，让我能够安心从事研究，是我坚强的后盾。感激我的姐姐们，尽管父母都已离世，但姐姐们给我最大的关爱，让我从父母离世的悲痛中走出来，并给予我亲情的温暖！还要感谢我的儿子，在我获得国家社科基金项目立项之际从天而降，让我多了一份责任感和希望，让我对生活和工作更加积极，支持我完成科研任务！

　　本书的出版是对我之前研究的一个总结，但并不是终点。在未来的学习和工作中，我将更加积极努力，以更丰厚的成果来答谢所有曾经关心、帮助和支持我的老师、亲人、同学和朋友！

肖育才

2021 年 2 月于成都